Reinhard Lebe

Als Markus nach Venedig kam

Reinhard Lebe

Als Markus nach Venedig kam

Venezianische Geschichte im Zeichen des Markuslöwen

Deutsche Verlags-Anstalt
Stuttgart

Mit 56 Abbildungen und 3 Karten
Vom Verfasser bearbeitete Neuausgabe des zuerst
1978 erschienenen Buches

CIP-Kurztitelaufnahme der Deutschen Bibliothek

Lebe, Reinhard:
Als Markus nach Venedig kam: venezian. Geschichte
im Zeichen d. Markuslöwen. / Reinhard Lebe. –
Vom Verf. bearb. Neuausg. –
Stuttgart: Deutsche Verlags-Anstalt, 1987.
ISBN 3-421-06344-3

Typografische Gestaltung: Brigitte Müller
Gesetzt aus einer venezianischen Renaissance-Antiqua
Gesamtherstellung: Wilhelm Röck, Weinsberg
Printed in Germany

Inhalt

»Venedig erkannte sich selbst als eine wunderbare, geheimnisvolle Schöpfung, in welcher noch etwas anderes als Menschenwitz von jeher wirksam gewesen.«

Jacob Burckhardt

Einleitung
Der Heilige und seine Händler

Markus, der Evangelist, ist nie in Venedig gewesen; denn als er lebte – im ersten christlichen Jahrhundert –, gab es Venedig noch nicht. Was hat es also mit dem Titel dieses Buches auf sich, den der Verfasser, wenigstens im Wortsinn, schon mit seinem ersten Satz korrigieren muß? Nicht die im 13. Jahrhundert von den Venezianern so zweckvoll gesponnene und bald allgemein bereitwillig geglaubte Legende, daß der Evangelist im Verlauf einer Missionsreise nach Aquileja die damals noch öden, aber zukunftsträchtigen Rialto-Inseln betreten habe, soll unseren Titel rechtfertigen. Und auch nicht allein die berühmte *Translatio Sancti Marci* von 828, die Verschleppung der Markus-Reliquie (beziehungsweise eines Skeletts, das man für die Markus-Überreste hielt oder erklärte) von Alexandria nach Venedig. Gewiß, mit diesem ebenso ominösen wie politischen Reliquienraub, der den Heiligen immerhin postum nach Venedig gebracht haben soll, hat alles angefangen. Aber was der Titel meint, ist mehr: Dieses Buch will die Geschichte von Venedigs Aufstieg im Licht des venezianischen Markuskults erzählen; das zunehmende Wuchern der Venezianer mit ihrer Spitzenreliquie und die allmähliche Entfaltung einer geradezu imperialen Markus-Staatsideologie zeigen. Es versucht, die erstaunliche Wechselwirkung nachzuzeichnen, die zwischen dem rasch wachsenden ökonomisch-politischen Erfolg Venedigs und dem immer üppigeren Aufblühen des *San-Marco*-Staatskults bestanden hat.

Der Evangelist Markus ist nie in Venedig gewesen. Aber daß – nach einem damals allgemeinen Konsens – seine sterblichen

Reste nach Venedig gelangt sind, um hier eine regionale Schirmherrschaft auszuüben, das hat den Venezianern mehr und mehr zu ihrem fast beispiellosen Gemeinschafts- und Selbstbewußtsein verholfen. Venedig verstand sich als auserwählte Gemeinde des Apostels, und seine Kaufmannskapitäne brachen auf zu einer San-Marco-Mission ganz eigener Art: mit Markusbannern zu neuen Märkten, mit Skrupellosigkeit und Sendungsgewißheit, mit kühlem Pioniergeist – und jener eigentümlichen Händlerfrömmigkeit, die keine, selbst unfeinste, Gelegenheiten zur Akquisition weiterer Reliquien für das himmlische Konto der Republik ausließ. Alles was dem Gemeinwesen Venedig diente, geschah zugleich zur höheren Ehre des heiligen Markus, und dessen Symbol, den geflügelten Löwen mit dem Buch, postierten die Venezianer überall dort dominant auf Säulen und Fassaden, wo sie sich ihre Handelsstützpunkte erobert hatten. Wie mächtig solche Symbolkraft das mittelalterliche Denken beherrschte, ist heute nur sehr schwer nachzuvollziehen.

»Als Markus nach Venedig kam«, als er hier in seine Rolle als Staatspatron hineinwuchs – so ist der Titel gemeint –, begann die Republik ihren Aufstieg zur Herrin der Meere und Märkte, zu mittelalterlicher Weltgeltung. Mit einem Schuß Sophismus läßt sich also die Beziehung zwischen dem Evangelisten und der Markusrepublik so präzisieren, daß niemals irgend jemand irgendwohin verfremdeter und dennoch wirkungsvoller gekommen ist, obwohl er eigentlich gar nicht gekommen ist, als Markus nach Venedig. Niemals sonst hat eine zweifelhafte Reliquie eine vergleichbar dauerhafte Rolle in der Weltgeschichte gespielt – und zwar eine entschieden politische, denn nicht die Botschaft des Evangeliums, das der schlichte Reisebegleiter der Heiligen Petrus und Paulus verfaßt hat, war den Venezianern im Grunde wichtig. Was zählte, war der apostolisch-kirchengeschichtliche Rang des Mannes, dessen Überreste man zu besitzen glaubte, das Charisma, das von seinem Namen ausging. Wie Venedig es verzinste – das ist das Thema dieses Buches.

Die kaum überschaubare Vielfalt der Literatur über Venedig steht in einem bemerkenswerten Kontrast zur Dürftigkeit des überlieferten Quellenmaterials gerade zur frühen Geschichte des Staates.

Markus kommt nach Venedig:
Das Schlüsselereignis der venezianischen Geschichte
war ein Hauptthema der venezianischen Kunst.
Paolo Veneziano (1345) zeigt Markus bereits
bei seiner Überführung im Schiff
als aktiven Schutzpatron.

So haben die Geschichtsschreiber lange Zeit mehr oder weniger gläubig auf die spätmittelalterlichen Darstellungen der Geschichte Venedigs zurückgreifen müssen, die venezianische Chronisten weniger der historischen Wahrheitsfindung als dem Ruhm ihrer Markusrepublik gewidmet hatten. Stark nachgewirkt hat namentlich das *Chronicon Danduli*, die Staatsgeschichte des gelehrten Dogen Andrea Dandolo aus dem 14. Jahrhundert, deren Tücke für die Historiker noch unseres Jahrhunderts in ihrem Gemisch aus archivalisch fundiertem Bericht und apologetischem Fabulieren bestand. Eine zunächst respektvolle, dann manchmal fast grimmige Dandolo-Kritik in der Geschichtsforschung hat ergeben, daß der Doge als Geschichtsschreiber seines Staates mit – im Grunde amüsanter – Raffinesse aus seinen Quellen all das übernommen hat, was dem Ruhm und der Ehre Venedigs diente, das hohe Alter, die frühe Unabhängigkeit und die gottgefälligen Erfolge der Republik beleuchtete – und daß er weggelassen oder sogar gefälscht hat, was seiner Tendenz zuwiderlief. Andrea Dandolo ist es auch gewesen, der die venezianischen Markus-Legenden quasi staatsgeschichtlich kanonisiert hat. Wohlverstanden kann ihm seine patriotische Tendenz so wenig zum Vorwurf gemacht werden wie fast allen mittelalterlichen Chronisten ihre so oder so ausgeprägte Parteilichkeit. Quellenkritische Historiographie ist ja eine sehr viel spätere Erfindung, und Realismus brauchte man gerade in Venedig für die Geschäfte, nicht für die Geschichte.

Legenden sind freilich zählebig. So finden sich denn bis heute in manchen populär gemeinten Büchern zur Geschichte und Kultur Venedigs viele glorreiche und gefällige Aventiuren fast so, wie sie einst Andrea Dandolo und seine später zahlreichen Chronistennachfolger aufs Pergament gebracht haben. Genommen als bare Münze, allenfalls eingeschränkt durch den Hinweis: »wie die Überlieferung berichtet«. Der Umstand übrigens, daß es nicht zuletzt deutsche und österreichische Historiker wie Simonsfeld, Lenel, Kehr, Heynen und vor allem Kretschmayr gewesen sind, die seit dem Ende des vorigen Jahrhunderts die Spreu vom Weizen getrennt und Pionierarbeiten zur Rekonstruktion der frühen und mittleren Geschichte Venedigs geleistet haben, ist kaum bekannt und wenig gewürdigt worden. Indessen kann gerade Heinrich Kretschmayr mit seinem Zweitausend-Seiten-Werk

(1905-1934) fast als ein Mommsen der venezianischen Geschichte gelten, und es ist bezeichnend, daß ihn der Amerikaner Frederic C. Lane, dem wir den besten modernen Überblick verdanken (1973, deutsch 1980), beim Sichten aller Venedig-Gesamtdarstellungen noch vor den neueren italienischen Historikern nennt. (In jüngster Zeit – 1979, deutsch 1985 – ist Alvise Zorzis sehr ausführliche venezianische Geschichte hinzugekommen.)

Wer indessen in Deutschland etwas über Venedigs Geschichte sagen will, muß noch immer Kretschmayrs Bände auf dem Tisch haben. Zu sagen freilich, herauszuarbeiten bleibt schon noch einiges: Auf die frappante Rolle des Markus-Staatskults zum Beispiel ist nämlich bis heute kaum einer der Venedig-Historiker gründlicher eingegangen. Nur Jacob Burckhardt und Götz v. Pölnitz hatten eine deutlichere Idee von der Wirkung dieses Phänomens. Hans C. Peyer (1955) hat eine wichtige Studie zum italienischen Patronatskult beigesteuert.

Es versteht sich gewiß, daß das vorliegende Buch keine neue *Gesamt*geschichte Venedigs sein will. Tausend Jahre werden hier nicht im gleichen Takt abgeschritten. Und natürlich dürfen Theologen durchaus nichts Neues über unsere »Titelgestalt«, den »Synoptiker«-Evangelisten Markus, erwarten – denn Venedigs San Marco hat mit dem historischen Markus kaum mehr zu tun als etwa der Kyffhäuser-Barbarossa mit Kaiser Friedrich I. Rotbart.

Es handelt sich, wie schon skizziert, um den Versuch, vor allem über den Ansatz Markuskult und Marktpolitik die Eigenart dieses – mit dem »Wunderwerk« seiner Verfassung – vielleicht erfolgreichsten Staates der europäischen Geschichte anschaulich und greifbar zu machen; zur Erklärung seiner staunenswerten historischen Rolle und des originellen venezianischen Selbstverständnisses beizutragen, das sich noch heute im überwältigenden Bild der Stadt ausprägt.

Da der Patronatskult als ein Kind des Mittelalters im besonderen Maße mit dem Aufstieg Venedigs zur Handelsgroßmacht, dann zur beherrschenden Macht des Mittelmeerraums verbunden ist, führt unsere Darstellung durch die frühe und mittlere Geschichte der Markusrepublik, um den folgenden Niedergang dann nur knapp zu skizzieren. Der entwickelte Markuskult ist eine Ideologie des Ausgreifens gewesen, die im dann eher defen-

*Das zweite Kernstück der Markus-Legende:
Der Traum von Venedigs künftiger Größe,
den ein Engel des Herrn dem Evangelisten eingegeben hat.
Mosaik aus dem 13. Jahrhundert in der Markuskirche.*

siven Venedig der Renaissance, um die Wende zur Neuzeit, zerflatterte. Mit der alten Staatsreliquie wußte das humanistische Denken nun immer weniger anzufangen, und San Marco zog sich aus der politischen in die Kirchengeschichte zurück.

Über Venedigs Vergangenheit kann man nicht schreiben wie über die von – sagen wir Genua. So wie der Geschichtsprofessor Manfred Hellmann im Vorwort seiner *Grundzüge der Geschichte Venedigs (*1976) bekennt, daß ihn »bei der Beschäftigung mit dem ungeheuren Stoff der Gleichmut gründlich verlassen, die Liebe zu seinem Gegenstand aufs heftigste bewegt« habe, so verbergen die wenigsten Venedig-Autoren die besondere Bewunderung und Anteilnahme, die ihnen ihr Thema unwiderstehlich gegen alle historiographischen Vorsätze des *Sine ira et studio* aufgedrängt hat. Freilich ist dabei auch der eine oder andere Historiker in die Nähe der Venedig-Poeten oder in den Bann einer lange modischen romantischen Dämonisierung geraten. Man darf nicht zu oft bei Nacht vor dem Café Florian auf dem grandiosen Markusplatz sitzen, wenn man über Venedigs Geschichte schreibt. Was jedenfalls das Fasziniertsein von Venedig betrifft, so stellt der Verfasser dieses Buches keine Ausnahme dar. Man wird es merken, auch wenn man im folgenden – zur Balance – den Egoismus, die Arroganz der Venezianer gelegentlich so betont findet, wie sie über Jahrhunderte von den erfolgloseren Rivalen Venedigs böse artikuliert wurden. Gerade die Markusrepublik ist ja ebenso emphatisch bewundert und gerühmt wie mit Neid und Verdächtigungen, mit Haß und Schmähungen verfolgt worden.

Es scheint uns keine ganz abseitige Parallele zu sein, wenn man einmal den Durchbruch Preußens zur Großmacht durch den Raub Schlesiens und Venedigs imperialistisches Ausgreifen durch die Eroberung des christlichen Konstantinopel zusammen auf ein Blatt schreibt: beides Ereignisse, die in Europa zu den unerhörtesten politischen Verbrechen der Weltgeschichte gerechnet wurden. Und Haß wie Bewunderung hat ja auch der preußische Staat auf sich gezogen, der zu seinen besseren Zeiten fast so sicher im Gemeinschafts- und Pflichtempfinden seiner Bevölkerung verankert war wie die *Serenissima Repubblica*; nur sehr ungleich kürzer.

Es ist ein kleiner Akzent am Rande, daß Napoleon Bonaparte beide Staaten mit besonderem Ingrimm zerschlagen hat. Die Republik von San Marco war damals – 1797 – freilich ohnehin am Ende ihres tausendjährigen Weges angelangt, aber es ist bezeichnend, daß die bonapartistische Revolutionsregierung dennoch allen Ernstes Pläne schmiedete, die steinernen Markuslöwen gleich massenweise zu zertrümmern: Mit Markus und seinem Löwen hatte die aristokratische Republik allzu langen und stolzen Bestand gehabt.

Einen späten Nachhall der venezianischen Markusgläubigkeit illustriert beinahe rührend die folgende Episode: Als im Jahre 1848, ein halbes Jahrhundert nach dem Tod des alten Staates, in Venedig ein Aufstand gegen die mittlerweile österreichische Fremdherrschaft stattfand, versuchte der Revolutionär Daniele Manin seine Venezianer zunächst mit den Losungen »Viva la libertà« und »Viva l'Italia« zu mobilisieren. Vergebens. Erst mit dem tausend Jahre alten Wahlspruch Venedigs fand er ein brausendes Echo in der Menge: »Viva San Marco«.

1
Venetien vor Markus

Das Terrain der »Biberrepublik« · Attila und Alboin
Exodus in die Lagune · Venedigs »Geburtsjahr«
Die Veneter und Byzanz

Am 25. März des Jahres 421 ist Venedig nicht gegründet worden, obwohl die Venezianer seit dem 15. Jahrhundert fest an dieses prestigebringend frühe Datum geglaubt haben und sich folkloristisch noch heute darauf besinnen. Die venezianische Gründungslegende, die sich eng mit der Ausformung des Markuskults verbunden hat und dadurch – was oft übersehen wird – immer auch ein Politikum darstellte, wollen wir in späteren Kapiteln behandeln. Hier, zu Anfang, die Frage: Wenn nicht 421, wann dann?

Venedig ist überhaupt nicht gegründet worden. Wie bei so vielen Metropolen der Geschichte läßt sich kein Datum eines planmäßigen Gründungsaktes ausmachen. Venedig, als Staat wie als Stadt, ist das Ergebnis eines Entstehungsprozesses, den die Geschichtsforschung mühsam und angesichts mangelnder Quellen nur unvollkommen rekonstruiert hat. Manche Phasen lassen kaum mehr als Spekulationen zu. Erschwerend kommt hinzu, daß *Venetiae* in seinen Anfängen nicht einmal topographisch das Venedig ist, das wir heute meinen, und ebenso unsicher wie vieles in der Besiedlungs- und Entstehungsgeschichte See-Venetiens sind sogar die geographischen Voraussetzungen. Keine Weltstadt der Geschichte hat ja wie Venedig selbst die simpelste Grundlage ihres Entstehens, den Boden, auf dem man baute, der Lagune abringen, befestigen und ständig sichern müssen. Die »Biberrepublik« hat Goethe Venedig sehr anschaulich genannt, und wie dieses Biber-Terrain aussah, muß man skizzieren, wenn man Venedig erklären will.

Das Wechselspiel zwischen landbildenden und landtilgenden Kräften im Wattenmeer der *Laguna Véneta* hat im Lauf der Jahrhunderte Landfetzen entstehen und versinken lassen. Den Anschwemmungen der in den Golf von Venedig mündenden Alpenflüsse hat das Meer, nicht immer gleichgewichtig, entgegengewirkt, und so haben sich im gesamten Adriabogen zwischen den Mündungen des Po im Süden und des Isonzo im Nordosten noch in geschichtlicher Zeit beträchtliche Änderungen vollzogen. Ravenna zum Beispiel durch Deltabildung, Adria, Jesolo, Altino und Aquileja durch Versandung sind aus Lagunen- und Hafenstädten zu Land- oder Ruinenstädten geworden, während in anderen Teilen der großen Marschen- und Wattenmeerregion frühere *Lidi*, Nehrungen, und Inselgruppen vom Meer überflutet wurden. Erdbeben und Sturmfluten haben beispielsweise 1102 die alte venetische Stadt Malamocco vollkommen verschlungen. Biber leben gefährlich.

Entscheidend für die eigentliche Lagune von Venedig ist bei aller Veränderlichkeit die Schutzfunktion der Lidi, der vorgelagerten schmalen Dünendämme, die das Wattenmeer und seine flachen Inselgruppen vor der Gewalt der Meeresfluten abschirmen, ohne die Lagune, die an drei Stellen durch die *Porti* von Chioggia, Malamocco und Lido zum Meer hin offen ist, von der Gezeitenbewegung auszuschließen. Der dem Meer zugewandte Teil des Wattenmeers steht als *Laguna viva* in lebendiger Verbindung zur Adria, seine in zahlreichen Strömungen und Kanälen verästelten Wasser erneuern und reinigen sich durch Ebbe und Flut. Nicht immer perfekt freilich, was seit Jahrhunderten die billigsten, aber unausrottbaren Argumente gegen den Reiz Venedigs liefert.

Stehende Wasser, von den Gezeiten nicht erfaßt, versumpfend und stellenweise nur wenige Zentimeter tief, charakterisieren die *Laguna morta*, die tote Lagune, die sich zwischen Venedig und dem eigentlichen Festland erstreckt. Wo immer in der norditalienischen Wattenmeerregion durch Versandung und Versumpfung tote Lagunen entstanden, sind ihnen Städte, Häfen, Siedlungen zum Opfer gefallen. Das melancholisch schöne, einst als Handelshafen bedeutende Torcello ist das anschaulichste Opfer dieser Art.

Die Venezianer haben den Gefahren der Versandung vom

Festland her wie der Bedrohung durch Sturmfluten schon in der Frühzeit ihrer Geschichte planmäßig entgegengewirkt. Unerläßlich für die Bewahrung der Inselgruppe von Rialto ist die Ablenkung einmündender Flüsse, namentlich der Brenta, nach Süden gewesen, und nur ein kleiner Nebenarm dieses Flusses belebt noch heute das Wasser des Canal Grande. Eine konsequente Wasserpolitik, das ständige Überwachen der Strömungen und Inselbildungen, das immer neue Korrigieren natürlicher Entwicklungen ist die Voraussetzung aller Zivilisation in dieser Mischregion zwischen Meer und Land gewesen.

»Die Stadt der Veneter, durch göttliche Fügung in den Gewässern gegründet, von Wassern rings umflutet, ist durch ihre Gewässer als ihre Mauern geschützt. Wer daher, auf welche Weise auch immer, es wagen sollte, den öffentlichen Wassern Schaden zuzufügen, soll als Feind des Vaterlandes betrachtet und von nicht geringerer Strafe betroffen werden, als wer die heiligen Mauern der Vaterstadt verletzt hätte« – so lautete die Devise des *Magistrato sulle acque*, der für die Wasserbautechnik, für die laufenden Biberarbeiten zuständigen Behörde Venedigs. Noch in den letzten Jahren der Republik hat sie mit der Errichtung der mächtigen *Murazzi*, der Steindeiche vor den Lidi, eine technische Großtat vollbracht. Heute sind Großtaten in ungleich umfassenderen Dimensionen zur Rettung der langsam absinkenden Stadt gefordert, die mit der katastrophalen Sturmflut vom November 1966 ein Menetekel erlebte und überdies unter der Luftverschmutzung vom stark industrialisierten Hinterland her dramatisch leidet.

Muri Patriae, die Gewässer als »Mauern der Vaterstadt«, sind ein entscheidendes Stichwort für die Entstehungsgeschichte Venedigs: Das Bauern- und Viehzüchtervolk der Veneter, das seit dem 7. vorchristlichen Jahrhundert in der Region Venetien nachweisbar ist, in einem Bundesverhältnis zu den Römern stand, von Rom gegen die Kelten und Karthager mobilisiert und schließlich latinisiert wurde, hat viele Jahrhunderte hindurch keinen Grund gehabt, das gute Küstenfestland im nördlichen Adriabogen zu verlassen und sich in der beschriebenen unsicheren Wattenmeerregion anzusiedeln. In der seit 42 v.Chr. römischen Provinz Venetien entwickelten sich städtische Handelszentren wie Padua, Aquileja, Altino, Concordia sowie das mit seinen Pfahlbauten und

Fischerboote in der venetischen Lagune.
Nicht viel anders hat man sich die Szene in der Frühzeit
der Lagunenbesiedlung vorzustellen.

Kanälen quasi »vorvenezianische« Ravenna, und Cicero pries die *Regio Venetia* als »Italiens Blüte«. Weder vereinzelte Einfälle der benachbarten Gebirgsvölker noch Hannibals Elefanten haben die zivilisierten Veneter in nennenswertem Umfang in die Lagune getrieben – und es ist fast erstaunlich, daß sich die Venezianer später beim Ausspinnen ihrer heroischen Vor- und Frühgeschichtslegenden nicht auch maßgebliche Verdienste an Roms Siegen über Kelten und Karthager zugeschrieben haben.

Erst als das Römische Reich zerfiel und sich im Zeitalter der Völkerwanderung die Einbrüche barbarischer Völker in den Norden Italiens häuften, als Venetien Durchzugsgebiet für die über die Pässe der julischen Alpen herabsteigenden Westgoten, Vandalen, Sueven und Alanen wurde, erst als – vor allem – die Hunnen unter Attila kamen und 452 Aquileja niederbrannten, begann eine erste Fluchtbewegung in die Lagunenregion. Als die Mauern der Festlandsiedlungen nicht mehr hielten, suchten die Veneter

Schutz auf den schwer zugänglichen Inselgruppen zwischen Land und Meer.

Obwohl die Mehrzahl der Flüchtigen die Laguneninseln nur vorübergehend als »Fluchtburgen« aufsuchte, hat im 5. Jahrhundert doch auch eine erste dauerhafte, wenngleich dünne Besiedlung der Lagune begonnen. Cassiodor, der Kanzler des in Ravenna residierenden Ostgotenkönigs Theoderich, hat dieses frühe See-Venetien im Jahre 537 anschaulich als eine landschaftliche und soziale Idylle geschildert: mit Fischerhütten »gleich Nestern von Wasservögeln«, vor Haustüren angepflockten Barken, mit Kanälen und durch Weidengeflecht abgesicherten Inselchen – und Salinen. »Eure Erwerbstätigkeit ist einzig darauf gerichtet, Salz zu gewinnen, und die Räume, wo es abgedünstet wird, dienen Euch als Acker«, schreibt Cassiodor an die See-Veneter und fordert sie auf, Wein und Öl von der Halbinsel Istrien nach Ravenna zu verschiffen. Erste Ansätze sind hier beschrieben: die Salzproduktion der See-Veneter, die einen Tauschhandel möglich machte, und eine wohl schon ziemlich ausgebildete Küstenschiffahrt. So hat es angefangen.

Die Invasion der Langobarden unter ihrem König Alboin im Jahre 568 hat der Idylle ein Ende gemacht. In das seit den Feldzügen des kaiserlichen Generals Narses byzantinisch verwaltete, militärisch aber ungesicherte Oberitalien vorstoßend, hat dieser besonders brutal okkupierende Germanenstamm niedergebrannt und vernichtet, was an Städten und Ortschaften in seine Reichweite geriet – und einen Exodus nach See-Venetien ausgelöst, der diesmal zu einer dauerhaften und dichteren, in den folgenden Jahrzehnten fortgesetzten Besiedlung der Lagunenregion führte. Grado, der alte Hafen des erneut zerstörten Aquileja, Torcello, Murano, Mazzorbo, Chioggia und Malamocco wuchsen sich nun durch die Zuwanderung ganzer Festlandkommunen zu Gemeinden, Großsiedlungen, ja Städten aus. Die Sozialstruktur See-Venetiens änderte sich ebenso radikal wie die wirtschaftliche Situation. Während die Langobarden ihr oberitalienisches Königreich etablierten und ausdehnten, konstituierte sich in der schmalen Küsten- und Lagunenregion im Verlauf etwa eines Jahrhunderts die byzantinische Grenzmark See-Venetien. Nicht Attila (wie es die Legende sagt), sondern erst Alboin ist, wenn man so will, der unfreiwillig auslösende »Gründer« Venetiens in der Lagune gewesen.

Wohlgemerkt: Venetiens, nicht Venedigs. Wenngleich auch neuere Autoren noch das Jahr 568 zum »Gründungsdatum« Venedigs erklären, sollte man allein den Beginn des großen Exodus doch nicht zum definitiven Anfang der eigentlich *venezianischen* Geschichte aufwerten. Die Lagune erlebte zwar einen entscheidenden Besiedlungsschub, aber es fehlten doch für zwei Jahrhunderte noch das dauerhafte Zentrum, eine politisch-ökonomische Integration und ein gemeinsames Selbstverständnis, das den Weg in eine gewisse Autonomie weisen konnte. Das diffuse Venetien wird erst zu Venedig, als es in *Rivus altus, Rivoalto, Rialto* seine endgültige Metropole findet. Runde tausend Jahre venezianischer Staatsgeschichte kommen auch ohne solche Frühdatierungen zusammen.

Vorerst ist Venetien nur ein Außenposten, ein defensiver Brükkenkopf des aus Italien weitgehend verdrängten oströmischen Kaiserreichs von Byzanz, das große Mühe hat, die römische Kontinuität zwischen dem Morgenland, also den andringenden Arabern, und dem Abendland, akut den aggressiven Langobarden, zu bewahren. Von Ravenna aus verwaltet der byzantinische *Exarch,* ein Militärgouverneur, als Armeebezirke die griechisch gebliebenen Küstenprovinzen, in denen als regionale Machthaber *Magistri militum* und unter ihnen als lokale Behörden die von der Bevölkerung gewählten Tribunen fungieren. Neben den Magistri militum werden in den byzantinischen Provinzen Italiens hier und da auch *Duces* als Verwaltungschefs eingesetzt, und gegen Ende des 7. Jahrhunderts amtiert in Venetien erstmals ein vom Exarchen ernannter *Dux* – der erste, noch durchaus unselbständige Vorläufer der venezianischen Dogen, mehr Vogt als Herzog, den man in Venedig gleichwohl zur Nummer eins der stolzen Dogenliste erklärte.

Daß er Paulutius Anafestus hieß, ist beinahe das einzige, was wir von ihm wissen – obwohl der Diakon Johannes, Venedigs erster namentlich und persönlich greifbarer Chronist, dreihundert Jahre später noch ein paar Allerweltsattribute angefügt hat: »Da die benachbarten Barbaren Angriffe auf das Eigentum der Veneter unternahmen und da dies Anlaß zu häufigen Fehden und Raubzügen gab, hielt das Volk des Seelands samt dem Patriarchen von Grado und den Bischöfen eine Versammlung ab, auf der sie den Beschluß faßten, statt der bisherigen Tribunen einen Herzog zum Haupt des Gemeinwesens zu erheben. Nach sorgfältiger Beratung wurde Paulutius, ein vornehmer und rechtschaffener Mann, zum ersten Herzog erkoren und ihm die Stadt Heracliana zum Sitze angewiesen... Der neue Herzog schloß mit König Liutprand einen Staatsvertrag, der heute noch in Kraft ist.«

Von der Forschung beglaubigt ist nun sowohl das Amtieren der ersten Duces in Heracliana (später Eraclea) im Norden der Lagune als auch die Grenzvereinbarung mit dem Langobardenkönig Liutprand, die jahrhundertelang Bestand hatte. Zu korrigieren hingegen bleibt freilich der Versuch des Chronisten Johannes Diaconus, die Einsetzung des ersten Dux als das Ergebnis eines autonomen venetischen Wahlvorgangs darzustellen. Noch bestimmte Byzanz. Der Patriarch von Grado, das als halbinsularer Fluchtort Aquileja als Patriarchensitz abgelöst hatte, war das einflußreiche kirchliche Oberhaupt See-Venetiens; die Streitfrage, ob er und seine Nachfolger auf dem rechten »apostolischen« Sessel saßen oder aber die Kirchenfürsten der vermeintlichen Markus-Gründung Aquileja, wird jahrhundertelang die venezianische Kirchengeschichte zu einer einzigen Querele machen – und aparte Folgen haben. Bischöfe residierten in den wichtigsten Kommunen Torcello, Caorle, Jesolo, Heracliana, Murano sowie Malamocco, das später zeitweilig auch als dukale Residenz diente, während Rialto im 7. und frühen 8. Jahrhundert noch keine Rolle spielte.

Wie bei der kühnen Datierung des »Geburtsjahres«, das man nicht selten sogar noch weit vor 568 angesetzt hat, sind manche Venedig-Historiker unter dem Eindruck der venezianischen Legendenberichte von sehr früher Selbständigkeit der Gefahr erlegen, den späteren Glanz auf diese Frühzeit See-Venetiens um einige Grade zu hell zurückstrahlen zu lassen. Es kann jedoch keine Rede davon sein, daß – wie Götz v. Pölnitz findet – schon im 6. und 7. Jahrhundert nur noch eine formale Abhängigkeit von Byzanz bestanden habe und daß venetischer »Klerus und Adel sich dünkten, früher als andere an der Scheide zweier Welten Meister einer viel verheißenden Zukunft zu sein... Schon mochte daneben mancher Kaufmann insgeheim erwägen, ob auf der

Schwelle von Abend- und Morgenland, falls einer die Verhältnisse recht zu nutzen wußte, nicht noch bessere Geschäfte zu machen waren als unter den normalen Umständen der früheren festländischen Heimat.«

Nein, ganz so zügig ging das nicht. Der Horizont der teilweise sehr weit auseinanderliegenden Lagunen-Gemeinden war durchaus eng, man führte nicht selten erbitterte Kleinkriege gegen die Nachbarkommune und focht um lokale Sonderrechte gegen Kirche und Zentralgewalt. Eine zum Teil auf das seit 568 eingewanderte Patriziat zurückgehende tribunizische Aristokratie bildete sich heraus, die die Steuern eintrieb, das einheimische Militärkontingent befehligte, die lokale Gerichtsbarkeit wahrnahm, Land-

Seit dem 8. Jahrhundert formte sich in einem langen Prozeß das Stadtbild Venedigs. Hier der Zustand im 15. Jahrhundert.

und Salinenbesitz anhäufte sowie die im 7. Jahrhundert noch kaum über Istrien und das nördliche Dalmatien hinausreichende Handelsschiffahrt an sich brachte. Die Veneter bauten auf den Laguneninseln Wein, Obst und Gemüse an, züchteten Vieh, betrieben Fischfang und siedeten vor allem Salz, das in den Lagunen reichlich vorkam. Kleinere flache Wasserareale wurden zu Salinen eingedämmt und abgedeckt, und nach der Verdampfung des Wassers schöpfte man – ganz simpel, aber effektiv – das kostbare Produkt, das der Hauptexportartikel der Veneter war und für das man namentlich Getreide eintauschte. Zum Handelszentrum der Lagune entwickelte sich Torcello, dessen herrliche, heute einsam und weit in die Lagune blickende Kathedrale in ihren ältesten Teilen aus diesem 7. Jahrhundert stammt. Vor weiteren – vereinzelt schon monumentalen – Sakralbauten aus Stein, besonders in Grado, dominierten aber durchaus noch Häuser aus Holz und schlichte Fischerhütten. Vom Morgenland träumte man darin kaum.

Die politischen und kirchengeschichtlichen Wirren des 8. und frühen 9. Jahrhunderts, von denen Venedigs älteste Chronik – das *Chronicon Venetum* aus dem 10. und 11. Jahrhundert – selbst außerordentlich wirr erzählt, veranschaulichen deutlich, wie weit See-Venetien damals noch von einem eigenständigen, nach außen gleichgerichteten Handeln entfernt war. Die lokale Aristokratie stritt und kämpfte untereinander, gegen den Dux und den byzantinischen Exarchen in Ravenna, der Dux konkurrierte blutig mit dem Patriarchen von Grado, kirchliche Rivalitäten weiteten sich zu Bürgerkriegen aus, und wahrscheinlich wurden auch soziale Gegensätze mit Waffen ausgetragen.

Die zwischen Byzanz und den Langobarden lavierenden Päpste versuchten, in die Küstenprovinz hineinzuwirken, in Loyalitätskonflikte geratene Duces wurden ermordet oder geblendet, und nicht weniger rigoros – um ein Beispiel zu geben – verfuhr ein Dux selber: »Der Doge Johannes schickte seinen Sohn, den Mitregenten Mauritius«, so erzählt Andrea Dandolo, »mit einer Abteilung der Flotte nach Grado, um den Patriarchen zu ermorden. Der junge Doge erstürmte die erzbischöfliche Stadt, nahm den Patriarchen gefangen und ließ denselben vom höchsten Turm der erzbischöflichen Residenz hinabstürzen, so daß das Blut des Gemordeten, das man heute noch sieht, an den Steinen des Pflasters klebte.« Zähes Patriarchenblut jedenfalls – denn das Attentat passierte ein halbes Jahrtausend vor Dandolos »heute«.

Von fortwirkender Bedeutung in diesen Wirren war – zum einen – eine ziemlich allgemeine italienische Rebellion gegen das »Bilderverbot« des byzantinischen Kaisers Leon III., das die Gepflogenheit, unzählige christliche Heiligen- und Kultbilder anzubeten, puristisch untersagte und zugleich die Zerstörung religiöser Bilder und Statuen verordnete. Mit päpstlichem Segen opponierten 726 und 727 auch die Veneter gegen diesen unkatholischen Eingriff in ihre kultischen Gebräuche, und es mischten sich auch allgemeinere antibyzantinische Emotionen in ihren Aufruhr. »Die Wahl der Duces durch die Ortseinheimischen, die hierdurch gesteigerte Autonomie der italienischen Milizen und zugleich noch mehr gelockerte Verbindung der Bevölkerung mit der staatlichen Gewalt blieb ... die Hauptterrungenschaft der Revolution von 726«, folgert Kretschmayr. Wenngleich der Terminus »Revolution« hier sicherlich zu hoch greift und künftig noch keineswegs allein venetische Eigeninteressen die Wahl der Duces bestimmten, so markiert dieses Ereignis doch eine wichtige Etappe im Niedergang der byzantinischen Macht in Italien. Und einen Schritt zur relativen, für lange Zeit noch sehr durchwachsenen Selbstbestimmung der Veneter. Das byzantinische Bilderverbot trübte das Bild der Oströmer in der Lagune.

Die Langobarden – dies zum zweiten – nutzten die Schwäche Ostroms zur weiteren Ausdehnung ihrer Vormachtstellung in Italien. Ravenna wurde bedroht und 751 erobert, und der Papst, der zeitweilig die langobardische Karte gegen Byzanz gespielt hatte, geriet nun in die Gefahr, ein »langobardischer Bischof« zu werden. Papst Stephan II. manövrierte sich aus der Klemme, indem er das inzwischen so mächtig gewordene Frankenreich ins Spiel zog: Sein Appell an den Frankenkönig Pippin den Kleinen (der tatsächlich keineswegs klein gewesen ist), dem bedrohten Papsttum zu Hilfe zu kommen, führte nun die Franken nach Italien und zu Kriegen mit den Langobarden. Pippin siegte, und endgültig machte sein Sohn Karl der Große im Jahre 774 das Langobardenreich zu einer karolingischen Provinz. Dies das dritte, entscheidend auch für Venetien nachwirkende Ereignis des

Jahrhunderts, das es festzuhalten gilt – während wir dem Leser die Namen der noch kaum für die Zukunft wirksamen und in wechselnden Frontstellungen agierenden »Dogen« Nummer zwei bis neun, der Magistri militum und der Patriarchen Venetiens ersparen wollen.

Das byzantinische Venetien geriet, nachdem Karl der Große 788 seine Macht auf die Halbinsel Istrien ausgedehnt hatte, in eine fränkische Umklammerung und wurde zum Streit- und Kriegs- und Verhandlungsobjekt zwischen Aachen und Byzanz, zwischen abend- und morgenländischem Kaisertum. Zu einem Brennpunkt, zum Zünglein an der Waage zwischen Ost und West. Venedigs Geschichte hätte in dieser Situation enden können, bevor sie eigentlich begonnen hatte. Aber auch eine besondere Chance für die Zukunft zeichnete sich ab: Das fragile Gebilde, dessen karge physische Grundlagen zwischen Land und Meer alles andere als künftige Großmachtstellung zu verheißen schienen, kam in eine Lage, in der sich aus der Not sehr bestimmte Tugenden entwickeln ließen.

2
Rialto und Venedigs erste Sternstunde

Die Franken erobern See-Venetien
Eine Taufurkunde aus Aachen · Die alten Geschlechter
Der Zank der Patriarchen · Markus wird wichtig

»Ich höre auf dem Rialto…«, sagt Shylock in Shakespeares *Kaufmann von Venedig,* und so wie hier der große Markt westlich der Rialto-Brücke gemeint ist, so steht auch heute der Namen Rialto allein für die lebhafte Marktregion bei der berühmten Brücke und der kleinen Kirche San Giacomo di Rialto. »Per Rialto«, nach Rialto, weist heute nahezu die Hälfte aller Wegschilder in Venedig. In der Frühzeit Venedigs jedoch hat der Name der gesamten Inselgruppe zu beiden Seiten des großen Kanals, besonders mit den heutigen Stadtteilen San Marco, San Polo, Santa Croce und Dorsoduro, gegolten. *Rivus altus* bedeutet soviel wie »tiefer Kanal« oder auch »hohes Ufer« und wurde umgangssprachlich zu *Rivoalto* und schließlich *Rialto:* Lange bevor – seit dem 10., ausschließlich erst im 13. Jahrhundert – der Landschaftsname *Venetia* und *Venetiae* auf die herzogliche Residenz See-Venetiens übertragen wurde, hieß die heutige Stadt *Venezia* Rialto.

Relativ spät also erst hat man den Staat der Veneter-Venezianer so vollkommen mit der Hauptstadt identifiziert, die sich aus einem zunächst nur politischen Zentrum zur Metropole auch in wirtschaftlicher, kultureller und religiös-kirchlicher Hinsicht entwickelte. Während die anderen, älteren Zentren der Lagune, die lange Zeit noch neben Rialto wichtige Rollen gespielt haben, versanken oder verblaßten, zog Rialto nach und nach alle Tradition und alle Funktionen Venetiens auf sich.

Im 7. Jahrhundert noch schwach, im 8. Jahrhundert vermutlich bereits etwas dichter bewohnt, erlebten die Rialto-Inseln ihren maßgebenden Besiedlungsschub in den Jahrzehnten um das Jahr

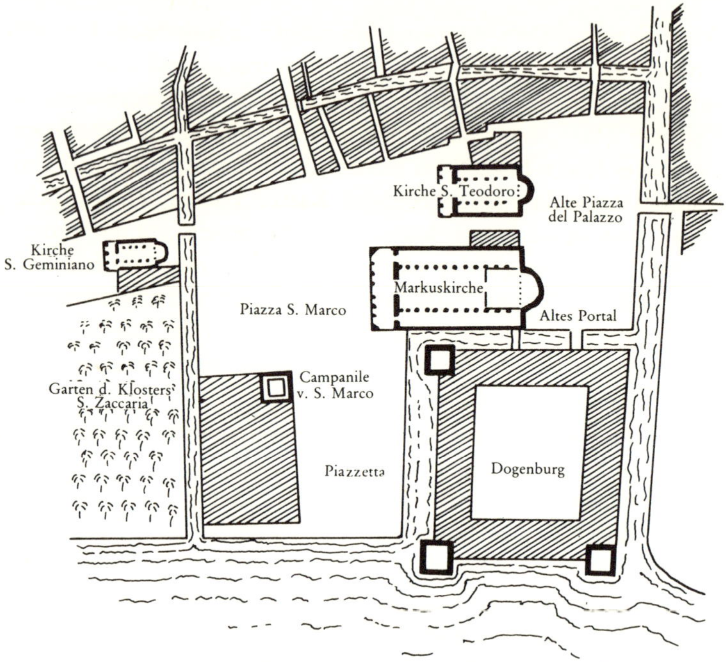

Grundriß des Markusplatzes um das Jahr 1000.
Die Rekonstruktion von A. Pallanda zeigt noch S. Teodoro
und die Begrenzung nach Westen durch einen Kanal.

800. Was die venezianische Gründungslegende dem Auftreten des Hunnenkönigs Attila in Italien 452 zugeschrieben hat – den ersten Exodus-Beschluß soll es ja, wie erwähnt, schon 421 gegeben haben, und dazu auch gleich die erste Kirche, San Giacomo di Rialto –, das ging in Wahrheit auf das Konto Karls des Großen. Nachdem die erste breite Lagunenbesiedlung ab 568 von der Invasion der Langobarden ausgelöst worden war, veranlaßte die fränkische Eroberung des nordöstlichen Italiens nun das Ausweichen größerer Bevölkerungsgruppen von der Peripherie ins Zentrum der Lagune, nach Rialto. Die zum Teil morastigen und schwer bebaubaren Inseln am Rivus altus wurden gerodet, wo nötig trockengelegt, wasserbautechnisch befestigt und durch Fundamente aus Pfählen, die man zu Zehntausenden in den unsiche-

ren Boden zwischen toter und lebendiger Lagune trieb, für eine urbane Besiedlung erschlossen. Die 118 Inseln und Inselfetzen, auf denen Venedig heute steht, begannen damals zusammenzuwachsen. Einen ersten Bebauungsschwerpunkt bildete Olivolo im Osten der Rialto-Inseln, wo frühzeitig ein festes, später für den Stadtteil Castello namengebendes Kastell entstanden ist. Sehr ungesichert ist die Überlieferung, nach der bereits 774 das Rialto-Bistum Olivolo begründet worden sein soll: Es versteht sich, daß die später betriebene Aufwertung der eigenen Frühgeschichte kaum weniger beflissen dem Geschwindschritt-Aufstieg der Metropole Rialto als der weit vordatierten Selbständigkeit des Staates Venetien gegolten hat.

Karl der Große hatte bei seinen Auseinandersetzungen mit Byzanz um die kaiserliche Gleichrangigkeit im *Imperium Christianum* keinen Grund, die byzantinische Grenzprovinz Venetien von fränkischen Eroberungszügen in Italien auszunehmen. Die Veneter, die sich in den Phasen byzantinischer Schwäche halbwegs vom fernen Ostkaiser in Konstantinopel emanzipiert hatten, freilich noch kein selbständiges Staatswesen bildeten, gerieten an der Nahtstelle der beiden Imperien in heillose Verwirrung und versuchten, hin und her (aber durchaus nicht geschlossen) zwischen den drohenden Mühlsteinen zu lavieren. Einer ihrer Patriarchen, der ehrgeizige Fortunatus von Grado, wurde auffallend oft am Hofe Kaiser Karls gesehen, während die Duces besonders dann oströmisch optierten, wenn Byzanz wieder einmal, wie im Jahre 807, ein Flottenkontingent nach See-Venetien entsandt hatte. Aber die Hoffnung, zwischen Germanen und Griechen die eigene Unabhängigkeit gleichsam hochschaukeln zu können, trog – sie trog vorerst. Karls Sohn Pippin, der kaiserliche Statthalter und König des fränkischen Italien, machte im Jahre 809 gegen die taktierenden Veneter mobil: Seine günstige strategische Position als Herr des ganzen Küstenbogens ausnutzend, ließ Pippin seine berittenen Truppen und gleichzeitig Schiffe vom Süden und vom Norden her nach See-Venetien vordringen. Die venetischen Ortschaften Brondolo, Chioggia, Pelestrina, Albiola, die frühere Dogenstadt Heracliana und der neue Regierungssitz Malamocco wurden erobert und verwüstet, die politischen Führer Venetiens gefangengenommen.

Die venezianische Legende freilich hat an diesem ziemlich weitgehenden Sieg der Franken im Verlauf der Jahrhunderte mit so großer Beharrlichkeit herumschraffiert, daß – je weiter die Ereignisse zurücklagen, desto bestimmter – schließlich der Eindruck eines venezianischen Teilerfolgs entstanden ist, der selbst die neueren Historiker zweifeln ließ, ob Pippin denn wirklich das ganze Venetien inklusive der schwerer zugänglichen Rialto-Inseln hat unterwerfen können. Ein Rialto-Mythos mit vielen Lesarten entwickelte sich: Vor der ebenso heldenhaften wie klugen Verteidigung Rialtos habe König Pippin am Ende kapitulieren müssen. Selbst die Errichtung von Schiffsbrücken, über die die fränkische Reiterei nach Rialto vorzudringen suchte, sei gescheitert, als durch höhere Fügung plötzlich die Pferde der Invasoren scheuten und Mann und Roß in den Lagunenwassern versanken. König Pippin aber sei aus Zorn und Gram über dieses Scheitern alsbald verschieden. »Der Allmächtige«, notierte Johannes Diaconus stolz, »hat damals den Unsrigen einen herrlichen Triumph verliehen.«

In einer Zusatzhandschrift zum erwähnten *Chronicon Venetum* ist die Story bereits zu einem letztlich mißlungenen Feldzug Karls des Großen selber geworden. Der Frankenkaiser habe Rialto erfolglos belagert und am Ende den Dogen gebeten, wenigstens der Reliquie des heiligen Markus, der die Stadt so wunderbar beschützt habe, seine persönliche Verehrung darbringen zu dürfen. Was denn auch großmütig gestattet und vom Kaiser mit einer hehren Geste belohnt wurde: In die tiefste Stelle des großen Kanals schleuderte der Kaiser seine Lanze und verhieß, daß so wie dieser Speer niemals mehr gesehen, auch kein Feind Rialtos jemals die Stadt angreifen werde, ohne Gottes Zorn auf sich zu ziehen...

Phantasien an venezianischen Kaminen. Nicht einmal die offizielle Staatschronologie, die später sorgfältig mit der Markuslegende verbunden wurde, ist hier berücksichtigt worden; denn die *Translatio Sancti Marci,* die Überführung der Reliquie, hat ja erst zwanzig Jahre später stattgefunden. Bezeichnend indessen, daß sich venezianische Chronisten schon im 11. Jahrhundert kein großes Ereignis der Geschichte Rialtos mehr ohne wundertätige Mitwirkung des Patrons Markus auszumalen vermochten.

Kaiser Karls Sohn Pippin ist in der Tat bereits im Juli 810

gestorben, freilich nicht aus Gram über Rialto. Denn sein Feldzug in die Lagune hatte das byzantinische Venetien schwer getroffen. Die Residenz Malamocco lag, wie viele andere Orte, in Schutt und Asche. Die Veneter waren zu Untertanen des Kaisers in Aachen geworden, ihre mühsam und wechselhaft herbeitaktierte Teilselbständigkeit sowie die guten Ansätze ihres Handels schienen verloren.

Daß in dieser Situation, schon wenige Jahre später, Venedigs erste »Sternstunde« schlug, gehört zu den Surprisen der Geschichte wie der Tod der Zarin Elisabeth, der 1762 das eigentlich schon geschlagene Preußen Friedrichs des Großen rettete. Was für Preußen das russische »Mirakel des Hauses Brandenburg« war, das sollte für Venedig – wie sehr der Vergleich auch hinken mag – der Friedensvertrag von Aachen des Jahres 812 sein. Byzanz hatte den Verlust seiner Grenzprovinz Venetien als einen schweren Schlag empfunden und bemühte sich mit schwachen Seestreitkräften und stärkerem Verhandlungsgeschick um eine Korrektur der neuen Lage. Der byzantinisch-kaiserliche Gesandte Arsaffios begab sich auf eine der weitesten damals vorstellbaren Reiserouten, von Konstantinopel nach Aachen, wo ihn Kaiser Karl 811 zu Verhandlungen empfing. Gegen die Anerkennung seiner gleichberechtigten Kaiserwürde im *Imperium Christianum* versprach Karl der Große Byzanz die Rückgabe der eroberten Regionen See-Venetien, Istrien, Liburnien (zwischen Istrien und Dalmatien an der Adria) sowie Dalmatien. Die Durchsetzung seines bislang vom oströmischen Kaiser bestrittenen imperialen Anspruchs war ihm dieses beträchtliche territoriale Opfer wert, und im Sommer 812 unterschrieb Karl zu Aachen die entsprechende Friedensurkunde.

Sie verbriefte einen Verzicht, der in der gewinnreichen Geschichte des Kaisers nicht besonders auffiel – und ist in der Biographie Venedigs so etwas wie der Taufschein gewesen. Dieses Ereignis nämlich markiert, wie wir finden, zusammen mit der gleichzeitigen und endgültigen Verlegung des venetischen Dukats nach Rialto den eigentlichen Beginn der venezianischen Geschichte: Das Jahr 811, in dem Karl seinen Verzicht auf Venetien erklärte und im aufblühenden Rialto der erste Dux aus dem Geschlecht der Partecipazi, Agnello, sein Amt antrat, könnte –

wenn ein fixes Datum gewünscht wird – als »Geburtsjahr« nicht nur der Stadt, sondern auch des Staates Venedig gelten. Nach der noch ziemlich verworrenen politischen Vorgeschichte wird erst jetzt staatliche Kontinuität möglich. Von nun an wollen wir Venetien Venedig, die Veneter Venezianer und ihren Dux Doge nennen.

Weshalb aber sollte die erneute Eingliederung Venedigs in den byzantinischen Reichsverband der Zugehörigkeit zum mächtigen Westreich vorzuziehen sein, weshalb kann sie als der Ausgangspunkt zum Aufstieg Venedigs verstanden werden? Zumal die erneuerte byzantinische Oberhoheit in den folgenden zwei, drei Jahrzehnten noch immer nicht allein auf dem Papier stand? Die Antwort schließt mehrere Aspekte ein:

Zum einen wurde Venedig durch den Frieden von Aachen dem direkten und im angrenzenden Festlandreich durchaus starken militärisch-staatlichen Zugriff des fränkischen Kaisertums entzogen. Byzanz war wohltuend weit entfernt und nur durch Kontrollbeamte, seltener durch Flottengeschwader und niemals durch Truppen in der Lagune präsent. Der Weg in eine wachsende, auch kirchenpolitische Unabhängigkeit wäre einem fränkischen Venetien zweifellos länger, wenn nicht ganz und gar, verbaut gewesen. Der schwächere, fernere Herr war entschieden der bessere.

Zum anderen war Venedig nach jahrhundertelanger Zugehörigkeit zum Ostreich wirtschaftlich und kulturell bereits so deutlich byzantinisch-mediterran orientiert, daß eine straffe Eingliederung ins karolingische Reich einen vielleicht tödlichen Knick in seine Weiterentwicklung gebracht hätte. Besonders wirtschaftspolitisch wiesen alle zukunftsträchtigen Ansätze in die Adria, in die Levante und auf den Handelsaustausch mit den Hafenstädten des byzantinischen Reichs. »Es entsprach den Interessen der zusehends zum Handelsstaate erwachsenden Inseln besser, eine Expositur der damals ohne Zweifel bedeutendsten Handels- und Kulturmacht der Welt, eben des Griechenreichs, im Westen zu sein und so langsam den großen Warenaustausch zwischen Osten und Westen vollends in die Hand zu bekommen, als ein noch so sorgfältig gehütetes Stück des geld- und kulturarmen Westreichs zu werden«, wertet Kretschmayr.

Hinzu kam, daß den Venezianern im Aachener Vertrag die

Die alte Rialto-Brücke, etwa 1494, gemalt von V. Carpaccio. Die Bilderzählung von einer Kreuzreliquie zeigt vor allem pulsierendes Großstadtleben.

Märkte und Absatzgebiete des benachbarten italienisch-fränkischen Reichs gegen akzeptable Zölle und Abgaben geöffnet wurden: Die Konstruktion der großen Brücke, auf der sich Venedig in den folgenden Jahrhunderten zur führenden Potenz des mittelalterlichen Zwischenhandels entfalten sollte, ist hier also schon vorskizziert. Die Venezianer hätten Grund gehabt, Dankwallfahrten an das Grab des Kaisers in Aachen zu veranstalten. Aber Dankbarkeit war ihre Sache nicht, und ins Auge faßten sie damals, in den ersten Jahrzehnten des Rialto-Dukats, einen Grabstättenbesuch in entgegengesetzter Richtung. Indessen mag die erzählte venezianische Fabel von Karls des Großen prophetischer Geste am Rialto als kleines Indiz dafür dienen, daß man in Venedig die Bedeutung des Aachener Karls-Friedens für die Zukunft des entstehenden Staates verstanden hat.

Der Weg zum Bau der »großen Brücke« war freilich noch ziemlich weit. Venedig betrat ihn in den ersten Jahrzehnten des 9. Jahrhunderts gerade eben. Auf den Rialto-Inseln formte sich das neue Verwaltungszentrum der byzantinischen Provinz. Aus den früheren, jetzt zerstörten Regierungssitzen Heracliana und Malamocco sowie aus Jesolo übersiedelten neben vielen Tausenden auch die großen patrizischen Geschlechter nach Rialto, die – fünfundneunzig an der Zahl – im *Chronicon Venetum* aufgezählt sind. Sie haben über Jahrhunderte, zum Teil bis in die Neuzeit, den Kern der venezianischen Aristokratie, die *Case vecchie* – die alten Häuser – gebildet und zahlreiche Dogen gestellt: Die Familien Badoer-Partecipazio, Barozzi, Candiano-Sanudo, Contarini, Dandolo, Falier, Gradenigo, Michiel, Morosini, Memmo, Polani und Tiepolo beanspruchten unter ihnen noch besonderen »apostolischen« Rang, weil sie der Überlieferung nach an der Wahl des ersten Dogen im Jahre 697 teilgenommen hatten. Neben sie treten dann die übrigen »alten« und die nur wenig jüngeren »neuen« Häuser, Namen wie Cornaro, Orseolo, Pisani, Querini, Loredan, Foscari und Ziani, auch sie im »Chronicon« festgeschrieben wie in einem steinernen Codex. Daß sich freilich auch gemeißelte Inschriften manipulieren lassen, zeigt die weitere Geschichte dieses Registers:

Das frühe »Geschlechterverzeichnis« ist, wie Margarete Merores schreibt, »gleichsam der Uranfang des goldenen Buches, in dem später die zur venezianischen Aristokratie gehörigen Geschlechter verzeichnet wurden. Wer zu ihr gehören wollte, mußte bei der ersten Emigration dabeigewesen sein, so daß dieses Verzeichnis in den folgenden Jahrhunderten durch die Aufzählung und Einschiebung jener Geschlechter, die seit dem 10. Jahrhundert zur Bedeutung gelangt waren, immer mehr erweitert wurde. Sie alle mußten ... dabei gewesen sein, nicht unähnlich jenen nordamerikanischen Yankee-Exklusiven, die für ihre Vorfahren ... den Ruhm beanspruchten, unter den ersten Ansiedlern in Neu-England gewesen zu sein, die mit der ›Mayflower‹ herübergekommen waren.«

Sehr alt, kaum jünger als etwa die Habsburger, sind freilich auch die nachträglich in das venezianische »Grundbuch« hineinretuschierten Sippen, und selbst die »ganz neuen Häuser« Venedigs würden sich im deutschen »Gotha« noch reichlich archaisch ausnehmen. Viele der großen Familien leiteten ihre Stammbäume, nicht ohne abenteuerliche Phantasie, von der Nobilität des römischen Venetiens oder von den byzantinischen Tribunen der Region her.

Die ältesten der großen Familien begannen in Rialto mit einer regen Bautätigkeit, die nicht nur ihren – zunehmend aus Stein errichteten – Wohn- und Wirtschaftsgebäuden, sondern auch Klostergründungen und Kirchen galt; finanziert aus den Privatschatullen der Case vecchie. Aus Rialto wurde rasch ein so wichtiger Sprengel des Lagunen-Patriarchats, daß vermutlich im zweiten Jahrzehnt des 9. Jahrhunderts die Gründung des ersten Rialto-Bistums Olivolo mit der ab 820 errichteten Bischofskirche S. Pietro di Castello folgen konnte. An eben der Stelle, wo heute der beherrschende Dogenpalast steht, ist damals auch das erste befestigte Amtshaus des Dogen errichtet worden, das man sich allerdings ebenso bescheiden wie die zum großen Teil noch von dörflich-ländlichen Partien durchsetzte und eingerahmte Stadt vorstellen muß. Die Hauptbesiedlungslinien zogen sich im 9. und 10. Jahrhundert von der heutigen Piazza S. Marco über die Merceria-Gegend zum Ponte di Rialto und nach S. Polo sowie über beide Seiten des Canal Grande nördlich und südlich seiner scharfen Biegung bei Rialto. Nahe dabei gab es noch Weingärten und Viehweiden, Wäldchen und Salinen, und unmittelbar neben dem dogalen Amtshaus hörte man in einem Gehege Wildschweine grunzen.

Die wirtschaftliche Bedeutung Rialtos aber wuchs zügig seit seiner Erhebung zum Regierungssitz und dem Zuzug der maßgebenden tribunizischen Familien, die ja nicht nur durch Latifundien-, sondern zunehmend durch Salinenbesitz, durch Salzexport und Handelsschiffahrt ihre soziale Vorherrschaft erlangt hatten. Chronikalisch nicht beschrieben, aber kaum weniger maßgebend war zweifellos der Kolonisatorengeist der nach Rialto eingewanderten Bauern, Fischer, Schiffer, Salzsieder, Viehzüchter und Handwerker – auch der Kleriker. Neben dem noch bis ins 12. Jahrhundert hinein als Umschlagplatz des Handels vorrangigen Torcello wurde nun zunehmend auch der Rialto-Markt wichtig, auf dem Salz- und Pökelfischtransporte zusammengestellt,

Getreide, Olivenöl, Wein, die bald immer häufigeren Schiffsladungen mit orientalischen Produkten umgeschlagen – und Sklaven gehandelt wurden. Die Kaufleute von Rialto und Torcello, freilich keineswegs sie allein im byzantinischen Reichsverbund, fanden nichts dabei, in der Messe den Segen ihrer Heiligen für günstige Geschäfte zu erflehen und diese günstigen Geschäfte dann gleich auf dem Markt neben der Kirche mit verschleppten Kreaturen zu tätigen. Vom Sklavenhandel, der im ganzen Mittelalter eine der Hauptquellen venezianischer Gewinne gewesen ist, wird noch ausführlicher die Rede sein.

Venedigs Handelsverbindungen reichten bereits im späten 8. Jahrhundert, wenn auch noch ziemlich sporadisch, über die nördliche Adria hinaus nach Sizilien, Griechenland, Syrien und Ägypten. Auf dem Markt von Pavia, das die Venezianer auf der Wasserstraße des Po erreichten, sind schon zu Lebzeiten Karls des Großen tyrischer Purpur und orientalische Stoffe als venezianische Angebote nachweisbar. Eitle Hofleute aus der Umgebung des Kaisers haben sich, wie ein Mönch aus St. Gallen berichtet, mit diesen Raritäten geschmückt und sind von Karl hausväterlich getadelt worden, als sie die kostbare Garderobe auch auf der Jagd trugen und damit einregneten.

Aus zehn mach' eins: der in offizieller Zählung zehnte Doge, doch der erste Doge von Rialto-Venedig, war, wie erwähnt, Agnello Partecipazio; er gelangte 811 freilich nicht »per divinam gratiam«, wie es in einer tendenziös gefälschten Urkunde heißt, sondern durch den Kaiser von Byzanz in sein Amt. Byzantinische Tribunen kontrollierten seine Amtsführung, die wie die seiner Nachfolger durchaus noch von Loyalität gegenüber dem großen Bruder am Bosporus geprägt war. Dennoch stellte seine Wahl zum *Dux Venetiae* keineswegs einen reinen byzantinischen Hoheitsakt dar: Mit Agnello berief man nämlich das Oberhaupt des zu dieser Zeit mächtigsten Adelsgeschlechts der Partecipazi an die Spitze des Staates. Sechs weitere Mitglieder seines Geschlechts folgten Agnello im Verlauf der nächsten Jahrzehnte auf den Dogensitz, so daß also die Wahl von 811 zugleich die Etablierung einer ersten Dogendynastie mit sich brachte, die von allem Anfang an um die Durchsetzung eines Erblichkeitsanspruchs bemüht war. Die unablässigen Versuche anderer führender Familien, die Vererbbarkeit des Dogenamts zu verhindern, jedenfalls so lange, wie sie es nicht selber erobert hatten, prägen die Geschichte der »dogalen Monarchie« in der Frühzeit Venedigs – mit vielfältigen Intrigen, Verschwörungen und Mordanschlägen. Trotzdem setzte sich die Tendenz zu immer deutlicherer De-facto-Unabhängigkeit von Byzanz fort. Venedig und seine Dogen schufen sich nach und nach den Handlungsspielraum, den sie – fern und ungeschützt vom byzantinischen Kaiser – unabdingbar benötigten, wenn sie ihre wirtschaftlichen Interessen entwickeln und ihre Sicherheit vor aggressiven benachbarten Slawenstämmen bewahren woll-

Die Markus-Symbole in der Basilika von Grado sollten das Patriarchat als Markus-Gründung legitimieren.

ten. In diesen Jahrzehnten begannen die Venezianer mit dem Bau einer eigenen Kriegsflotte, um im Mittelmeer gemeinsam mit den Byzantinern gegen die mohammedanischen Sarazenen vorgehen und besonders die serbischen Seeräuber bekämpfen zu können, die in der Adria allzu oft venezianische Handelsschiffe kaperten. Für den Markt von Pavia, nicht für serbische Kochtöpfe waren die Pfefferimporte Venedigs bestimmt.

Agnellos Sohn und Nachfolger im Dogenamt, Giustiniano Partecipazio (827–829), sah sich noch einer anderen, besonders schwierigen Herausforderung gegenüber: einem kirchenpolitischen Übergriff des benachbarten fränkischen *Regnums*, der die junge Unabhängigkeit Venedigs vom Westkaiser ernstlich bedrohte. Es ging um Grado, die Residenz des kirchlichen Oberhaupts des Lagunenstaats, um die Selbständigkeit des venezianischen Patriarchats, das seit langem in »schismatischer« Konkurrenz zum nahe benachbarten langobardisch-fränkischen Aquileja stand. Der Kirchenfürst von Aquileja war einst vor der Langobardeninvasion ins lagunengeschützte Grado geflohen und hatte hier sein Patriarchat mit dem Anspruch neu etabliert, der einzig legitime Nachfolger des ersten legendären Patriarchen Hermagoras zu sein. Nichts anderes behaupteten für sich die Bischöfe im festländischen Aquileja, die von den Langobarden, später den Franken eingesetzt und gestützt wurden. Rom neigte im allgemeinen zu Grado, aber als dann im Vatikan Päpste von Karolingergnaden residierten, änderte sich die Neigung.

Die ganze langwierige Kontroverse darf man nicht als eine der im Mittelalter allzu häufigen kleinkarierten Kirchenzänkereien unterschätzen. Sie war um so mehr ein Politikum, als sich die kirchlichen Patriarchate durch besonderen Rang von normalen Bischofsstühlen abhoben: Alle Patriarchensitze galten der Überlieferung gemäß als Gründungen von veritablen Aposteln. Das Bistum Aquileja – so die kirchliche Legende, die im 8. Jahrhundert Geltung erlangte – war von Markus dem Evangelisten geschaffen worden und genoß mithin herausragende Bedeutung als eines der Hauptbistümer neben Rom, Konstantinopel, Antiochia, Jerusalem und dem ägyptischen Alexandria – auch dies überlieferungsgemäß eine Gründung des im Auftrag Petri sehr mobilen Markus. »Es gibt«, kommentiert Horst Fuhrmann diese Tradition, »kaum ein altes Bistum der abendländischen Kirche, das nicht mit einer Gründungsfiktion beginnt und das frei ist von Fälschungen.«

Ob sich nun das venezianische Grado als historischer Ausweichsitz des barbarisch okkupierten Aquileja zu Recht für das »wahre« Markus-Hermagoras-Patriarchat hielt und eine quasi einheimische Kirchenmetropole bleiben könnte – oder ob etwa Venedigs Kirchen künftig vom fränkischen Aquileja aus regiert werden würden: das war die ungemein wichtige Streitfrage, die im Jahre 827 neu aufgeworfen wurde. Daß sie unter fränkischer Regie und der Obhut eines »fränkischen« Papstes disputiert wurde, machte den Ausgang nicht zweifelhaft: Die Synode von Mantua beschloß im Juni 827 auf Antrag des Patriarchen Maxentius von Aquileja, daß allein Aquileja das Patriarchat gebühre und mithin Istrien und Grado mit allen venezianischen Kirchen dem fränkischen Kirchenfürsten zu unterstellen seien.

Es handelte sich um nichts weniger als den kirchenpolitisch aufgezäumten Versuch des Westreichs, das Ergebnis des Aachener Friedens, die Zugehörigkeit Venedigs zum Ostreich, seine Unabhängigkeit vom fränkisch-oberitalienischen Festland zu unterlaufen – um eine Attacke, die der in Mantua ohnehin lauwarm argumentierende Patriarch von Grado, Venerius, keineswegs parieren konnte. Hier war die politische Führung Venedigs, hier war der Doge herausgefordert. In Rialto, so scheint es, ließ man sich etwas einfallen. Jetzt wurde der Gründer des Patriarchats von Aquileja-Grado selber, jetzt wurde Markus für Venedig wichtig.

3
Wie Markus nach Venedig kam

Mutmaßungen über Markus · Reliquien und ihr Markt
Heiligengebeine auf Reisen · Die Beschaffung des Evangelisten
Die Reliquie als politischer Trumpf

Über den historischen Markus ist wenig bekannt. Die spärlichen tradierten Daten seines Lebens haben ihn zu einem dankbaren Thema der mittelalterlichen Heiligen-Biographen gemacht, denn wo es keine Fakten gab, konnten sich die schreibkundigen Kleriker weitgehend ihrer frommen Phantasie überlassen und ihren Helden da und dort auftreten und missionieren lassen, wo immer noch ein namhafter Bistumsgründer fehlte. Was man tatsächlich zu wissen glaubt, ist, daß Markus (auch Johannes Markus genannt) aus einer Jerusalemer Priesterfamilie stammte, ein Vetter des Leviten Barnabas aus Zypern war und der christlichen Urgemeinde angehörte: Im Haus seiner Mutter Maria zu Jerusalem soll sich das letzte Mahl Jesu mit seinen Jüngern abgespielt haben. Markus, der später auch mit dem unkleidsamen Beinamen »der Stummelfingrige« bezeichnet wurde, hat Barnabas und Paulus auf der ersten Missionsreise begleitet. Die *Apostelgeschichte* berichtet, daß Paulus sich später gegen die Teilnahme des Markus an einer weiteren Reise erklärte, weil dieser »in Pamphylien von ihnen gewichen war und nicht mit ihnen gezogen war zu dem Werk«. Offenbar hielt Paulus den Markus für einen unsicheren Kantonisten. Barnabas aber verteidigte seinen Cousin und zerstritt sich deshalb mit Paulus: »Barnabas nahm zu sich den Markus und fuhr nach Zypern.« Später ist Markus – genauer: *ein* Markus – im Kreis um Petrus nachgewiesen. Er hat in Rom gewirkt, Petrus als Dolmetscher gedient und ist schließlich auch von Paulus wieder als Assistent aufgenommen und als ihm »nützlich zum Dienst« bezeichnet worden.

Eine der eindringlichsten »Porträt«-Vorstellungen des Evangelisten Markus hat Albrecht Dürer (den vieles mit Venedig verband) in seinem Gemälde »Die vier Apostel« gegeben. Der Ausschnitt zeigt Markus (links) mit Paulus.

Für zuverlässig überliefert hält man, daß ihm die Autorschaft des Markusevangeliums zukommt, des vermutlich ältesten erhaltenen Berichts über das Leben Jesu, der sich durch Verläßlichkeit der allgemeinen historischen Angaben und anschaulich knappe Erzählweise auszeichnet. Er ist offenbar für nicht-jüdische Leser verfaßt worden und geht möglicherweise auf Lehrvorträge des Petrus zurück. Die theologische Forschung rechnet das Markusevangelium mit den Jesus-Biographien von Matthäus und Lukas zu den »synoptischen« Evangelien und datiert seine Niederschrift vor dem Jahr 70 n. Chr.

Historisch absolut nicht gesichert, aber nach einer Mitteilung des ersten Kirchenhistorikers Eusebius in die kirchliche Überlieferung aufgenommen worden ist die Begründung der christlichen Kirche von Alexandria durch Markus. Hier, in Ägypten, soll er als erster Bischof gewirkt und bei einem zweiten Aufenthalt als Märtyrer gestorben sein: von den Heiden mit Stricken gefesselt und durch die Straßen der Stadt zu Tode geschleift – später natürlich ein Thema venezianischer Malerei. Hinzu kam seit dem 8. Jahrhundert, wie schon erwähnt, die Legende, daß Markus im Auftrag seines Chefs Petrus auch das Bistum Aquileja ins Leben gerufen und als ersten Bischof Hermagoras investiert habe, bevor er dann die Reise nach Ägypten antrat.

Seit dem 2. Jahrhundert galt der geflügelte Löwe als Wahrzeichen des Markus, und die christliche Kunst hat dieses markante Symbol bei Darstellungen des Evangelisten schon etwa seit dem 4. Jahrhundert vielfältig verwendet, bevor es sehr viel später von den Venezianern kunstgewerblich geradezu inflationiert wurde. Das vielleicht eindrucksvollste Markus-»Porträt« aber stammt nicht von einem Venezianer, sondern von einem Venedig-Besucher: Auf Albrecht Dürers *Vier Aposteln* blickt uns Markus mit sprühender Vitalität an, so als ob er dem Paulus gerade den Plan zu einer weiteren Missionsreise berichte. Obwohl Markus eigentlich nicht zum engeren Kreis der »Sendboten des Evangeliums« gerechnet wird, ist er immer wieder und nicht nur in Venedig auch als »Apostel« bezeichnet und eingestuft worden.

Der historische Markus ist wahrscheinlich ein eher bescheidener Priester und Schriftgelehrter gewesen, der als Reise-Adlatus, Assistent und Mitstreiter im Schatten von Paulus und Petrus blieb.

Nicht zu verschweigen, daß die ganz strenge neuere Forschung überhaupt kaum ein Steinchen der fragmentarischen Markus-Vita mehr auf dem anderen läßt: »Wir müssen uns damit abfinden«, resümiert Rudolf Pesch rigoros, »*nur* überliefert zu sehen, daß der Verfasser des zweiten Evangeliums den verbreiteten Namen Markus trug...« Nichts sonst also – und schon gar nicht ein Wirken in Alexandria oder Aquileja.

In Aquileja, Grado und Rialto aber ging es absolut nicht um den »historischen« Markus. Eine solche Differenzierung, wie wir sie heute zwischen »historisch nachweisbar« und »legendär« treffen, war den Menschen dieser Zeit, auch den gelehrten Klerikern, vollkommen fremd. Markus war der Markus der Überlieferung, sein Leben das der Heiligen-Vita, und niemand kam auf die Idee zu fragen, wodurch denn dieses oder jenes Ereignis im Leben und Wirken des Heiligen »beglaubigt« sei. »Damals glaubte man wirklich an alles«, schreibt Egon Friedell über die Mentalität des Mittelalters. »Man glaubte an jede Vision, jede Legende, jedes Gerücht, jedes Gedicht, man glaubte an Wahres und Falsches, Weises und Wahnsinniges, an Heilige und Hexen, an Gott und den Teufel. Aber man glaubte auch an sich.«

Die Taten der Heiligen ließen nicht den Hauch eines Zweifels zu, schon gar nicht die eines so großmächtigen Apostels und Evangelisten wie Markus. In Heiligen wie ihm suchte man das Göttliche, das allzu entrückte *Divinum*, direkter und konkreter zu fassen. Mit den menschlichen Heiligen ließ es sich persönlicher umgehen als mit Gott und seinem Sohn, mit ihnen konnte man gleichsam reden, sie als Fürsprecher für die eigenen Belange einspannen. An veritable Heilige, an ihre Überreste hielt man sich. Sie mußten her, und hatte man sie, dann genoß man auch ihre Heilswirkung, ihren Schutz, ja sogar ihre Fähigkeit, Wunder zu vollbringen. Alle möglichen Ansprüche – kleine persönliche und große politische – ließen sich vom Besitz eines bedeutenden Heiligen herleiten.

Der von der Ära Konstantins des Großen ausgehende Reliquienkult hat im Mittelalter eine ungeheure Bedeutung gewonnen: Reliquien, »Überbleibsel« von Heiligen, ihre Asche und ihre Skelette, waren Sammel- und Handelsobjekte ersten Ranges, »himmlische Banknoten« quasi. So wie heute Bankfilialen überfallen und ausgeraubt werden, sind zum Beispiel die Venezianer in levantinische Kirchen eingebrochen, um deren Reliquienschreine auszuplündern. Und da auf dem Reliquienmarkt einfach nicht genügend Heilige *in toto* verfügbar waren, erhob die Kirche zur Befriedigung der großen Nachfrage auch Reliquienteile, Partikel von Skeletten, Kleider und Gegenstände, die die Heiligen benutzt oder berührt hatten, in den Status der Wunderwirksamkeit.

Päpste und römische Kaiser – wie zum Beispiel Karl der Große und Karl IV. – legten sich umfangreiche Reliquienschätze zu, Bischöfe und Äbte traten für ihre Kirchen und Klöster und deren höhere Geltung als potente Kunden der Reliquienhändler auf, und auch Kommunen, namentlich die italienischen Stadtstaaten, machten Jagd auf Überreste möglichst prominenter Heiliger: auf Asse, die man im Gerangel der Interessen für die eigene Sache ausspielen konnte. Obwohl alle Reliquien kirchenrechtlich nur Geltung genossen, wenn sie durch das Votum eines hohen Klerikers für authentisch erklärt worden waren, blühte natürlich das Geschäft der Reliquienfälscher. Die »Authentik« irgendeines Bischofs für den – beispielsweise – wundersam wiederaufgetauchten großen Zeh eines Heiligen ließ sich in dieser leicht- und wundergläubigen Zeit nicht schwerer beschaffen als heutzutage ein Konsultitel, und selbst wenn die Authentizität einer Reliquie mal umstritten blieb, irritierte das ihre Besitzer nicht sonderlich – schon gar nicht die Venezianer.

Nur wenige Reliquien sind im gesamten Mittelalter freilich von so eminent politischer Bedeutung gewesen wie die Markus-Reliquie im Streit zwischen Aquileja und Grado-Venedig. Bedroht vom fränkischen Übergriff, faßten die Venezianer – man kann die Sache schwerlich anders deuten – den Plan, den Patriarchatsanspruch Grados und damit die kirchliche Unabhängigkeit des Lagunenstaats gegen den Beschluß der Synode von Mantua durch einen regelrechten Handstreich zu legitimieren: durch eine Beschaffungsaktion, zu der die Venezianer als Seefahrer, nicht aber die Franken und ihr Patriarch zu Aquileja imstande waren. Den päpstlich beglaubigten tendenziösen Spitzfindigkeiten der Synodalen mußte ein entscheidendes Faktum entgegengestellt werden: der Besitz des Heiligen selbst. Denn wer Markus, den Gründer des Patriarchats, den apostolischen Evangelisten, höchstselbst in Reliquienform vorweisen konnte, dessen Anspruch auf legitime kirchliche Nachfolgeschaft konnte nicht mehr so leicht bestritten werden. Venedig dachte an die *Translatio Sancti Marci*, die Überführung des heiligen Markus.

So wie eine Reliquienverehrung hat es auch »Translationen«, Überführungen von Reliquien, schon im vorchristlichen Altertum gegeben. Damals haben sich Städte oder Völkerschaften die Heroen ihrer Geschichte als Schutzpatrone in die eigenen Mauern zurückgeholt. Oder sie haben zur Erklärung und Beglaubigung, daß ihr Held, der möglicherweise in der Fremde gefallen und begraben war, nun seine heimische Ruhe- und Kultstätte gefunden habe, entsprechende Überführungslegenden in die Welt gesetzt. So die Athener, die behaupteten, die Gebeine des Theseus aus Skyros heimgeholt zu haben. Neben solchen erfundenen hat es auch historisch beglaubigte Translationen gegeben: Die Überreste des Helden Leonidas zum Beispiel sind von den Spartanern an den Thermopylen ausgegraben und nach Sparta geschafft worden, wo man ihm zu Ehren jährlich Festspiele veranstaltete.

Eine ebenso pompöse wie umstrittene Staatsaktion ist dann 323 v. Chr. die Überführung der Leiche Alexanders des Großen

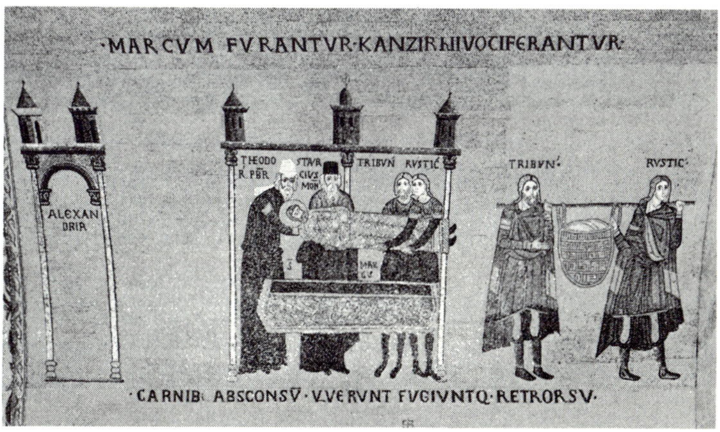

Die Entführung der Markus-Reliquie aus Alexandria. Der Körper des Evangelisten wird »gehoben« und getarnt abtransportiert. Mosaikbild (11. Jahrhundert).

von Babylon nach Alexandria gewesen, wo Ptolemaios II. nach einer regelrechten Schlacht um den Besitz der Reliquie die Beisetzung veranlaßte. Schon hier also – mehr als tausend Jahre vor der venezianischen Reliquienmission nach Alexanders Alexandria – das Bestreben der Nachfolger, den eigenen Anspruch durch den Besitz des großmächtigen Unterpfands, der Reliquie des Heroen, zu beglaubigen und zu überhöhen.

In christlicher Zeit haben solche Translationen, erdachte und tatsächliche, eine noch weit breitere Bedeutung gewonnen. In seinem sechsbändigen Werk *Legendae de tempore et de Sanctis,* einem Repertorium der Heiligengeschichte, hat der Mönch Petrus Calo aus dem venezianischen Chioggia im 14. Jahrhundert zahlreiche blumige Überführungshistorien zusammengefaßt, namentlich venezianische: ein großer, erbaulicher Reliquien-Baedeker, der freilich weniger recherchiert als gläubig kompiliert war.

Die *Translatio Sancti Marci* nun hat während der Amtszeit des Dogen Giustiniano Partecipazio, wahrscheinlich um die Jahreswende 827/828 stattgefunden. Johannes Diaconus berichtet – selbst er als erster schon aus einer Distanz von hundertachtzig Jahren – ziemlich knapp über das Ereignis, das indessen auch von der kritischen neueren Historiographie nicht bezweifelt wird: Der Doge Giustiniano alias Justinian sei am 31. Januar 828 »für würdig befunden« worden, »die Gebeine des allerheiligsten Evangelisten Markus in Empfang zu nehmen, welche die Venezianer aus Alexandria mitgebracht hatten«. Über die politisch-kirchenrechtlichen Hintergründe der Aktion findet sich bei diesem ersten Chronisten kein Wort. Wußte er nichts von den Motiven, oder verschwieg er sie als staatspolitische Interna?

Indessen konnte ja ein solches Ereignis seinen Sinn, ohne Bezug auf die akute politische Situation, durchaus in sich selber tragen: Eine Spitzenreliquie wie die des heiligen Markus war schließlich zu jeder Zeit hochwillkommen, und so haben auch spätere venezianische Chronisten die Translatio Sancti Marci meist nur als ein glückliches, Gottes besondere Gnade für Venedig erweisendes Ereignis geschildert, ohne direkt zu erklären, mit welchen Absichten man im Jahre 827 das Unternehmen Markus gestartet hat – sehr wahrscheinlich gestartet hat. Denn makellos beweisbar sind seine Motive leider nicht. Ausgeformt hat sich die eigentliche

Story der Markus-Überführung erst um die Mitte des 11. Jahrhunderts, und ihre staatlich offizielle Fassung liest sich dann bei Andrea Dandolo so:

»Im zweiten Jahre des Dogen Justinian wurde die Leiche des heiligen Evangelisten Markus aus Alexandria in Ägypten nach Venedig gebracht. Das hat sich so zugetragen. Vom Kalifen der Sarazenen war die Erbauung eines prächtigen Palastes in Alexandria angeordnet worden, und da es an brauchbarem Baumaterial fehlte, erging der Befehl, marmorne Säulen aus den christlichen Kirchen Ägyptens zu entfernen und zur Verfügung zu stellen. Dieses Gebot erregte unter der ägyptischen Geistlichkeit Schrekken und Verzweiflung. Eben zu dieser Zeit hielten sich in Alexandria zwei vornehme venezianische Kaufherren auf, die Tribunen Bonus aus Malamocco und Rusticus aus Torcello, die trotz des vor einiger Zeit ergangenen Verbots mit zehn reich beladenen Schiffen in Alexandria eingelaufen waren, weil sie ein starker Sturm in den dortigen Hafen getrieben hatte. Die sich in Ägypten aufhaltenden Seeleute verrichteten ihre Andacht gewöhnlich in der Kirche des heiligen Markus, in der dessen Leiche aufbewahrt wurde. Als nun auch Bonus und Rusticus in diese Kirche kamen und die anwesenden beiden Geistlichen, den Mönch Stauracius und den Presbyter Theodor, zwei Griechen, in tiefer Sorge fanden, fragten sie nach der Ursache und erfuhren von dem Befehl des Kalifen. Jetzt sagten die Venezianer: ›Der kostbare Schatz, den Ihr in Eurer Kirche besitzt, ist in großer Gefahr, von den Sarazenen entweiht und mißhandelt zu werden. Übergebt ihn uns, und wir werden ihn so, wie es sich gebührt, zu ehren wissen. Auch soll es Euch nicht an den großen Früchten der Erkenntlichkeit unseres Dogen mangeln.‹ Überzeugt durch die Argumente der Venezianer, willigten am Ende die beiden Geistlichen ein, doch mußte zunächst die Wachsamkeit sowohl der Christen Alexandrias als auch der sarazenischen Zollbeamten überwunden werden. Die Christen wurden durch die List der Venezianer und ihrer beiden griechischen Verbündeten hinters Licht geführt, indem man in das Grab des Evangelisten einen anderen heiligen Leib legte, während man die Zöllner dadurch täuschte, daß Bonus und Rusticus im oberen Teil der Kiste, die die Reliquie aufgenommen hatte, Schinken und Schweinefleisch aufschichteten, was bekanntlich für die Sarazenen wie für die Juden ein Gegenstand des Abscheus ist. Als nun die Kiste an der Zollstation geöffnet wurde, riefen die Zöllner ›Kanzir, Kanzir!‹, was wohl ein Ausdruck des Abscheus ist, und fertigten die Ladung ohne weiteres ab. Glücklich brachten Bonus und Rusticus ihren Schatz nach Venedig.«

Soweit der Chronist und Doge Andrea Dandolo. Andere Überführungsberichte haben die Geschichte unter Verwendung allgemein gängiger *Translatio*-Motive noch weiter ausgeschmückt, noch wundersamer und dramatischer ablaufen lassen. Manche wußten, daß Rustico und Buono (so die venezianische Namensform der beiden Kommandochefs) die Reliquie den Mönchen mehr entwendet als abgehandelt hätten, der Kaufpreis wurde mit 50 Zechinen beziffert, und besonders die Entfernung des Heiligen aus seinem Sarkophag wurde detailliert geschildert: Die seidene Hülle, die den Leichnam des Evangelisten wohl in Mumienform umschloß, sei nur auf der Rückseite aufgeschlitzt worden; man habe anstelle des Markus den Körper der heiligen Claudia in die Hülle gelegt, und als der wunderbare Duft, der aus dem Sarg aufstieg, einheimische Christen herbeilockte und mißtrauisch nach der Reliquie sehen ließ, hätten diese die Hülle scheinbar unversehrt angetroffen.

Natürlich haben auch himmlische Zeichen die gottwohlgefällige Aktion begleitet: Ein gewaltiges Unwetter trieb die Bewohner Alexandrias fluchtartig in ihre Behausungen und begünstigte so die Entführung der Reliquie aus der Kirche. Tintoretto hat das später hochdramatisch gemalt. Während der Überfahrt – so die Legendenausformung weiter – sind die venezianischen Schiffe durch das Eingreifen des heiligen Markus selbst wiederholt vor Schiffbruch bewahrt worden, und als man schließlich in Venedig eintraf und zunächst bei Olivolo, dem Sitz des Rialto-Bischofs, anlegen wollte, hat der Evangelist deutliche Zeichen gegeben, daß er hier, in bischöflicher Hut, nicht bleiben wolle. So ankerten denn die Schiffe erst vor der Residenz des Dogen, wo die Bevölkerung den heiligen Markus mit Jubel und Gesang begrüßte und die Reliquie dem Dogen Giustiniano feierlich übergeben wurde. Natürlich wurde den beiden Kapitänen die Übertretung des bestehenden Verbots, ins muslimische Ägypten zu segeln, vom Dogen vergeben, und Giustiniano ließ die Markus-Gebeine nun in der Kapelle seines Palastes aufbahren. Spontan erging der Beschluß, dem neuen Schutzheiligen Venedigs eine prächtige Grabeskirche zu errichten, deren erster *Primicerius* der alexandrinische Mönch Stauracius wurde. Er als unbezweifelbarer Zeuge für die Echtheit der Reliquie.

Dies also die Legende, die sich zwei Jahrhunderte nach dem tatsächlichen Vorgang auszubilden begann und in die sich weit spätere historische Ereignisse verwoben haben. Erst im 10. Jahrhundert nämlich haben byzantinische Kaiser (und mit ihnen aus diplomatischer Rücksichtnahme venezianische Dogen) zeitweilig und unwirksam den Handel mit dem islamischen Ägypten untersagt, und »eine Absicht ägyptischer Herrscher, die christlichen Kirchen zu berauben oder zu demolieren, ist erst aus dem 11. Jahrhundert bekannt, während sie vorher immer mit betonter Schonung behandelt wurden« (Hans C. Peyer). Keine der vielen angestellten Vermutungen, daß diese oder jene Partien der Überführungslegende einen historischen Kern haben könnten, läßt sich ernsthaft stützen.

Nur soviel ist historisch zweifelsfrei: Venezianische Seefahrer haben während des Dogats von Giustiniano Partecipazio aus Alexandria eine Reliquie nach Rialto gebracht, die von den Überführern als die des Evangelisten bezeichnet, vom Dogen als Markus-Reliquie begrüßt, zum Patron Venedigs proklamiert und – fürs erste – in einer Gruft seiner Residenz beigesetzt wurde.

Niemand hat die Erklärung des Dogen, Venedig besitze nun die Gebeine des heiligen Markus, ernsthaft bestritten, wie es scheint nicht einmal der Patriarch von Aquileja, dessen Bemühen, Grado-Venedig zu einer abhängigen Suffragankirche zu machen, durch die Translatio des Aquileja-Apostels ins feindliche Lager ideell zweifellos stark behindert wurde. Die Patriarchen von Aquileja haben gleichwohl ihren Anspruch noch jahrhundertelang aufrechterhalten und immer wieder militärisch wie kirchenrechtlich durchzusetzen versucht. Daß Venedig, daß See-Venetien die regional mit Abstand wichtigste Reliquie besaß, war für das festländische Venetien der Franken und Deutschen noch längst kein Grund zur Resignation. Andererseits hat der erklärte Besitz der Markus-Gebeine den Widerstand Venedigs gegen diese – von

Der Doge huldigt dem nach Venedig überführten Markus.
San-Marco-Mosaik aus dem 17. Jahrhundert.

Westkaisern wie Päpsten wiederholt unterstützten – Ambitionen ganz wesentlich getragen und gefestigt. Wie auch die Synoden entscheiden mochten, Venedigs Kirchen, abgeschirmt vom Markusstaat, blieben de facto unabhängig von Aquileja und westkaiserlicher Regie.

Und das, obwohl zwischen Rialto und Grado selbst, zwischen dem Dogen und dem Patriarchen, ein langwährender Konflikt schwelte: Es war ja sehr auffällig, daß man die Markus-Reliquie nicht an den Ort gebracht hatte, nach Grado nämlich, um dessen Legitimation als Patriarchensitz es in diesen Jahren den Venezianern ging, sondern in die Dogenresidenz. Grados Unabhängigkeitsanspruch als der des ganzen venezianischen Seelandes wurde *nach außen* vom Dogen unterstrichen; der *interne* Ehrgeiz der Patriarchen aber wurde beschnitten und bekämpft.

Um die Mitte des 9. Jahrhunderts gab es zwischen Rialto und Grado einen regelrechten »Investiturstreit« um das Recht der Besetzung der Bischofsstühle, den die immer selbstbewußteren Dogen gegen Papst und Kirchenbann wesentlich für sich, für die Vorherrschaft der weltlichen Macht entschieden. Um zielstrebige Handelspolitik – gerade mit Blick auf heidnische Partner – betreiben zu können, mußte man von der anti-merkantilen Politik des Papstes und seiner Bischöfe unabhängig sein. Folglich brauchte Venedig venezianische Bischöfe, und auch der Patriarch sollte am Ende gezwungen werden, seine Residenz von Grado nach Rialto zu verlegen. Wo Markus lag, da schlug das Herz Venedigs. Auf seinen Takt hatte auch der Klerus zu hören.

Daß die Beisetzung der Markus-Reliquie nicht in Grado, sondern in Rialto erfolgt ist, bedeutete vermutlich nicht nur eine Spitze gegen den eigenen Patriarchen, sondern diente auch, vielleicht sogar vorrangig, der Sicherung des wertvollen Imports. Grado konnte vom nahen Festland her leicht, Rialto aber kaum erobert werden. »Kein Wunder«, folgert Kretschmayr, »daß man den Leichnam zunächst und weiterhin an geheimnisvoller, nur wenigen vereidigten Eingeweihten bekannter Stelle barg; so wie die nunmehrigen Besitzer ihn erworben, konnten auch andere ihn erwerben wollen, wie sich denn später die Mönche von Reichenau allen Ernstes rühmten, ihn entführt zu haben. Und wie, wenn etwa Byzanz selbst den Anspruch erhob, die kostbare Reliquie zu besitzen?«

Heinrich Kretschmayr und andere, spätere Venedig-Historiker haben sich erstaunlicherweise nicht oder kaum andeutungsweise zur mutmaßlichen Echtheit der venezianischen Markus-Reliquie geäußert. Man läßt den Leser vielmehr meist im vagen Glauben, daß es wohl die veritablen Markus-Überreste gewesen seien, die 828 nach Venedig gelangten, und honoriert damit noch immer die erfolgreiche Beharrlichkeit, mit der Venedig von Anfang an jeden Zweifel an der Echtheit seines Staatsheiligtums abgewiesen und unterdrückt hat. Natürlich hält auch die römische Kirche bis heute offiziell an ihr fest. Dagegen muß nun doch ganz friedlich das im Grunde Selbstverständliche gesagt werden: daß es nämlich außerordentlich, ganz außerordentlich unwahrscheinlich ist, daß die Venezianer um die Jahreswende 827/828 in Alexandria (wo Markus der Legende nach über siebenhundert Jahre zuvor gestorben sein soll) etwas anderes aufgetan haben als das Skelett irgendeines koptischen Klerikers, vielleicht das eines alten Patriarchen von Alexandria. Was die beiden Tribunen Rustico und Buono – wahrscheinlich im Auftrag des Dogen – in Alexandria beschaffen, stehlen oder erwerben, wollten, das haben sie – möglicherweise mit Hilfe ägyptischer Grabräuber – so zielsicher und kritiklos gläubig aufgespürt, wie es, im Geist der Zeit, dem frommen Eifer beim Identifizieren heiliger Orte und Überreste damals allgemein entsprach. Lange zuvor schon hatte sich wohl in Alexandria um irgendein altes, geheimnisvolles Grab der Glaube gerankt, dies sei die Ruhestätte des Evangelisten – als Fundort wird die Kirche S. Eufemia genannt –, und in dieser Gruft also war der Schatz zu heben. Seine Echtheit – keine Frage. Manipulation muß gar nicht angenommen werden. Denn wir haben ja schon angedeutet, daß es auf eine im modernen Sinn belegbare Echtheit der Reliquie im Grunde nicht ankam. Wichtig war nur, daß Venedig selbst und dann alsbald alle Welt glaubten, in Rialto seien die Gebeine des Apostels beigesetzt.

Der Doge Giustiniano Partecipazio, dem man die Federführung bei der Planung der Markus-Beschaffung zutrauen muß – wenn es denn ein vorbereiteter und kein Gelegenheitszugriff gewesen ist –, hat nach dem Bericht des Diakons Johannes zunächst »in einer Ecke seines Palastes eine Kapelle errichten lassen, in der er die Reliquien des heiligen Markus so lange unterbrachte, bis eine eigene Kirche erbaut sein würde. Jedoch wurde er durch schnellen Tod daran gehindert, diese Kirche zu vollenden.« In seinem Testament trug er der Dogaressa, seiner Frau Felizitas, auf, für die Errichtung einer Markusbasilika im Gebiet des Klosters San Zaccaria, also nahe dem dogalen Amtshaus, zu sorgen; das heißt wohl auch, private Mittel der Familie für den Bau bereitzustellen.

Schon bald nach seinem Tode 829 wurde unter Giustinianos Bruder und Nachfolger Giovanni Partecipazio I. (829–836) mit den Bauarbeiten für die erste Markuskirche auf dem Areal der jetzigen Basilika begonnen. Der vermutlich um 836 weitgehend vollendete Bau, von dem sich nur wenige Reste erhalten haben, nahm in diesem Jahr die Markus-Reliquie auf und diente bezeichnenderweise nicht als Bischofskirche, sondern als Kapelle der Dogen, als Staatskirche. Auf die kostbare Reliquie durften nicht irgendwelche bischöflichen Kleriker aufpassen. Markus wurde von Beauftragten der Dogen selbst verborgen und bewacht: als Heiligtum der staatlichen Macht Venedigs. Seine Beschaffung hatte sich für das Prestige des jungen Staates schon gelohnt, bevor die Venezianer erst richtig mit ihm zu wuchern begannen.

4
Dogenmacht und Dogenmorde

Venedig emanzipiert sich · Die ersten Kaiserpakten
Piraten in der Adria · Venedigs »eisernes Zeitalter«
Ein venezianischer Cäsar · Wo blieb Markus?

Im 9. Jahrhundert, zum guten Teil auch im folgenden, spielte Venedig auf der sehr bewegten Bühne des Mittelmeerraums noch eine Nebenrolle und war längst nicht in der Lage, aus dem Besitz des heiligen Markus ein ausgreifendes *San-Marco*-Sendungsbewußtsein zu entwickeln. Die Translatio war ein wichtiger politisch-kirchenrechtlicher Schachzug gewesen, aber doch ein zunächst eher defensiver. Venedig war stolz auf den Besitz der Reliquie, jedoch noch weit davon entfernt, die Markussymbole offensiv einzusetzen. Aus den spärlichen Quellen wissen wir fast nichts über die frühen Formen der Markusverehrung in Venedig. Noch sind sie wohl im Rahmen des zeitüblichen Reliquienkults geblieben.

Venedig hatte es nicht leicht, sich aus dem nördlichen Winkel der mediterranen Bühne herauszumanövrieren, sich zunächst in der Adria gegen kroatische und serbische Piraten, gegen Magyaren- und Sarazeneneinfälle sowie Handelsrivalen wie die Städte Comacchio und Ravenna zu behaupten und durchzusetzen. Trotz mancher Schlappen und trotz der Handikaps, die immer neue – oft blutrünstig eskalierende – innere Rivalitäten für ein geschlossenes Handeln nach außen bedeuteten, formten sich aber doch mehr und mehr die Zielvorstellungen der venezianischen Politik. Man mußte sich zwischen den karolingischen und byzantinischen Kaisern eine ganz eigene Rolle schreiben, mit beiden Imperien gut stehen, aber deren Schwächen ausnutzen, um sich dann zwischen den Protagonisten hindurch selber an die Rampe vorzuspielen.

Partnerschaft mit Byzanz statt Abhängigkeit von Byzanz – das war das eine Ziel. Sicherung der festländischen Märkte in Italien durch Ausschaltung von Rivalen und verläßliche Verträge mit den fränkischen, später sächsischen Kaisern des Westreichs – dies das zweite. Und um die Durchsetzung in der Adria zur Sicherstellung der Handelswege in die Levante ging es zum dritten.

Da Byzanz die große Erbschaft des Römischen Reichs im Mittelmeerraum nur mühselig und unter zunehmenden Einbußen gegen Aggressoren aus allen Himmelsrichtungen verteidigen konnte – gegen Bulgaren und russische Waräger, gegen die zu Lande und zu Wasser angreifenden Araber und islamischen Fürstenstaaten, bald auch gegen die Normannen –, gelang es Venedig bereits in der Mitte des 9. Jahrhunderts, sein erstes Ziel wesentlich zu verwirklichen. Byzanz konnte ja an einer schwachen, hilfsbedürftigen Provinz in der nördlichen Adria gar nicht gelegen sein. Ein starkes Venedig, das seine Probleme selbst anpacken, sich die slawischen Nachbarn vom Halse halten und der byzantinischen Flotte gegen die arabischen Sarazenen in Unteritalien wirksam beistehen konnte, war aus der Sicht der öfter schwächlichen als energischen Kaiser in Konstantinopel durchaus vorzuziehen. Der zunehmend blassere Anschein einer weiterbestehenden Oberhoheit genügte ihnen, wenn sie nur mit Venedigs politischer und militärischer Bundesgenossenschaft rechnen konnten. Venedig ergriff die Chance, sich von Byzanz zu emanzipieren.

Der Doge Pietro Tradonico – lateinisch Petrus Trandenicus –, dessen Amtszeit von 836 bis 864 die Familienherrschaft der Partecipazi unterbrach, war der erste starke Emanzipator Venedigs. Während seines Dukats hat Venedig die schon erwähnten Grundlagen einer eigenen Kriegsflotte, die an die Stelle nur schwach armierter Transportschiffe rückte, geschaffen und erstmals auch die langen und schnellen *Chelandien* auf einer eigenen Werft gebaut. Mit einem beträchtlichen Kontingent von sechzig Schiffen hat Venedig den Byzantinern bei Tarent – 840 – gegen die Sarazenen beigestanden. Daß das Debüt der venezianischen Armada gründlich mißglückte und daß im selben Jahr auch Gefechte gegen die Kroaten verlorengingen, das ließ den zähen Dogen nicht resignieren.

Eben dieses Jahr 840 nämlich brachte auch einen Vertragsschluß, der die Selbständigkeit Venedigs zwischen den beiden Kaiserreichen zum erstenmal aktenkundig machen sollte. Der Doge Pietro Tradonico war zwar persönlich des Schreibens unkundig, aber was da auf seine Initiative hin im Februar 840 in Pavia zu Papier gebracht wurde, zeugt von Zielstrebigkeit und Verhandlungsgeschick. Das *Pactum Lotharii*, der Vertrag des Karolingerkaisers Lothar I. mit Venedig, steht am Anfang einer langen Reihe von späteren »Kaiserpakten« und definiert die Beziehungen Venedigs zu den Städten des karolingisch-italienischen Königreichs: Gegen relativ geringe Zollabgaben wurden den Venezianern der Handel im Regnum zu Lande und auf den Flüssen gestattet, ihre Sicherheit und die Unantastbarkeit ihrer Geschäftskorrespondenz garantiert. Fragen des Grenzverlaufs, der Gerichtsbarkeit und eines gemeinsamen Vorgehens gegen slawische Piraten – auch das Westreich suchte Venedigs Flottenhilfe – wurden geregelt, die gegenläufige Handelsfreiheit der festländischen Städte auch zur See festgelegt sowie das Verbot präzisiert, hörige Untertanen des Königreichs als Sklaven zu handeln. Dies ein Vertragsparagraph, der nur zu deutliche Gründe hatte. In einem zusätzlichen Dekret garantierte Kaiser Lothar I. bald darauf noch ausdrücklich die Unverletzlichkeit privater venezianischer Besitzungen auf dem italienischen Festland.

Wenn der Aachener Friedensvertrag von 812 so etwas wie Venedigs Taufschein gewesen ist, so kann man den Vertrag mit Lothar die Konfirmationsurkunde der Venezianer nennen. Nicht allein der Inhalt des zunächst für fünf Jahre geltenden Paktums nämlich war für Venedig wichtig. Als noch bedeutungsvoller erscheint der Umstand, daß die einstige byzantinische Provinz Venedig einen solchen Vertrag überhaupt selbständig, im eigenen Namen und ohne Rückfrage in Byzanz aushandeln und abschließen konnte; daß Venedig und sein Doge, hier »gloriosissimus dux Veneticorum« genannt, als fast gleichberechtigte Vertragspartner des Westkaisers aufzutreten in der Lage waren.

Kretschmayr weist darauf hin, daß der Doge in dieser Zeit auch von Byzanz nicht mehr als »dux provinciae Venetorum«, als herzoglicher Gouverneur einer kaiserlichen Provinz angesprochen, sondern im Gegenteil mit hohen Titelwürden versehen wurde. Umgekehrt war der byzantinische Kaiser für Venedig nur noch »Dominus«, nicht mehr »Dominus noster« – »unser Herr«: Indizien neben anderen, die auf ein neues Verhältnis zwischen Byzanz und Venedig hindeuten, das beispielsweise den neuzeitlichen Beziehungen zwischen der britischen Krone und ihren Commonwealth-Staaten entsprochen haben mag. »Die Loslösung Venedigs von Byzanz«, resümiert Kretschmayr überzeugend gegen den Widerspruch des Venedig-Historikers Walter Lenel, »um die Mitte des 9. Jahrhunderts leidet keinen Zweifel; die neue Macht führte selbständig Kriege, schloß Verträge ... In den Tagen des Petrus Trandenicus ist die staatliche Unabhängigkeit Venedigs geboren worden.«

Zum Selbstbewußtsein der »neuen Macht« hat der Besitz der Markus-Reliquie sicherlich wesentlich beigetragen. Daß Venedig indessen – man muß daran erinnern – noch länger eine zweitrangige Macht blieb, illustrieren die erfolgreichen Beutezüge, die sowohl die Kroaten als auch die Sarazenen weiterhin in der oberen Adria, Venedigs ureigenster Interessensphäre, unternehmen konnten. Und wie unausgegoren im Inneren der Lagunenstaat zu dieser Zeit noch gewesen ist, das wird auch von der engstirnigen Eifersucht seiner maßgebenden Kaste auf den Erfolg des um Venedig so verdienten Dogen Pietro Tradonico akzentuiert: Mitglieder einiger führender Aristokratenfamilien ermordeten ihn im Jahre 864.

Der Dank des Vaterlandes sollte auch künftig in Venedig eine durchweg ungewisse Sache bleiben. Wie Pietro Tradonico sind von der Aristokratie durch die Jahrhunderte nicht wenige exponierte Politiker und Kriegshelden ermordet, hingerichtet, abgesetzt und verbannt worden – und was beim Mordanschlag von 864 noch unkontrollierte, die venezianischen Interessen akut verletzende Rivalität gewesen sein mag, das erscheint in späteren Jahrhunderten mehr und mehr als ein gnadenloses Prinzip der Staatsräson. Die große, ambitionierte Persönlichkeit wird mit Argwohn verfolgt und sozusagen »eingeebnet«, wenn die Balance im Regiment der mächtigen Familien, später der oligarchischen Republik bedroht erscheint. Engherziges Konkurrenzdenken und private Rivalitäten innerhalb der Kaufmannsaristokratie verbinden sich kaum auflösbar mit einem Nivellierungsgebot, das letztlich auch – mitunter maßgebend – den Bestand und die Ausgewogenheit der politischen Struktur Venedigs gesichert hat. Trotz mancher Ausnahmen, die die Regel bestätigen: große Männer waren in Venedig zu allen Zeiten nicht besonders gefragt. Gefordert war an der Spitze des Staates statt dessen der *Primus inter pares*, ein sorgsam kontrollierter Vorstandssprecher gleichsam, dessen Aktivitäten jederzeit gezügelt werden konnten.

Die Politik des Dogen, den man ermordet hatte, ohne seine Leistungen verwerfen zu können, ist denn auch in diesem 9. Jahrhundert von seinen Nachfolgern konsequent fortgesetzt worden. Dogen aus den Familien Partecipazio und Candiano entwickelten nun sogar mehr Glück bei Expeditionen gegen die dalmatinischen Slawen, deren Piraterie dennoch ein Dauerproblem blieb, und in neuen Seegefechten gegen die Sarazenen. Kaiser Basileios I. von Byzanz bedankte sich dafür mit der Verleihung des schmeichelhaften Titels *Protospatharios* (»Erster Schwertträger«) an den Dogen und akzeptierte es bezeichnenderweise, daß sich das Staatsoberhaupt von Venedig durch noble Geschenke protokollarisch auf dieselbe Stufe stellte. Venedigs erstes Ziel: Unabhängigkeit von Byzanz, war weitgehend erreicht.

Das zweite, das wir genannt haben, die Sicherung der Absatzmärkte für venezianische Produkte und levantinische Importe im fränkisch-italienischen Reich, stellte naturgemäß eine längerfristige und komplexere Aufgabe dar, an der Venedig über Jahrhunderte beharrlich und, trotz empfindlicher Rückschläge, am Ende erfolgreich zu schaffen hatte. Bevor später auch bei diesem Geschäft das *San-Marco*-Prestige in die Waagschale geworfen werden konnte, gelangen fürs erste zwei wichtige Schritte in dieser Richtung: Ein sehr störender Konkurrent Venedigs, die Handels- und Salinenstadt Comacchio in der Region der Po-Mündung, wurde im Jahre 881 durch eine Expedition der sich weiter mausernden venezianischen Kriegsflotte erobert und wenn schon nicht dauerhaft unterworfen, so doch als Handelsrivalin erst einmal ausgeschaltet. Comacchios Salzkunden wurden nun in venezianische Handelsbücher eingetragen.

Von nicht geringerer Bedeutung war eine vorteilhafte Erneuerung des Vertrages mit dem karolingischen Kaiserreich im Jahre 880: Kaiser Karl der Dicke (den sich spätere Chronisten als dicklich vorgestellt haben, weil er ein kränkelnder Phlegmatiker gewesen ist) gestand eine beträchtliche Erweiterung der venezianischen Handelssphäre und -rechte in seinem Königreich Italien zu und räumte dem Dogen Orso Partecipazio I. (864–881) persönlich besondere Privilegien ein. Der Doge als erster Kaufmann seines Staates: »Die Behauptung der ersten Stelle im Staate, wie sie, wenn auch mit Unterbrechungen, dem Geschlechte Partecipazio mehr denn ein Jahrhundert immer wieder gelang, bedingte in dieser Zeit persönlichen Regiments, wo viele Staatsausgaben aus den verfassungsmäßigen Einkünften des Dogates nicht gedeckt werden konnten, sondern aus der Familienkasse bestritten werden mußten, vor allem ein gutes Kapitalvermögen« (Kretschmayr). Die Dogen selbst wie Venedig als Staat fuhren auch in der Folge gut mit den oft erneuerten Kaiserpakten.

So wenig Neues sich während dieser Phase im Westen ergab, so unerwünscht lebhaft veränderte sich ständig die Szene im Osten. Venedig hat zeitweilig den serbischen Narentanern sogar Tribute gezahlt, um sie von ihren Überfällen auf venezianische Handelsschiffe abzuhalten: Venedigs drittes Ziel, die Vorherrschaft in der Adria, blieb noch fern am Horizont. Durchaus defensive Maßnahmen mußten besonders gegen die Magyaren ergriffen werden, die seit dem Ende des 9. Jahrhunderts wie einst Attilas Hunnen Beutezüge nach Oberitalien unternahmen. Im Jahre 899 plünderten sie mehrere Lagunenstädte und tauchten bedrohlich auch vor Rialto auf, wo sie jedoch zurückgeschlagen werden konnten. In den Sätteln ihrer Pferde, nicht auf primitiven Booten waren die Ungarn wendig und stark.

Rialtos Lage im Innern der Lagune bewährte sich erneut, aber sie mußte nun zusätzlich abgesichert werden: Der Doge Pietro Tribuno, in dessen Amtszeit (888–911) eine nachhaltige Ausweitung der städtischen Besiedlung Rialtos fällt, hat damals, wie Andrea Dandolo berichtet, »eine Mauer vor der Einmündung des Kanals, der am Dogenpalast vorbeifloß, bis zur Kirche von S. Maria Zobenigo errichtet; auch zog er quer über den Kanal vom Anfang der Mauer bis zur Kirche S. Gregorio eine schwere eiserne Kette, die es jedem Schiffe unmöglich machte, gegen den Willen des Dogen ins Innere der Stadt einzulaufen.« Venedigs weltberühmtes Entree präsentierte sich damals als abweisende Seefestung.

Vermutlich vor allem auf die Schrecken der magyarischen Invasion geht die bis in unsere Zeit lebendige und mit Gondelprozessionen nachempfundene Legende vom Brautraub zurück, die man sich in Venedig als einen erfolgreich widerlegten Raub der Sabinerinnen dachte: Als am Festtag der Ankunft des heiligen Markus, an einem 31. Januar, in der Bischofskirche S. Pietro di Castello zahlreiche venezianische Paare getraut wurden, sind Seeräuber aus dem Osten eingefallen und haben die Bräute geraubt – freilich nicht bis auf ihre barbarischen Fellager entführen können. Denn schnelle venezianische Kriegsschiffe vor frischem Wind, für den an seinem Ehrentage der heilige Markus selbstredend sorgte, holten die Piraten ein, überwältigten sie und führten die Bräute im Triumph nach Venedig zurück. So die Legende.

Nicht zum venezianischen Sagengut, sondern zu den finsteren Kapiteln der inneren Geschichte des noch gärenden, werdenden Venedig gehören die erbitterten und ziemlich ausführlich überlieferten Geschlechterkämpfe des 10. Jahrhunderts. Selbst wenn man diesem »eisernen Zeitalter« eine größere Portion schaurig-balladesker Fehden, Blutrachen und »Nibelungenuntergänge« zuzugestehen bereit ist als späteren, (etwas) zivilisierteren Zeitläuften, sollte sich der Historiker vor so augenblitzenden Heroisierungen der Ereignisse hüten, wie sie der Freiherr von Pölnitz in seinem Venedig-Buch – das indessen auch Vorzüge hat – mit Dichterlaune anbietet: »Diese Zeit scheute kein Blutvergießen. Sie liebte es. Die stete Gefahr gewaltsamen Endes blieb der dunkle Hintergrund, von dem sich in scharfen Umrissen die noch urhaft ungebändigten Charaktere voll sagenhafter Wildheit abhoben. Herrliche Leidenschaften standen damals in strahlender Blüte ...«

Solcher »Sang«, so klangvoll er vorgetragen wird, vermag dem Leser vor allem die poetische Echauffiertheit zu zeigen, mit der nicht selten venezianische Geschichte erzählt worden ist. Das Geheimnis der späteren Erfolge Venedigs ist freilich kaum hinter den ungebändigten dämonischen Leidenschaften seiner führenden Familien zu suchen. Ganz im Gegenteil vollzieht sich der weitere Aufstieg des Staates im Zeichen kühler, rücksichtsloser Ratio erst *nach* Überwindung dieser blutigen inneren Wirren; erst als die internen Rivalitäten überdeckt wurden von einem venezianischen *Sacro egoismo*, einem nach außen zusammengefaßten Selbstverständnis im Namen des Patrons Markus.

Ein bißchen müssen wir freilich noch in diesem »eisernen« Jahrhundert bleiben: Auf die Vorherrschaft der Familie Participazio folgte die des militanten Geschlechts der Candianen. Sie beginnt im vierten Jahrzehnt des 10. Jahrhunderts und fällt zusammen mit der Regierungszeit der ersten beiden deutsch-römischen Kaiser aus dem sächsischen Haus, das dem westlichen Kaisertum nach der desolaten Endzeit der Karolinger wieder neue Macht verlieh. Die sächsischen Ottonen haben denn auch die venezianischen Dogen ziemlich gründlich ins Visier genommen.

Die Dogen der Frühzeit nun haben nach der praktischen Ablösung der byzantinischen Oberhoheit im Grunde wie absolute Fürsten regiert, wobei der Begriff »absolut« freilich so relativiert zu sehen ist wie die monarchischen Vollmachten anderer europäischer und orientalischer Herrscher zu dieser Zeit auch. Verfassungsmäßig nicht oder kaum eingeschränkt, also »absolut«, bewegten sich Kaiser, Könige, Kalifen wie Dogen dennoch oft auf schmalem Grat zwischen aristokratischen Potentaten, familiären Rivalitäten und mächtigen Interessengruppierungen im Staate –

Über viele Jahrhunderte hat Venedig an seinem Palazzo Ducale gebaut. Aus einem Kastell wurde am Ende das »Wunderwerk« der venezianischen Gotik.

abhängig vom Erfolg, von der Hausmacht, vom Geschick ihrer Politik des *Divide et impera.* Venedigs Dogen in dieser Ära der dogalen Monarchie, die bis ins 11. Jahrhundert hineinreicht, wurden aus dem Kreis der mächtigen Geschlechter auf Lebenszeit gewählt: nicht in einem geregelten Abstimmungsverfahren, sondern »tumultuarisch«, durch Zurufe in einer Volksversammlung, deren »Tumult« man sich freilich nach Kräften gesteuert denken muß. Die führende Familie sorgte durch Agitation, Arrangements und Bestechung für die richtigen Zurufe und die richtige Akklamation, so daß – wie schon erwähnt – einige Adelsgeschlechter sich das Dogenamt für längere Phasen gleichsam in Erbpacht sichern konnten. Bis die Rivalen das Übergewicht gewannen – durch wirtschaftliche Macht, überlegenes Ansehen, Intrigen oder Gewalt.

Religiöse Feierlichkeiten begleiteten den Wahlvorgang, der traditionell auf dem Rialto vorgelagerten Lido di Niccolò stattfand. Der Gewählte wurde auf den Schultern der vornehmsten Wähler und dann zu Schiff nach Rialto geführt, wo man ihn vermutlich schon im 10. Jahrhundert in der Markuskirche die zunächst noch byzantinisch geprägten Insignien Schwert *(Spatha)*, Stab *(Fustis)* und Amtsstuhl *(Sella)* überreichte. Die Formen der Investitur wandelten sich bis ins 14. Jahrhundert hinein. Der Doge des 10. Jahrhunderts regierte mit Hilfe von *Judices,* Richtern, die aus den einflußreichen Familien und dem hohen Klerus (der selber wiederum aus dem Adel rekrutiert wurde) stammten und zusammen einen Gerichtshof bildeten, der zugleich Verwaltungsfunktionen ausübte: Beamten- und Beratergremien also unter dem monarchischen Dogen – keine offiziellen Kontrollorgane. Von der *Republik* Venedig sind wir noch weit entfernt.

Das Geschlecht der Candianen war es, das in der Mitte des 10. Jahrhunderts den Stab, das Zepter, in Venedig führte und – aggressiver als seine Vorgänger – das Schwert schwang. Comacchio wurde noch einmal gestürmt, die Halbinsel Istrien zur abhängigen venezianischen Interessensphäre gemacht, die neue Konkurrentin Ferrara sowie, weiterhin, die slawische Piraterie bekriegt. Die auffallendste Persönlichkeit dieses Geschlechts war der Doge Pietro Candiano IV. (959–976), eine jener Kraftnaturen, wie sie v. Pölnitz schraffiert hat, tatkräftig, verschlagen, rücksichtslos und doch wohl – mit Kretschmayr – viel staatsmännischer, als es die spätere republikanische Geschichtsschreibung Venedigs wahrhaben wollte. Dieser Candiano endete zwar wie ein finsterer Tyrann, den das Schicksal endlich einholt, aber er hat nicht nur auf eigene Rechnung, sondern auch für Venedig starke Politik gemacht.

Pietro Candiano IV. hat als »Kronprinz« und Mitregent gegen seinen Vater geputscht, ist verbannt und schließlich als hartnäckiger Prätendent aus dem Exil in das *Palatium*, die Dogenburg, heimgeholt worden. Er hat den venezianischen Sklavenhandel ebenso wie den handelspolitisch wichtigen Postverkehr mit den beiden Kaiserreichen im Westen und Osten in die Regie des Staates genommen, Kaiser Otto I. mit diplomatischem Geschick zur günstigen Erneuerung des venezianischen Kaiser-Paktums bewogen und sich auch mit Byzanz taktisch klug arrangiert: Die zeitweilige Bereitschaft, byzantinischen Forderungen gemäß die muslimischen Sarazenen nicht gerade mit Schiffsbauholz und Waffen zu beliefern (die ja dann gegen Byzanz verwendet wurden!), trug dem Dogen außenpolitischen Kredit ein und beschnitt die orientalischen Geschäfte der venezianischen Aristokratie, die Pietro rigoros seinem monarchischen Dogat zu unterwerfen suchte.

Die neue Stärke des Westkaisers richtig einschätzend, strebte der Doge nach einer weitgehenden politischen, ja sogar nach einer familiären Verbindung mit den Ottonen. Die erste Dogaressa wurde kurzerhand in Venedigs Prominentenkloster San Zaccaria verbannt, zur neuen Dogaressa eine Nichte Ottos I., Waldrada von Toskana, erkoren. Diese Heirat brachte dem Dogen beträchtlichen Grundbesitz auf dem norditalienischen Festland, wertvolle kaiserlich-sächsische Sympathien sowie die Mittel ein, sich eine halb private Söldnergarde aufzubauen: Fast schon als ein »Rex Veneticorum« erschien dieser Candiano.

Pietro Candiano IV. hatte die Dogenherrschaft so stark gemacht wie vor ihm allenfalls Pietro Tradonico – und wie die zurückgedrängte Aristokratie auf diesen Dogen reagierte, das haben wir beschrieben. Dem allzu hoch gestiegenen, sicher auch hochfahrend regierenden Candiano erging es nicht anders. Eine Verschwörung entstand fast zwangsläufig, die *Case Vecchie*, die alten

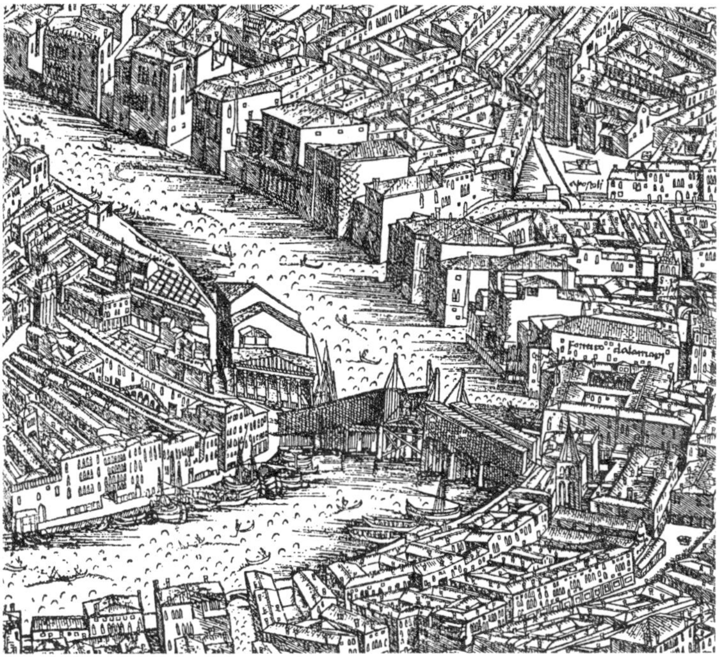

Die Rialto-Region, Herzstück des venezianischen Handels. Ausschnitt aus dem berühmten Vogelschau-Plan Venedigs von Jacopo de' Barbari, der 1500 mit einem Privileg der Republik in Nürnberg verlegt wurde.

Geschlechter, schlugen zurück. Wie der Chronist Johannes Diaconus mit Entsetzen schildert, haben die Verschwörer am 11. August 976 das von der Leibgarde bewachte Kastell des Dogen, das sie nicht direkt zu stürmen vermochten, durch eine in den Nachbargebäuden entfachte und auf das Angriffsziel planmäßig übergreifende Feuersbrunst bezwungen und so ausgeräuchert, daß sich Pietro Candiano in die ebenfalls brennende angrenzende Markuskirche zu retten suchte – wo ihn die Verschwörer erwarteten. Der verhaßte Fürst wurde zusammen mit seinem kleinen Sohn und einigen Begleitern im Vestibül von San Marco gnadenlos niedergemetzelt. In dieser Szene kulminierte das »Nibelungenlied« der frühen venezianischen Geschichte.

Die fanatischen Verschwörer nahmen es in Kauf, daß ihr Tyrannenmord, wie sie ihn wohl verstanden, mit einer Brandkatastrophe gewaltigen Ausmaßes bezahlt werden mußte. Das *Palatium,* die Residenz mit allen politischen Urkunden und Akten, die Kirchen S. Teodoro, S. Maria Zobenigo sowie etwa dreihundert Häuser im Zentrum von Rialto brannten nieder. Und vor allem: die Markuskirche wurde weitgehend vernichtet. Mit ihr verbrannte wohl – was natürlich niemand gewollt hatte und doch sehr wahrscheinlich ist – auch die kostbare Reliquie, das Staatsheiligtum, das alle Welt für die Überreste des heiligen Markus hielt.

Es wäre ein irreparabler Rückschlag für die äußere Geltung Venedigs gewesen, wenn die Vernichtung der Reliquie bei inneren Machtkämpfen bekannt geworden wäre, und so haben die Dogen der folgenden Zeit den Verlust des heiligen Markus niemals eingestanden. Es konnte nicht sein, was nicht sein durfte. Man rettete sich, wie es scheint, in die Version vom allzu gut verborgenen Markus: Pietro Candiano, der ermordete Tyrann, habe die Reliquie insgeheim in einen der – zum Teil wohl als Torsi erhalten gebliebenen – Pfeiler der Markuskirche einmauern lassen, und fatalerweise gebe es keinen überlebenden Mitwisser, der das Staatsversteck kenne. Nun, die Hauptsache sei doch, daß der heilige Markus auf jeden Fall – wenn auch vorerst geheimnisvoll verborgen – noch mitten unter seinen Venezianern weile. Später hat man dann auch behauptet, die aus dem Brand geretteten Gebeine des Evangelisten seien vom Dogen Pietro Orseolo I., dem Nachfolger des Ermordeten, in der restituierten Basilika erneut unter großer Geheimhaltung niedergelegt worden. So undeutlich die Überlieferung in diesem heiklen Punkt ist, so deutlich schmecken die häufigen chronikalischen Verweise auf ein hochgeheimes Hantieren mit den Gebeinen nach Ausflüchten und länger anhaltender Ratlosigkeit im *Palazzo Ducale.*

Es ist schon ein aparter Kasus: Das Skelett des Evangelisten, der sehr wahrscheinlich nie in Alexandria gewesen ist, wird dort trotzdem siebenhundert Jahre später ausgegraben und entführt; es verbrennt sehr wahrscheinlich weitere hundertfünfzig Jahre später und tritt wenige Jahrzehnte darauf seine Laufbahn als charismatischer Patron des Staates an.

5

Das Markusbanner in der Adria

Der Kaiser und das »Gottesurteil« · Pietro Orseolo II.
Die dalmatinische Flottenfahrt · Otto III. als San-Marco-Pilger · Vermählung mit dem Meer

Nie hat Venedigs berühmter San-Marco-Distrikt einen unwirtlicheren Anblick geboten. Rauchschwaden zogen durch Rialto, und nicht an adriatische Politik war jetzt zu denken. Es waren die vorrangigen Aufgaben des neugewählten Dogen Pietro Orseolo I. (976–978), für den Wiederaufbau des niedergebrannten Zentrums der Hauptstadt zu sorgen und im Inneren Ruhe herzustellen. Der erste Doge aus dem Geschlecht der Orseoli ist durch besondere Frömmigkeit aufgefallen, aber es ist strittig, ob er – nach den asketischen Ideen dieser Jahre vor der ominösen Jahrtausendwende – schon von Jugend auf gottgefällig gelebt hat oder erst durch Gewissensbisse über seine (freilich nicht ganz eindeutige) Beteiligung am folgenschweren Putsch gegen seinen Vorgänger zum christlich reuigen Wohltäter geworden ist. Jedenfalls ließ er unter Einsatz persönlicher Mittel die San-Marco-Basilika in der alten dreischiffigen Form wiederaufbauen, ebenso das Palatium, das nun noch ausgeprägter zu einer festen, betürmten Dogenburg wurde.

Rialto erhob sich wieder – der Doge aber machte 978 sein mildtätiges Testament und folgte in aller Stille dem Abt Guarinus, der – nach Andrea Dandolo – wundersam in Venedig aufgetaucht war, um den heiligen Markus anzubeten, in das weltferne Pyrenäenkloster Cusa. Dort ist Pietro etwa zehn Jahre später als Mönch gestorben. Im Status einer Reliquie wurde er in der Neuzeit nach Venedig zurückgeholt. Rom hat ihn als einzigen venezianischen Dogen 1731 sogar heiliggesprochen: ein etwas aus der Art geschlagener Venezianer.

Pietro Orseolo I. hatte die Erneuerung der Stadt vorantreiben, den inneren Frieden aber nicht stiften können. Diese Aufgabe bewältigten auch seine beiden Nachfolger nicht. Im Gegenteil uferten die Geschlechterrivalitäten, namentlich der Kampf zwischen den mächtigen Familien Caloprini, die den Candianen nahestanden, und den Morosini, zu einem Tohuwabohu von Gewalt, Mord und außenpolitischen Verwicklungen aus. Kaiser Otto II. nämlich war seit der Ermordung des ihm verbundenen Pietro Candiano nicht gut auf Venedig zu sprechen. Er setzte den Lagunenstaat durch eine empfindliche Handelssperre, später im Komplott mit den Caloprini sogar so massiv militärisch unter Druck, daß eine Einverleibung Venedigs ins westliche Kaiserreich kaum mehr abwendbar erschien. In dieser Situation retteten Venedig die Quacksalber, die den an Malaria erkrankten Kaiser mit untauglichen Präparaten traktierten: Im Dezember 983 starb Otto II. in Rom, und was im deutschen Reich als schlimme Trauerbotschaft aufgenommen wurde, das löste in Rialto Jubel aus. Ein Gottesurteil hatte Venedigs Bedrücker dahingerafft, so fand man allgemein, nachdem ein hektischer Mönch in den Gassen getönt hatte, daß ihm ein Engel diesen himmlischen Richterspruch kundgetan habe. Nun stand auch der Rache der Morosini an den kaiserfreundlichen Caloprini nichts mehr im Wege: Vier Morosini ermordeten und verstümmelten drei Caloprini, ihre Leichen fischte man aus einem Kanal. Den unstet regierenden Dogen Tribuno Menio (979–991) setzte die Aristokratie ab und steckte ihn als unfreiwilligen Mönch ins Kloster S. Zaccaria.

In diesem Jahr – 991 – endete Venedigs Nibelungenlied, und es hob sich nun der Vorhang vor dem vielaktigen San-Marco-Drama von der mediterranen Mission des Markusstaates – aus dem Christlichen übersetzt ins Politisch-Kommerzielle. Die Markus-Reliquie war gerade eben untergegangen, als Venedig um die Jahrtausendwende dazu überging, San Marco nicht mehr nur als kostbarstes religiöses Heiligtum und defensiven Beschützer zu verehren, sondern sich den Patron nun auch auf seine Fahnen zu schreiben. »Erst im 11. Jahrhundert wurde Markus«, so Hans C. Peyer, »Stadtpatron im Sinne eines tätigen Eingreifens in die Geschichte des venezianischen Stadtstaates.«

Den ersten Akt des neuen San-Marco-Schauspiels schrieb der Doge Pietro Orseolo II., der Sohn des Pyrenäenmönchs. Im Frühjahr 991 wurde er in sein Amt berufen, und selten hat die venezianische Aristokratie im Verlauf der exakt elfhundert Jahre dauernden Dogengeschichte – die offizielle Liste verzeichnet zwischen 697 und 1797 einhundertzwanzig Dogen – bei der Wahl des Staatsoberhauptes eine glücklichere Hand gehabt als diesmal. Pietro Orseolo II. steht für eine Weichenstellung der venezianischen Geschichte und wäre als ein großer Doge wohl auch dann

Markus schreibt das Evangelium. Sein darin begründeter Ruhm war den Venezianern wichtiger als die Botschaft selbst. Mosaikbild in S. Marco.

in die Tradition eingegangen, wenn es die eifrigen Lobpreisungen seiner Persönlichkeit nicht gäbe, die sein Kaplan und enger Mitarbeiter Johannes als Hofchronist verfaßt hat. Dem Geschichtsschreiber Johannes Diaconus sind wir ja schon begegnet: Venedigs erster Literat tritt uns jetzt auch als Augenzeuge, als anschaulich erzählender Berichterstatter, sogar als mithandelnder Diplomat entgegen, glaubwürdiger also noch als in den früheren Partien seiner Chronik Venedigs. Johannes hat geschildert, wie zielbewußt dieser Doge für Venedig nun das Markusbanner in die Adria führte.

Zunächst freilich mußte sich Pietro Orseolo II. fest, fester als seine Vorgänger, in seine *Sella* setzen. Die gewalttätigen Aristokraten gewöhnten sich nicht sogleich an die Beendigung der früheren halb anarchischen Zustände, wurden dann aber zur Räson gebracht und garantierten schließlich dem Dogen in einem einzigartigen Dekret von 998 Verzicht auf Fehden und Aufruhr sowie unbedingte Loyalität. Ein Pergament, das den Höhepunkt souveräner Dogenmacht in Venedig markiert und, wenn man so will, das aufs Ganze gesehen untypischste Dokument der venezianischen Geschichte darstellt. Aber in dieser Phase war es unerläßlich, wenn der Staat seine zersplitterten Kräfte wieder sammeln und auf außen- und handelspolitische Ziele richten wollte. Vermutlich nicht ohne Zähneknirschen hat es Venedigs Adel sogar hingenommen, daß Pietro in der Folge nicht nur zwei Söhne nacheinander zu Mitregenten berief, sondern auch den Bischofsstuhl von Torcello mit einem weiteren Sohn besetzte. Die Orseoli beherrschten Venedig. »Republikanische« Folgen hatte der Tyrannenmord von 976 nicht gehabt.

Pietro Orseolo blickte in die Runde: Venedigs Verhältnis zu den beiden Kaiserreichen mußte erneuert, intensiviert werden. Der Doge tat es bereits in seinem zweiten Amtsjahr. Byzanz handelte er eine feierliche Bulle ab, die Venedigs Handel im griechischen Reich erleichtern und vor willkürlichen Abgaben und Behinderungen schützen sollte. Venedig versprach dagegen, Byzanz Flottenhilfe gegen die Sarazenen zu leisten – was freilich den Dogen durchaus nicht davon abhielt, gleichzeitig mit den wichtigsten islamischen Höfen Freundschaftsverträge abzuschließen. »Oberstes Gebot war das eigene wirtschaftliche Interesse«, wertet

Hellmann. »Man hat sich in Venedig nie gescheut, diesem zuliebe jede Möglichkeit einseitiger Festlegung zu vermeiden und unbequeme Verpflichtungen, denen man sich nicht zu entziehen vermochte, zu umgehen oder zu ignorieren.«

Bald nach Abschluß des neuen Vertrags mit Byzanz im März 992 schickte der Doge seine Unterhändler auf eine ebenso wichtige diplomatische Mission nach Norden: Im thüringischen Mühlhausen konzedierte der erst zwölfjährige, von der alten Kaiserin Adelheid gelenkte Kaiser Otto III. eine Wiederherstellung früherer Ansprüche Venedigs, das dafür eine verbale Treueverpflichtung gegenüber dem römisch-deutschen Reich abgab. Den sächsischen Knaben und Jüngling verstanden die Venezianer gut zu nehmen: Ganz im Gegensatz zu seinem Vater, dem Bedränger Venedigs, sollte der junge, schwärmerisch sendungsbewußte Kaiser, das »Wunder« der damaligen Welt, zu einem Bewunderer Venedigs und als selbsternannter »Knecht der Apostel« zum prominentesten San-Marco-Pilger des hohen Mittelalters werden. Dem Paktum von Mühlhausen im Juli 992 folgten 995 und 996 weitere, teils von Johannes Diaconus ausgehandelte königliche Erlasse zur Stabilisierung von Venedigs Grenzen und zum Ausbau weiterer Handelshäfen in Venetien.

Während in Rialto der Wiederaufbau der jetzt noch prächtiger konzipierten Markus-Basilika fortschritt und die Neubauten der Dome von Torcello und Caorle entstanden, rüstete Pietro Orseolo zum ersten großangelegten Ausgreifen Venedigs in das Meer, dessen Wasser ja bis an die Pforten seiner Residenz reichten und dessen Passagen man beherrschen mußte, wenn der vielversprechende Levantehandel endlich gesichert und ausgeweitet werden sollte. Es war nicht länger akzeptabel, daß jede venezianische Handelsexpedition nach Afrika und in den Orient das Risiko einging, schon in der Adria überfallen und gekapert zu werden; daß jeder junge Kaufmannskapitän sein Testament gemacht haben mußte, wenn er an den Kais von Rialto oder Torcello seine *Navis,* sein segelbesetztes Kauffahrteischiff, mit Salz und Sklaven, Holz und Eisen für das Ostmittelmeer belud. So groß und für unsere heutige Mentalität kaum vorstellbar die Risikobereitschaft der Kauffahrer dieser Zeit auch war – Venedigs Seehandel durfte nicht im bisherigen Ausmaß Abenteuer bleiben, wenn er die

Konkurrenz aus den italienischen Seestädten Amalfi, Salerno, Gaeta und Pisa bestehen und überflügeln wollte. Er brauchte sichere Routen und verläßliche Stützpunkte an der Ostküste der Adria.

Das heute jugoslawische Küstenland Dalmatien mit seinen Hafenstädten aus römischer Zeit, zahlreichen Buchten und vorgelagerten Inseln – bevorzugten Schlupfwinkeln der Piraten – gehörte formell zum byzantinischen Kaiserreich, war in dieser Zeit aber vom kroatischen Königreich abhängig und Invasionen der Bulgaren ausgesetzt. Pietro Orseolo II. hatte schon 996 die Kroaten herausgefordert, indem er die bisherigen Stillhalte-Tributzahlungen Venedigs einstellte. Und als eine kroatische Gesandtschaft die Erneuerung der Zahlungen forderte, erklärte der Doge gemäß Johannes Diaconus selbstbewußt, daß er demnächst persönlich erscheinen werde, um diese Tribute zu entrichten. Die Bitte einiger von den Slawen bedrohter dalmatinischer Städte an den Dogen, ihnen zu Hilfe zu kommen, bot den erwünschten

Aus dem frühesten Markus-Feldzeichen um das Jahr 1000 wurde schließlich diese große San-Marco-Standarte entwickelt.

Anlaß. Nun kam der Doge: als Admiral einer starken venezianischen Kriegsflotte. Johannes Diaconus hat diese epochemachende dalmatinische Heerfahrt ausführlich, farbig und stolz beschrieben.

Das Jahr 1000, für das man damals den Weltuntergang und den Beginn eines Gottesreiches prophezeit hatte, versetzte Pietro Orseolo nicht in Endzeit-, sondern in Aufbruchsstimmung. Am 26. Mai, dem Himmelfahrtstag dieses Jahres, empfing der Doge in der Kirche S. Pietro di Castello aus den Händen des Bischofs von Rialto ein *Vexillum triumphale*, ein Triumphbanner, von dem wir zwar nicht genau wissen, wie es ausgesehen – bei dem es sich aber fast sicher um eine Markusfahne gehandelt hat. »Weder in Venedig noch sonst irgendwo stehen die Fahnenbilder im 10. und 11. Jahrhundert eindeutig fest«, schreibt Peyer, aber da auch später die definitive Markusfahne oft als *Vexillum triumphale* bezeichnet worden ist, läßt sich – nach Peyer – erschließen, daß Venedig zur Zeit Pietro Orseolos II. erstmals mit einem San-Marco-Feldzeichen in den Krieg zog. Aus dem defensiven Schutzheiligen begann der offensive Staatspatron zu werden.

Das Markusbanner wurde auf dem dogalen Admiralsschiff gehißt, die Flotte stach in See, ankerte vor Jesolo und wurde am folgenden Tag in Grado mit dem Segen des Patriarchen versehen, der dem Dogen zur Markusfahne noch das »siegreiche Banner des heiligen Hermagoras« übergab: Zum Feldzeichen des Apostels kam das seines ersten Bischofs in Aquileja-Grado. Nun konnte nichts mehr schiefgehen. Die Flotte segelte und ruderte nach dem teils schon venezianisch beherrschten Istrien, wo der jetzt dem Patriarchat Grado unterstellte Bischof von Pola (heute Pula) dem Dogen untertänig entgegentrat. Interessanter dürfte hier für die Venezianer freilich ein Eindruck von der Konjunkturlage des wichtigen Sklavenmarktes zu Pola gewesen sein. Dann ging es weiter nach Ossero (Osor) auf der Insel Cherso (Cres), wo Pietro Orseolo wie ein Kolonialherr Truppen zur Verstärkung seiner Expedition aushob, und darauf nach Zara (Zadar), zu jener wichtigen Hafen- und Bischofsstadt, die Venedig noch jahrhundertelang durch ständiges Aufbegehren beschäftigen sollte, jetzt aber brav huldigte: »Die Bischöfe verpflichten sich«, notiert Johannes, »künftig das Kanzelgebet gleich nach Nennung des byzantinischen Kaisers für den Dogen zu sprechen.«

Eine kurze Belagerung war erforderlich, um die Stadt Traù (Trogir) zu unterwerfen. Hier rang der Doge einem der Kroatenfürsten die eidliche Zusicherung ab, künftig weder venezianische Tribute zu verlangen noch venezianische Handelsschiffe zu belästigen – und kommandierte nicht ohne Zynismus ein Geschwader seiner Flotte zum Kapern slawischer Handelsschiffe ab. Spalato (Split), die bedeutendste Metropole Dalmatiens, kapitulierte im Frühsommer des Jahres ebenfalls und leistete Venedig den Treueid, der Erzbischof von Ragusa (Dubrovnik) schloß sich an, und nur die Pirateninseln Curzola (Korčula) und Lagosta (Lastovo) mußten im Sturm genommen werden.

Mit Geiseln zur Sicherung der kroatischen Zugeständnisse an Bord kehrten die venezianischen Galeeren und Segler im Spätsommer des Jahres 1000 nach Rialto zurück. Natürlich »im Triumph«, den Andrea Dandolo dreieinhalb Jahrhunderte später noch patriotischer als Johannes Diaconus ausgemalt hat. Demgegenüber haben einige neuere Geschichtsschreiber, namentlich Walter Lenel, bestritten, daß Pietro Orseolo mit seiner Flottenunternehmung mehr als einen rasch vorübergehenden Erfolg erzielt habe. Sicher, die Huldigungen vieler dalmatinischer Potentaten vor der Markusfahne wurden in den Wind geschlagen, sobald das Banner am Horizont verschwand. Dennoch hat Venedig den »Anspruch auf den für ihn, wenn nicht unumgänglich nötigen, so doch höchst bedeutsamen Besitz festgelegt…, dem heimischen Handel eine Reihe von offenen Türen gewonnen und trotz Mühen und Beschwerden auch offengehalten«, urteilt Kretschmayr sicherlich zutreffender. »Der Zug vom Jahre 1000 ergab für die Stellung Venedigs in der Adria, was im größeren Maße der vierte Kreuzzug für dessen Stellung im östlichen Mittelmeer ergeben sollte: die zielbewußte Aneinanderfügung eines Kranzes von Handelsstationen. Eben darum darf von ihm der erste Anfang venezianischer Handelsgroßmacht gerechnet, das Jahr 1000 als ein erstes Geburtsjahr der adriatischen Vorherrschaft Venedigs betrachtet werden.«

Dieser Einschätzung schließt sich neuerdings auch Alvise Zorzi an, wenn er schreibt: »Der Doge war, geschmückt mit dem Titel eines ›Herzogs der Veneter und Dalmatiner‹, nach Venedig zurückgekehrt. Dieser Titel sanktionierte die neue Realität im

Adriatischen Meer... Von jenem Augenblick an erschien er als der starke Mann im Mittelmeer...«

Und wenn schon der Besitz der Markus-Reliquie seit dem Brand von 976 wahrscheinlich bloß noch Fiktion war, so konnte doch der Glaube an die Präsenz des Heiligen, an die Wirksamkeit seines Feldzeichens zur Schaffung dieser neuen, vorteilhaften Realitäten wesentlich beitragen. Pietro Orseolo II. hatte als erster den Markuskult offensiv erprobt. Die Idee, die Venedigs Selbstverständnis tragen sollte, war geboren.

Johannes Diaconus hat die Erfolge der dalmatinischen Flottenexpedition nicht nur zu dauerndem Gedenken aufgezeichnet, sondern damals sogleich auch rhetorisch kundgetan: Sein Zuhörer war Kaiser Otto III. Dem imponierte die im Namen eines Apostels durchgeführte Mission des Dogen, mit dem er seit Jahren in freundschaftlichen Beziehungen stand und dessen Sohn Ottone er aus der Taufe gehoben hatte. Nun wollte er Pietro Orseolo selbst kennenlernen, ihn und das »goldene Venedig« mit seiner erhabenen Reliquie.

Im April des Jahres 1001 reiste Otto III. von Ravenna zum Kloster Pomposa im Po-Delta und bestieg dort ein venezianisches Boot, das ihn in langer, unruhiger Tag- und Nachtfahrt in die Lagune von Rialto brachte. Der Augenzeugenbericht des Diakons über den streng geheimgehaltenen Aufenthalt des bürgerlich schlicht kostümierten Kaisers erzählt detailfreudig von Ottos Umarmungen mit dem Dogen, von seinen nächtlichen und morgendlichen Andachtsstunden im Kloster S. Zaccaria und in der Markuskirche, von vertraulichen Gesprächen in einem Turmkabinett des Palatiums mit dem Dogen, von der Taufe einer Dogentochter, die der Kaiser über das Becken hob, von den Abschiedsküssen, die er mit Pietro Orseolo tauschte: Sentimentale, romanhaft anmutende Szenen, die nicht nur oft romantische Nacherzählungen inspiriert, sondern auch historiographisch vielfältige Deutungen hervorgerufen haben.

Vermutlich haben sich insgesamt politische mit mystischen Motiven verbunden: Otto III. mag sich in der desolaten Situation, in der er sich nach seiner Vertreibung aus Rom in diesem Frühjahr befand, um die Hilfe des so sichtlich erstarkten Venedig bemüht haben, und einen solchen Versuch fürs erste geheimzuhalten–

auch mit Blick auf Byzanz –, gab es natürlich Gründe. Daneben aber war es dem etwas überspannten jungen Mann, der schon in der Aachener Grabgruft an Karls des Großen Mumie herumhantiert hatte, durchaus zuzutrauen, daß ihn gleichermaßen seine religiöse Schwärmerei zu der Reliquie des Evangelisten Markus trieb.

Ein kleines Rätsel bleibt es dabei am Rande, welche Stelle die Kleriker der Markusbasilika dem symbolgläubigen Kaiser wohl als den mutmaßlich heiligen Ort vorgewiesen haben – denn Markus galt ja seit 976 offiziell als unauffindbar. Jedenfalls hat diese – bald doch verkündete – Kaiservisite dem internationalen Ansehen Venedigs und seines Dogen gedient (der hier Verbundenheit demonstriert, militärische Hilfe aber nicht zugesagt hatte).

Nach Ottos III. bald folgendem Tod hat der deutsche König Heinrich II. im Jahre 1002 alle neuerdings erwirkten Privilegien Venedigs anstandslos bestätigt, auch den schon genannten, etwas kühnen, Titel eines Herzogs von Dalmatien, den Pietro Orseolo nach der Flottenfahrt demonstrativ seiner Dogenwürde hinzugefügt hatte.

Noch einmal während Pietros Dogat wehte das Markusbanner einem großen adriatischen Unternehmen der venezianischen Kriegsflotte voran: Im August 1002 nahmen die Schiffe, wiederum unter dem persönlichen Kommando des Dogen, Kurs auf das süditalienisch-byzantinische Bari, das die Sarazenen von Sizilien aus angegriffen und eingeschlossen hatten. Byzanz hatte vertragsgemäß Venedigs Flottenhilfe angefordert, und die Venezianer zögerten nicht, dem wichtigeren Partner gegen die Sarazenen beizustehen, deren Dominanz in der Straße von Otranto, dem Ausgang der Adria, gerade auch im venezianischen Interesse verhindert werden mußte. Der heilige Markus bewährte sich als Patron der Kriegsflotte wiederum glänzend: Die venezianischen Galeeren durchbrachen den Belagerungsring der Mohammedaner, fuhren in den Hafen von Bari ein, versorgten die Stadt und errangen im Oktober des Jahres in einer dreitägigen See- und Landschlacht einen vollständigen Sieg.

Und da auch heiratspolitische Maßnahmen zum Repertoire dieses klugen Dogen gehörten, befestigte er die so erneuerte Partnerschaft mit Ostrom bald darauf durch die Heirat seines ältesten Sohnes Giovanni mit einer byzantinischen Prinzessin namens Maria, deren Mitgift übrigens Venedigs »himmlisches Konto« um die Reliquien der heiligen Barbara bereicherte. Außerdem wurde eine Tochter des Dogen slawisch verheiratet, damit sie als Gattin eines kroatischen Königssohns möglichst zur Friedfertigkeit der Kroaten und damit zur Sicherheit der venezianischen Handelsschiffahrt beitrage.

Als Exkurs zum Thema »Vermählung« sei hier angefügt, daß sich Venedigs Dogen seit dem 13. Jahrhundert alljährlich am Himmelfahrtstag symbolisch-festlich mit dem Meer vermählten, indem sie einen Ring in die Fluten warfen: ein Spektakel des Staatskults, das aller Welt Venedigs Rolle als Herrin der Meere veranschaulichen sollte und das später wohl zutreffend als Erinnerung an Pietro Orseolos Flottenausfahrt am Himmelfahrtstag des Jahres 1000 gedeutet worden ist. Denn der Anfang war hier gemacht, der hohe Anspruch festgeschrieben. Zur Jahrtausendwende hatte sich Venedig dem Meer zunächst einmal fest verlobt; die Heirat war nicht mehr fern.

Pietro Orseolo II., der erfolgreiche Doge, hat nicht bis zu seinem Ende die Gunst des Schicksals und den Schutz des von ihm gleichsam aktivierten Patrons San Marco genossen. Eine pestartige Seuche suchte die in seiner Regierungszeit auch baulich-künstlerisch aufgeblühte *aurea Venetia*, die nach Johannes Diaconus schon »goldene«, freilich einem weltstädtischen Zuschnitt erst zustrebende Stadt, heim und nahm dem Dogen seinen Sohn und designierten Nachfolger Giovanni samt Schwiegertochter und Enkelsohn. Nun bestimmte der Doge seinen noch minderjährigen Sohn Ottone zum Nachfolger. In resignierter, fast mönchischer Zurückgezogenheit ist Pietro Orseolo II. im September 1009 gestorben, und über diesen Zeitpunkt hinaus mochte nun auch sein vertrauter Kaplan und Berater Johannes Diaconus nicht weiter die Taten der Venezianer für die Nachwelt aufschreiben.

6

Der Evangelist als Staatspatron

Die reaktivierten Heiligen · Zuerst Venezianer – und dann erst Christen · Der Doge als Vasall des heiligen Markus Neubau der Basilika · San Marco läßt sich wieder blicken

Als Markus nach Venedig kam, besaß Venetien schon seit längerem einen Schutzpatron, den heiligen Theodor, der ursprünglich ein spätantiker Herrscher gewesen ist. Diesem byzantinischen Heiligen und seiner Reliquie war eine Kirche neben dem Dogenpalast auf dem Areal der heutigen Markuskirche geweiht, die dem ersten Rialto-Dogen Agnello Partecipazio als fürstliche Privatkapelle diente – und deren Schicksal einen sehr bezeichnenden Verlauf nahm. Theodor nämlich galt nur als ein mittelrangiger Heiliger, und er trat sofort in den Hintergrund, als 828 die *Translatio Sancti Marci* den prominenten Markus nach Venedig gebracht hatte. Daß Theodor namentlich im byzantinischen Heer verehrt wurde, hat in der Phase der Emanzipation Venedigs von Byzanz möglicherweise zum Kursverfall des ersten Patrons beigetragen. Markus rückte in all seine Funktionen ein, und nachdem die Kapelle San Teodoro noch etwa zwei Jahrhunderte klein und bescheiden neben der Markuskirche, die zwischen San Teodoro und dem Dogenhaus entstand, weiterexistiert hatte, wurde sie bei den Neu- und Erweiterungsbauten von San Marco nach und nach regelrecht verschlungen.

Zeitweilig noch als Seitenkapelle in die Markusbasilika integriert, hat sich San Teodoro dann ganz verloren. Die Reliquie des heiligen Theodor wurde in die venezianische Kirche San Salvatore überführt, und heute erinnert im Stadtbild nur noch die Statue des Heiligen auf der westlichen der beiden mächtigen Granitsäulen der Piazzetta beim Dogenpalast an diesen Vorgänger des heiligen Markus. Daß Theodor hier mit Lanze, Schwert und Schild auf einem offenbar erlegten Krokodil steht, weiß niemand mehr so recht zu deuten. Nicht einmal in das Legendenrepertoire Venedigs ist der alte Theodor aufgenommen worden.

Es war kein Zufall, daß die Kirche San Teodoro durch die räumlich ausgreifenden Neubauarbeiten an der Markusbasilika im 11. Jahrhundert verdrängt wurde: Der gesteigerten Markusverehrung, die wir zur Zeit Pietro Orseolos II. und der ersten Verwendung des Markusbanners beobachten, schließt sich in eben diesem Jahrhundert die deutliche Entfaltung des Markuskults, die Ausformung der Rolle des Heiligen als eines aktiven, in allen Lebensbereichen präsenten Staatspatrons an. So wie die Kirche des heiligen Markus nun zwangsläufig expandierte, so weitete sich das Patronat des Evangelisten über Venedig zur regelrechten Ideologie des Staates aus. Je selbstbewußter Venedig seine neue Großmachtrolle wahrnahm, desto unkirchlicher und undemütiger verquickten die Venezianer die apostolische Geltung des Evangelisten mit ihren politisch-wirtschaftlichen Ambitionen. Markus wurde bei Bedarf in einen beinahe militanten Heiligen umgeformt, in dessen Namen Venedig fast alles tun durfte; in ein

Die im 17. Jahrhundert »komplette« Piazzetta. Links die San-Teodoro-Säule vor der 1537 vollendeten Markusbibliothek. Stich von M. Merian.

Daueralibi auch für unfeinere Handlungen im Interesse des Staates.

Wir müssen das Phänomen ein bißchen einordnen. Eine über den Sakralbereich ausgeweitete Patronatsrolle wie die des heiligen Markus ist in der Geschichte nicht ohne Beispiele. Europäische Dynastien, Reiche, Stadtstaaten haben Schutzheilige kultisch verehrt und auf ihre Fahnen geschrieben. Deutsche Kaiser beteten zum heiligen Mauritius um Beistand und überhöhten, wie wir schon am Beispiel Ottos III. gesehen haben, die Erinnerung an den heiliggesprochenen Karl den Großen, dessen *Renovatio Romani Imperii*, die Wiederherstellung des römischen Reiches, als dauerhafte christlich-politische Aufgabe verstanden wurde. Als beflügelndes Symbol dabei diente die »heilige Lanze« oder »Konstantinslanze«, die angeblich mit Nägeln von der Passion Jesu Christi beschlagen war und später auch als Waffe des heiligen Mauritius oder als der Speer verstanden wurde, mit dem Jesus am Kreuz verletzt worden ist. Frankreichs Könige sahen sich seit dem 11. Jahrhundert unter dem besonderen Schutz des heiligen Dionysius, des Saint Denis von Paris, und von herausragender Bedeutung war insbesondere die Rolle, die der Apostel Jakobus der Ältere als Schutzheiliger Spaniens im 9. Jahrhundert gespielt hat.

Während der Regierungszeit des asturischen Königs Alfons des Keuschen, eines asketisch-frommen Zeitgenossen Karls des Großen, ist von einem gewissen Bischof Theodomir zu Iria im spanischen Galicien die Wiederauffindung der Jakobus-Reliquie gläubig inszeniert worden: Wundersame Lichtgestalten und ein Stern hatten den Bischof – so die bald kolportierte Legende – zu einem Gebüsch geführt, in dem sich eine Hütte fand, die das marmorne Grabmal des schon so lange schmerzlich vermißten Spanien-Missionars umschloß. Jeder Zweifel wurde ausgeschlossen: Sankt Jakob, alias Santiago, der einst, wie man glaubte, den Spaniern das Christentum gebracht hatte, war wiedererschienen, um nun seinem Volk als Schutzheiliger zu Pferde im Kampf gegen die Truppen des arabischen Emirats beizustehen, das Spanien weitgehend beherrschte. Auf dem »Sternenfeld« *(Campus stellae)*, wo der Stern den Weg zur Jakobus-Reliquie gewiesen hatte, ließ Alfons der Keusche eine Kathedrale und eine Stadt, Santiago de

Compostela, errichten, die bald zu den vornehmsten Wallfahrtsorten der Christenheit gezählt wurde. Die christlichen Soldaten aber zogen von nun an siegesgewisser mit dem Schlachtruf »Santiago y cierra España! – Sankt Jakob und vorwärts, Spanien!« in die *Reconquista*, den jahrhundertelang währenden Befreiungskampf Spaniens gegen die Mohammedaner.

Die besondere Zweckmäßigkeit des Reliquienfundes zu eben dieser Zeit im vom Islam bedrängten christlichen Nordspanien ist so offenkundig wie das Motiv der zeitgenössischen Markus-Überführung nach Venedig. Auch andere Parallelen beider Mirakel liegen auf der Hand. Nur daß Santiago in Spanien rascher als Träger einer streitbaren Ideologie gebraucht wurde als San Marco im damals erst werdenden Venedig.

Der Entwicklung des Markuskults noch verwandter ist die Geschichte der Verehrung des heiligen Ambrosius in Mailand, die Peyer beschrieben hat. Da der historische Ambrosius im 4. Jahrhundert zweifelsfrei als Kirchenlehrer und Bischof in Mailand gewirkt hat und dort auch begraben wurde, brauchten die Mailänder keine Translatio zu veranstalten: Was sie in der Kirche Sant'Ambrogio als Grab ihres Patrons vorwiesen, konnte als Ruhestätte der echten Reliquie kaum in Zweifel gezogen werden. Diese Überreste waren nicht dubios wie die des heiligen Markus, wenn auch von geringerem Rang.

Die Mailänder selbst fanden das freilich nicht, sie liebten ihren Ambrosius inbrünstig und flochten ihm schon früh einen bunten Legendenkranz. Wie Markus in Venedig aber blieb Ambrosius jahrhundertelang ein bloß schützender, eher milder, passiver Patron. Erst als sich das Erzbistum Mailand zu einem starken Staatsgebilde entwickelte und im 11. Jahrhundert – wie in Venedig – ein wehrhafter Stadtpatriotismus entstand, »belebte sich die Verehrung des Heiligen in bisher ungeahnter Weise. Man zog ihn in die Geschehnisse hinein und machte ihn gewissermaßen zu einem Programm« (Peyer).

In den Auseinandersetzungen mit den deutschen Kaisern wie bei inneren Konflikten zwischen Patriziat und Volksbewegung berief man sich militant auf Ambrosius, und namentlich in den Schlachten gegen Friedrich Barbarossa führten die Mailänder auf ihren Fahnenwagen das Bildnis von Sant'Ambrogio mit sich.

Noch im 14. Jahrhundert zogen die Söldnertruppen der mailändischen Visconti-Dynastie mit dem Schlachtruf »Sant'Ambrogio« in diverse Kriege, und als Mailand sich im 15. Jahrhundert für kurze Zeit antityrannisch als Stadtrepublik konstituierte, verstand sich der Staat als »ambrosianische Republik«. Auch dies eine Parallele zur »Markusrepublik« von Venedig – und doch nur eine mattere Nachahmung. Denn in Venedig ist der Staatsheilige nie von Parteien gegen Parteien in Anspruch genommen worden: Der Markuskult schloß allezeit alle Venezianer nach außen zusammen, er garantierte Kontinuität im monarchischen wie später im republikanischen System. Ambrosius aber war kein Markus und Mailand, bei allem Respekt vor seiner historischen Rolle, kein Venedig.

Neben Venedig und Mailand haben auch andere italienische Stadtstaaten, so Siena und Florenz, Schutzheilige zunächst im Rahmen des allgemeinen Reliquienkults, dann als wehrhafte Patrone verehrt. Der Aufstieg dieser Kommunen war untrennbar verbunden mit einer manchmal fast hektisch aufgeplusterten Patronatsgläubigkeit, die beispielsweise einem Heiden aus dem fernen Morgenland den Eindruck hätte verschaffen können, das Christentum sei eine polytheistische Religion der Anbetung regional wirksamer Wundertäter. Dennoch prägte sich in der gesteigerten Verehrung der Schutzheiligen auch die Intensivierung der christlichen Frömmigkeit im 11. Jahrhundert, dieser Epoche der kirchlichen Reform und der ersten Kreuzzugsideen, aus. In Opposition zum verweltlichten Klerus suchte das Volk nach Verinnerlichung der Religion, eine »Gottesfriedenbewegung« entstand und verband sich hier und da mit dem Kult der schutz- und friedenspendenden Patrone.

Mit der Frömmigkeit der Venezianer ist es freilich schon in dieser Zeit eine eigentümliche Sache gewesen. Nicht daß der in seiner Genesis zunächst byzantinisch und dann west-östlich geprägte Lagunenstaat eine vollkommen andere kirchlich-religiöse Entwicklung als das übrige Italien genommen hätte; Gemeinsamkeiten gab es genug. Aber es lassen sich bereits jetzt Züge eines später markant hervortretenden Prinzips ausmachen, das mit der Maxime »Prima Veneziani e poi cristiani« umschrieben worden ist: zuerst Venezianer und dann erst Christen zu sein.

Gewiß, ernste, verinnerlichte Frömmigkeit war zu allen Zeiten auch in Venedig anzutreffen. Handelsherren wie Handwerker beteten andächtig zu Gott und Markus, Jesus und Maria sowie zu den diversen Reliquien-Heiligen der jeweiligen Sprengelkirchen. Die Aristokratenfamilien wurden nicht müde, immer neue Stiftungen für den Ausbau und die Ausschmückung der venezianischen Kirchen und Klöster aufzubringen. Selten aber leistete man sich ein Hinübergreifen solcher privater Frömmigkeit auf das Terrain der Wirtschaft und der Politik. Der Staat hielt die Kirche so entschieden aus der Politik heraus wie der Kaufmann seinen Glauben aus dem Geschäft.

Da gab es andere Prioritäten: Venedig und den Gewinn. Da galt dann die andere Seite der Medaille, daß man sich nämlich »mit Gott wie mit einem Handelspartner« (August Buck) arrangieren, daß man einen Kompromiß zwischen den kirchlichen und den kommerziellen Geboten finden mußte. Das soeben zum Vorteil Venedigs oder der eigenen Kasse und zum Nachteil der Christenheit mit den Sarazenen getätigte Geschäft machte man durch eine Schenkung an die Kirche, etwa eine neue Reliquienbeschaffung, wieder wett.

»Die Venezianer hielten sich an die bewährte Regel, erst die Dinge dieser Welt sich nach Willen zu ordnen und hierauf den darüber entbrannten kirchlichen Zorn mit einer Fülle von Respekts- und Demutsakten wegzuschmeicheln« (Kretschmayr). Wer wie die Kaufleute von Torcello und Rialto früh den Kirchturmhorizont überwunden und in der ständigen Berührung mit nichtchristlichen Partnern rationelles Handeln gelernt hatte, war eben nicht mehr mit der normalen römischen Elle zu messen. Und geschah nicht doch am Ende alles zur höheren Ehre des heiligen Markus? War das Florieren seines Venedigs nicht ein sichtbarer Beweis für die dauernde Gunst, gegebenenfalls auch die verzeihende Nachsicht des Heiligen?

In diesem 11. Jahrhundert also hat der Markuskult eine neue Qualität angenommen. Vom Markusbanner und dem Beginn seiner militanten Funktion haben wir schon gesprochen, ebenso von der Überführungslegende, die so bezeichnend in dieser Zeit entstanden ist. In den Quellen greifbar aber sind nun auch die ausgebildeten Riten der Dogeneinsetzung im Namen des Staats-

Investitur des Dogen in der Markuskirche.
Das höchste Staatsamt wurde aus der Gnade des Evangelisten empfangen. Gemälde von F. Guardi.

patrons, deren Frühformen für das vorangegangene 10. Jahrhundert nur angenommen werden können. Der Kleriker Domenico Tino berichtet als Augenzeuge von der Dogenwahl des Jahres 1071, die auf dem Lido di Niccolò als gesteuertes Volksspektakel stattfand und durch Messen, Litaneien und Gebete der Kleriker feierlich überhöht wurde.

Nachdem ein »ungeheures Geschrei« den neuen Dogen übereinstimmend gekürt hatte – es handelte sich um Domenico Silvio –, wurde gemäß Domenico Tino »der Erwählte von mehreren Adligen emporgehoben und auf den Schultern unter dem Geleit einer sehr großen Schar ehrenvoll zum Schiff getragen. Als er dieses betreten hatte, befahl er, daß ihm sogleich die Schuhe ausgezogen würden, und barfuß stieg er zur Kirche des heiligen Markus hinauf, um von dessen verehrtem Altar die Insignien der Dogenwürde zu nehmen. Das Volk sang vor der Kirche ›Te Deum laudamus‹ und das ›Kyrie eleison‹ und jubelte dem neuen Herrn zu, während alle Glocken läuteten. An der Pforte der Kirche wurde der Gewählte von der Geistlichkeit empfangen und in einer großen Prozession ins Innere geleitet. Als er barfüßig die Kirche betreten hatte, warf er sich alsbald zur Erde und bat den Allmächtigen und den heiligen Markus um ihre Gnade für das Amt, in das sie ihn erhoben hatten. Als Zeichen der Dogenwürde erhielt er das Zepter vom Altar des heiligen Markus. Dann zog er unter dem Geleit der Menge zum Dogenpalast. Hier empfing er den Treueid des Volkes und befahl darauf, Geschenke zu verteilen.«

Nachweisbar im 12., ziemlich sicher aber schon im 11. Jahrhundert ist dem Dogen bei seiner Investitur nach dem Zepter auch das sakrale Markusbanner überreicht worden, und später hat das Feldzeichen mit dem Markusbild oder dem Markuslöwen dann das Zepter ganz abgelöst.

Hier haben wir also die charakteristische und wichtigste Zeremonie des Markus-Staatskults: Das Staatsoberhaupt empfing seine Würde, sein Amt gleichsam aus den Händen des Apostels. Markus war die höchste Instanz Venedigs, der sich der Doge barfüßig und auf den Knien nahte. Und je mehr in der Folgezeit die Dogenmacht beschränkt wurde, desto mehr begriff man den Dogen als Vasallen des eigentlichen Souveräns von Venedig: San Marco. Dieses Verständnis illustrieren auch Münzen, die zu dieser Zeit in Venedig geschlagen wurden. Sie nennen neben dem Namen des Staates *Venecia* nun ebenso den des Staatspatrons Markus und zeigen bald auch – ziemlich plump und grob noch – sein Bildnis. Auf dem Rialto-Markt zahlte man mit Markus-Münzen: Ein bißchen auch zum Merkur der Venezianer ist Markus in dieser Zeit geworden.

Vor allem aber bauten ihm die Venezianer nun seine Kirche noch einmal fast neu. Es ist nicht überliefert, in welcher Hinsicht der sogleich nach dem katastrophalen Brand von 976 begonnene und wiederholt ausgeschmückte Neubau der Markuskirche bereits rund achtzig Jahre später als unzulänglich empfunden worden ist, aber man geht mit der Annahme wahrscheinlich kaum fehl, daß diese Phase der so mächtig gesteigerten Markusverehrung einfach den Wunsch hervorbringen mußte, das Staatsheiligtum noch größer, reicher und würdiger zu machen. Jedenfalls wurde während der Regierungszeit des bedeutenden Dogen

Domenico Contarini (1043–1071), um die Mitte des 11. Jahrhunderts also, mit dem Bau der dritten, der sogenannten Contarini-Kirche begonnen – der heutigen San-Marco-Basilika, die eines der baulichen Wunderwerke der Welt darstellt, auch wenn sie von puristischen Architekturkritikern oder Literaten immer mal wieder und manchmal ganz witzig als stilistisches Mixtum compositum, als »Schalentier« und »orientalischer Pavillon« genasrümpft wird. Goethe verglich sie mit einem »kolossalen Taschenkrebs«, Mark Twain erschien die Kirche wie ein »riesiger, warzenbedeckter Käfer«, und nicht wenigen gilt sie mit ihrer Genesis für »nichts weniger als ein Gotteshaus« (Erich Kuby).

Indessen: noch vor dem eng angrenzenden Dogenpalast, der erst seit 1340 nach und nach seine gegenwärtige Form erhielt, ist die Markuskirche von allem Anfang an das bauliche und religiöskulturelle, in einiger Hinsicht auch das politische Herzstück Venedigs gewesen: Nationalheiligtum und Tempel des Staatskults. In der Basilica di San Marco kulminierte das Selbstverständnis Venedigs.

Der Neubau wurde im Jahre 1071 geweiht und ist zum Zeitpunkt einer zusätzlichen und besonderen Weihe, von der noch zu sprechen sein wird, am 8. Oktober 1094 baulich wesentlich vollendet gewesen. »Diese Contarinikirche«, so Erich Hubala, »übernahm, wie die Grabungen 1952–1955... im Unterschied zur bisherigen Auffassung und in Übereinstimmung mit der venezianischen Überlieferung gezeigt haben, von den Vorgängerbauten des 9. und 10. Jahrhunderts die kreuzförmige Anlage sowie den Narthex [die Vorhalle] und damit auch das byzantinische Vorbild: die Apostelkirche des 6. Jahrhunderts in Konstantinopel... Der venezianische Kirchenbau des 11. Jahrhunderts schloß sich also an die klassische griechische Architektur des 6. Jahrhunderts an, nicht an gleichzeitige mittelbyzantinische Sakralbauten, fügte aber besondere, abendländisch-romanische Elemente hinzu.«

Über dem kreuzförmigen Grundriß mit Presbyterium und Vorhalle erhoben sich nun die fünf Kuppeln, und auch mit den Inkrustationen und ersten Partien der prachtvollen Mosaiken ist im 11. Jahrhundert begonnen worden, während Säulenfassaden, weitere Vorhallen und die hohen Außenkuppeln erst im 13. Jahrhundert hinzukamen. Elemente einer »spezifisch veneziani-

Gentile Bellinis großes, detailreiches Prozessionsbild – hier ein Ausschnitt – zeigt die Markuskirche mit den Portalmosaiken im Jahre 1496.

schen Protorenaissance« und die »feinnervige Dekoration der venezianischen Spätgotik vor und nach 1400« (Hubala) haben dem Bau die endgültige Gestalt gegeben.

Noch jahrhundertelang freilich, bis in die Neuzeit hinein, ist am äußeren wie inneren Dekor der Markuskirche gearbeitet worden, ist das gewaltige Staatsheiligtum beständig restauriert, weiter ausgeschmückt und ergänzt worden. Die Venezianer sind niemals müde geworden, kostbare Reliquien und Kunstwerke aller Art aus dem gesamten Mittelmeerraum zur Bereicherung und Verschönerung der Basilika zu beschaffen – im weitesten Sinne des Verbs –, ja sogar die bautechnisch ganz gezielte Sammlung von »Spolienkapitellen« für San Marco in byzantinischen Städten ist nachgewiesen.

Natürlich hat sich im Gesamtbild der Kirche eine gewisse Portion venezianischen Imponiergehabes nicht verleugnen lassen: Auswärtige Handelspartner, Fürsten, Gesandte, Wallfahrer sollten vom Glanz der Staatskirche geblendet werden; die Welt sollte San Marco bestaunen. Und sie tat es. Petrus Damiani zum Beispiel, der später heiliggesprochene Kirchenreformer und Kardinal, preist Venedig zu dieser Zeit glücklich wegen seiner kirchlichen Schätze: »Aus allen Teilen der Welt strömen dir Reichtümer und Kostbarkeiten zu, aber es ist dein höchster Ruhm, daß du die himmlische Perle besitzest, den Leib des heiligen Markus.«

Dieser stolze »Besitz« bot nun freilich die beträchtliche Verlegenheit, daß man seinen Aufbewahrungsort offensichtlich nicht nennen konnte. Ob nun die Version vom eingemauerten Markus, dessen »Sargpfeiler« seit dem gewaltsamen Tod Pietro Candianos IV. niemand mehr kannte, in Umlauf gesetzt worden ist – oder ob die andere Lesart lanciert wurde, nach der Pietro Orseolo I. die Reliquie aus dem Brand geborgen und erneut geheimnisvoll »niedergelegt« hatte, das kann heute niemand mehr rekonstruieren. Trifft unsere Vermutung zu, daß die Markus-Überreste 976 verbrannt sind, dann muß es die Dogen wie die hohen Kleriker und Prokuratoren von San Marco seit diesem Ereignis sehr peinlich und ernstlich beschäftigt haben, zum einen den Verlust durch dunkle, vage Erklärungen zu kaschieren und zum anderen ein Markus-Surrogat zu beschaffen, das man bei passender Gelegenheit den Zweiflern und dem Volke vorweisen konnte. In welchem Maße sich dabei regelrechte Manipulation und bereitwillige Gläubigkeit etwa an die Echtheit eines beim Neubau der Kirche ausgegrabenen alten Sarges gemischt haben, läßt sich so wenig schlüssig erhellen wie der Kern der merkwürdigen *Inventio Sancti Marci*, mit der wir uns ein bißchen befassen wollen.

Die *Inventio* oder *Apparitio*, das wunderbare Wiederfinden oder Wiedererscheinen des heiligen Markus, soll sich im Jahre 1094 zugetragen haben, eben zum Zeitpunkt der Vollendung des neuen Kirchenbaus. Die *Inventio*-Geschichte, die in die offizielle Kirchenchronik und die Mosaiken von San Marco eingegangen ist, berichtet, daß während des Dogats von Vitale Falier (1084–1096)

Das mirakulöse Wiederfinden der Markus-Reliquie im Jahre 1094: Geistlichkeit und Doge vor der Säule, die sich geöffnet hat. Mosaikbild in S. Marco aus dem 13. Jahrhundert.

die allgemeine Trauer über die Unkenntnis vom Verbleib der Markus-Reliquie zu mehrtägigen Bußübungen und inbrünstigen Gebeten der venezianischen Geistlichkeit wie des Dogen geführt habe – bis plötzlich ein Beben in der Kirche verspürt wurde und das Mauerwerk eines Pfeilers bröckelte, in dem nun der eingemauerte Sarg des Heiligen sichtbar wurde. In anderen Lesarten hat Markus sogar ostentativ seinen Arm aus dem Pfeiler gestreckt. Durch himmlische Fügung war so der Staatsheilige seinen Venezianern wiedergegeben worden, und allgemeiner Jubel herrschte in der Stadt. Einige Monate nach dem Wunder habe dann der Doge die Reliquie erneut und unter großer Geheimhaltung in der Basilika verbergen lassen.

Noch heute aber brennt an jenem ominösen Pfeiler ein ewiges Licht zum Gedenken an das Mirakel, und das angebliche Datum der Inventio, der 25. Juni, wurde zum zusätzlichen Markus-Festtag erklärt; den Staatspatron feierte man außerdem schon am 25. April, dem Tag seiner Passion, und am 31. Januar, dem Tag seines Eintreffens in Venedig nach glücklich vollendeter Translatio, jeweils mit feierlichen Messen, Prozessionen und besonderen Markusliturgien.

Was hat es nun mit der Wiedererscheinungsgeschichte auf sich? Maßgebend für ihre Einschätzung als Legende ist die Tatsache, daß sie erst, wie Carl Neumann in seinen Studien über die Markuskirche anmerkt, im 13. Jahrhundert aufgekommen ist und nicht schon in der Überführungsgeschichte des heiligen Nikolaus erwähnt wird, die ein venezianischer Mönch zu Beginn des 12. Jahrhunderts – also nur zehn bis zwanzig Jahre nach der Inventio – verfaßt hat. Dieser Zeitgenosse spricht lediglich davon, daß man damals die Reliquie des Evangelisten »gehoben« und zur Schau gestellt habe, bevor man sie erneut beisetzte.

Kaum ein Zweifel, das Pfeilerwunder ist nachträglich erfunden und nicht in der berichteten Form als frommes Betrugsspektakel inszeniert worden. Aber kann nicht auch das »Heben« der Reliquie, das Wiederausgraben nach längerer Ungewißheit über ihren Verbleib, eine Manipulation gewesen sein – obschon ohne mirakulöse Zugaben für das Volk? Wenn man es angesichts der verlegenen Unsicherheit der Wo-blieb-Markus-Berichterstattung für sehr wahrscheinlich hält, daß die Reliquie der Katastrophe von

976 zum Opfer gefallen ist, muß man dieses »Heben« folgerichtig für eine gezielte Nachhilfeaktion halten dürfen, die nun demonstrativ allen Zweifeln ein Ende setzen sollte: Markus war wieder da.

Es kann als ein Nachhall der *Marcus-redivivus*-Erleichterung von 1094 gedeutet werden, daß man die so oder so bewerkstelligte Wiederfindung dann etwa hundertzwanzig bis hundertfünfzig Jahre später durch die skizzierte Pfeilerlegende überhöhte und ausschmückte. Wahrscheinlich unter dem Eindruck einer ähnlichen Apostelwiederfindung zu Salerno, wo man nicht lange zuvor den Evangelisten Matthäus auf wunderbare Weise wiederentdeckt haben wollte; vielleicht auch in Analogie zu den älteren Legenden vom Wiederauftauchen der Apostel Andreas, Lukas und Timotheus beim Umbau der Apostelkirche von Konstantinopel.

Jedenfalls hat schon im frühen 13. Jahrhundert kein Venezianer mehr an diesem neuen Markuswunder gezweifelt. In den Mosaiken im Innern der Markusbasilika hat man es zur immerwährenden Beglaubigung bald auch bildlich dargestellt. Und da überlieferungsgemäß die Reliquie beim Wiedererscheinen einen wunderbaren Duft ausgeströmt hat, besprengte man die Kirche am Wundergedenktag, dem 25. Juni, regelmäßig mit wohlriechenden Wässerchen – deren Anschaffung zu diesem Zweck schon in sehr alten Rechnungen nachgewiesen ist.

Es überrascht nicht eben, daß sich, wie Neumann berichtet, bei Restaurationsarbeiten des 19. Jahrhunderts an dem fraglichen Pfeiler keinerlei Indizien für einen früheren Eingriff in das Mauerwerk gefunden haben. Mit kirchengeschichtlichen Wundern haben sich rekonstruierende Archäologen ja auch sonst eher schwergetan. Hingegen sind veritable Gebeine gefunden worden, als im Jahre 1811 die »Grabstätte des heiligen Markus« in einer Marmorwand der Krypta der Markusbasilika wiederentdeckt und geöffnet wurde. Beigegeben war den Gebeinen eine Bleitafel mit dem Datum der Kirchenweihe von 1094: Ein Skelett also haben der Doge Vitale Falier und seine San-Marco-Kleriker bei der »Hebung« der Reliquie in diesem Jahr tatsächlich beigebracht. Und womöglich haben sie sogar selber, vielleicht erst zögernd, dann unkritisch freudig, daran geglaubt, daß es sich um die wahren Überreste des Staatspatrons handelte, die sie da ausgegraben oder aus altem Mauerwerk herausgemeißelt hatten.

Als hochgeheime Staatssache ist der Aufbewahrungsort der Reliquie durch die Jahrhunderte auch nach der Wiederauffindungsaktion des Jahres 1094 behandelt worden. Andrea Dandolo, der Doge als Chronist Venedigs, berichtet, daß nach der neuerlichen Beisetzung in diesem Jahr nur der *Primicerius* der Staatskirche, der Prokurator von San Marco und der Doge Kenntnis vom Ort der neuen Grabstätte gehabt hätten. »Und so ist es geblieben bis zum heutigen Tag«, schreibt Andrea Dandolo mit Bezug auf seine Amtszeit in der Mitte des 14. Jahrhunderts: »Nur wenige wissen, wo sie liegt. Damit aber der Glaube der Unwissenden bestehen bleibe und nicht beirrt werde, spreche ich, Andrea Dandolo, der ich zuerst das Amt eines Prokurators versehen habe und nun durch Christi Gnade Doge von Venedig geworden bin, mit den Worten des Evangelisten Johannes: Und der das gesehen hat, hat es bezeugt, und sein Zeugnis ist wahr, und er weiß, daß er die Wahrheit sagt, damit auch ihr glaubet.«

Die beschwörenden Worte des Dogen Andrea Dandolo, man möge bitte nicht zweifeln, daß die Markus-Reliquie präsent und in guter Obhut sei, lassen vermuten, daß auch in den Jahrhunderten nach der »Hebung« von 1094 noch Spekulationen über den Verbleib des Nationalheiligtums zerstreut werden mußten. Kurioserweise hat sich nach diesem Anwesenheitszeugnis Andrea Dandolos das Wissen vom Aufbewahrungsort der Reliquie dann noch einmal und wohl für Jahrhunderte verloren, bis, wie erwähnt, die Grabstätte in der Krypta der Markuskirche gefunden und geöffnet wurde. Dieses Wiederfinden in napoleonischer Zeit aber blieb nur mehr eine markuskirchengeschichtliche Episode: Der Markusstaat war erloschen, die Reliquie spielte längst keine politische Rolle mehr. Seit dem Jahre 1835 sind die »Markus-Gebeine« unter dem Hauptaltar der Basilika beigesetzt.

7

Das Markusbanner und die Märkte des Mittelmeers

Krieg mit den Normannen · Durchbruch zur Handelsgroßmacht · Venedigs Sklavenhandel · Ein Pfeffersack in den Klauen des Löwen · Wie Venedig die Kreuzzüge verstand Kommandounternehmen Nikolaus

Bald nach dem Tode des großen Dogen Pietro Orseolo II., der das Markusbanner in die Adria getragen hatte, geriet Venedig in außen- wie innenpolitische Schwierigkeiten. Der weitere Aufstieg des Staates verlief auch in diesem Jahrhundert der gesteigerten Markusverehrung nicht in einer zackenlosen Aufwärtskurve. Es war zunächst ein ziemlich hitziger Bayer, der den Venezianern zusetzte: Poppo, der Patriarch von Aquileja, einer jener damals nicht seltenen Panzerhemd-Kleriker, erneuerte mit Rückendekkung der deutschen Herrscher, namentlich Kaiser Konrads II., den alten Anspruch auf die Metropolitangewalt über Venetien; er überfiel und verwüstete mit seinen Truppen wiederholt Grado sowie andere Lagunenorte und bekam den päpstlichen Segen dazu. Genau zweihundert Jahre nach jener ominösen Synode von Mantua, die für Aquileja entschieden und den Anstoß zur Translatio des heiligen Markus gegeben hatte, wurde 1027 Grado-Venedig erneut der kirchlichen Oberhoheit des Westreichs unterstellt. Das bedeutete praktisch den *Casus belli,* denn niemals konnte Venedig diesen neuen Übergriff des Westreichs auf seine Unabhängigkeit dulden.

Die außenpolitische Notlage führte zu einer inneren Krise. Mit dem Dogen Ottone Orseolo (1009–1026) wurde die letzte der großen Dogendynastien gestürzt: Die Aristokraten Venedigs, die schon den monarchischen Anspruch der Partecipazi und der Candiani überwunden hatten, verdrängten nun auch die Orseoli aus der Macht. Seit dem Jahre 1032 galt das Staatsgesetz, nach dem kein erwählter Doge mehr einen Mitregenten und Nachfolger bestimmen durfte – eine historisch wegweisende Verfügung, die erstmals die Dogenmacht grundsätzlich beschränkte und den Kurs von der dogalen Monarchie zur aristokratischen Republik wies. Nachdem die Epoche der Dogendynastien den jungen Staat konsolidiert hatte, »wird mit einer gewissen Unvermeidlichkeit das System gleichsam abgestreift. In der Ökonomie der geschichtlichen Entwicklung ist es insofern nur eine monarchisch-patrimoniale Durchgangsstufe«, schreibt Lenel. Als Markusrepublik, nicht als Markusfürstentum sollte sich Venedig schließlich der Weltgeschichte einprägen.

Der rabiate Poppo von Aquileja und Kaiser Konrad II. haben durch ihren Druck von außen ungewollt zur beschleunigten Einleitung dieser Verfassungsentwicklung beigetragen. Außerdem haben die Brandschatzungen Grados, des so entlegenen nordöstlichen Außenpostens Venetiens, der nun seinen früheren Glanz einbüßte, die zentrale Rolle Rialtos weiter gestärkt. Hier exilierten nun immer häufiger die Gradenser Patriarchen, die im 11. Jahrhundert bereits landläufig als »Patriarchen von Venedig« bezeichnet und als Kirchenfürsten weniger des Lagunenbogens mit Istrien als des politischen Markusstaates begriffen wurden. So brachte die Krise, die Venedig mühselig bis zur formellen Wiederanerkennung Grados als »Metropole von ganz Venetien und Istrien« durch den Papst – 1053 – durchstand, durchaus auch zukunftsträchtige Ansätze hervor. Und einen Dogen, Domenico Flabiano (1032–1042), der nicht einer der großen alten Familien entstammte, sondern ein neu-vornehmer vermögender Seidenhändler war – auch dies ein neuer Akzent.

Der germanischen Bedrohung aus dem Norden folgte eine »nordische« Bedrohung aus dem Süden. In der ersten Jahrhunderthälfte hatten sich die Normannen in Unteritalien und Sizilien so rigoros und zäh ausgebreitet, wie es die Beinamen ihrer Fürsten Wilhelm »Eisenarm« und Robert »Guiskard« – »der Schlaukopf« – signalisieren. Vom Papst zunächst als Werkzeuge gegen Sarazenen und Byzantiner benutzt, etablierten sich die seetüchtigen, aggressiven Nordmänner bald als beherrschende Macht im zentralen Mittelmeerraum: Die Eroberung Baris 1071 brachte Byzanz um seinen letzten italienischen Stützpunkt, die Eroberung Palermos bedeutete die Vernichtung des Sarazenenstaats auf Sizilien. Daß die normannische Militärmonarchie sich die Handelsstädte Amalfi und Salerno unterwarf, mochte den Venezianern nicht ganz unsympathisch sein; daß sie dann aber im Großangriff auf das byzantinische Imperium auch auf die Ostküste der Adria übergriff und Venedig in der Adria einzuschließen drohte, das zwang in Rialto zur Mobilmachung.

Konstantinopel hätte Venedig im Grunde gar nicht um Flottenhilfe bitten müssen, denn Venedigs Interessen waren durch das Ausgreifen der Normannen auf beiden Flanken der südlichen Adria ebenso stark bedroht wie die byzantinischen. Dennoch brachten es die Venezianer fertig, sich die Flottenexpedition, die sie im Jahre 1081 starteten, von Byzanz teuer, ungewöhnlich teuer bezahlen zu lassen. Wieder einmal schlug Venedig Kapital aus einer Konfrontation des Abendlandes mit dem östlichen Kaiserreich. Unter dem Kommando des Dogen Domenico Silvio (1071–1084) nahm eine aus sechzig Schiffen bestehende Markus-Kriegsflotte Kurs auf Durazzo an der Küste des Epirus, um die als westliche Hauptbastion der griechischen Halbinsel für Byzanz wichtige Hafenstadt zu entsetzen. Das gelang. Im Juli 1081 formierten sich die venezianischen Schiffe vor Durazzo im Halbkreis zu einem miteinander verketteten »Seehafen«, einer schwimmenden Festung, und griffen die normannischen Schiffe mit einem Hagel von Speeren und anderen Wurfgeschossen, wohl auch mit »griechischem Feuer« – einer Vorform des Flammenwerfers – erfolgreich an, durchbrachen die Blockade und verproviantierten Durazzo.

Es war ein neuer Triumph für das Markusbanner und – obwohl Durazzo nicht lange gehalten werden konnte – ein glänzendes Geschäft: Für diese Seeschlacht und die Zusicherung weiterer Flottenhilfe nämlich öffnete Kaiser Alexios I. Komnenos in dem epochemachenden *Chrysobullon* vom Mai 1082 das gesamte griechisch-byzantinische Reich für Venedig als zoll- und abgabenfreies Handelsgebiet. Den venezianischen Kaufleuten wurden in Konstantinopel eigene Hafenplätze sowie Lager- und Werkstätten zugewiesen, sie sollten Präferenzen vor der Konkurrenz aus Pisa und Genua, ja selbst vor den Einheimischen genießen und auch im Kaiserreich stets der Gerichtsbarkeit des Dogen unterstehen.

»Die Zeit der kommerziellen Vormacht des Griechentums ist

damit beschlossen«, schreibt Kretschmayr. »Der venezianische Handel hatte längst den Markt des Westens zu beherrschen begonnen; durch die goldene Bulle des Kaisers Alexios wurde ihm jetzt – an der Schwelle des Zeitalters der Kreuzzüge – auch der viel wichtigere Osten rückhaltlos erschlossen. Nun erst konnte er sich zum Welthandel entwickeln.«

Zum diplomatisch-taktischen Geschick, mit dem Venedig Byzanz diese frappanten Konzessionen abgehandelt hatte, kamen – unterbrochen von einer empfindlichen Schlappe – weitere Siege der starken venezianischen Flotte über die Normannen und, wieder einmal sehr gelegen, der plötzliche Tod des gefährlichsten Feindes: Im Juli 1085 erlag der mächtige Normannenherzog Robert Guiskard einer Seuche. Fürs erste war die Normannengefahr gebannt. Venedig beherrschte nun die Adria und erneuerte und erweiterte mit freundlicher Zustimmung des Ostkaisers sein Stützpunktnetz an der dalmatinischen Küste.

Während in Rialto der Neubau der Markusbasilika vollendet und die »Hebung« der Markusreliquie vollzogen wurde, fügte der Doge Vitale Falier im Jahre 1094 seinen Herzogstiteln von Venedig und Dalmatien auch den eines Herzogs von Kroatien hinzu. Und als der vom Investiturstreit mit den Päpsten zermürbte, gebannte und ziemlich machtlose deutsche Kaiser Heinrich IV. im März 1095 nach Venedig kam, um dem wiedererschienenen heiligen Markus seine Reverenz zu erweisen, redigierte die Kanzlei des Dogen das herkömmliche Kaiser-Paktum so um, daß daraus eine neue Konzession für die venezianische Handelsmacht entstand: Zu den üblichen Rechten des venezianischen Handels mit dem Kaiserreich trat die Verfügung, daß Kaufleute des Westreichs nicht aktiv über Venedig hinaus Handel treiben dürfen sollten und Venedig ein Stapelrecht für Waren aus dem Westen und Norden einzuräumen sei. Venedig verstand sich die Schwäche *beider* Kaiserreiche zunutze zu machen; ein Kaiser links, ein Kaiser rechts – Venedig in der Mitten. Das erste Jahrhundert des aktiven Markuspatronats hatte rundherum die Fundamente für eine eigene Großmachtstellung geschaffen.

Welchen Antrieben Venedigs Streben nach einer Großmachtstellung folgte und welchen Zwecken letztlich das Markuspatronat diente, ist sicherlich schon deutlich geworden: Das kleine, relativ bevölkerungsschwache, auf Wattenmeerinseln gebaute Staatswesen, das im 10. und 11. Jahrhundert immer mehr zu einem Stadtstaat von Rialto-Venedig tendierte, verfolgte keine Reichsidee, keine ausgeprägt territorialen Interessen und ließ kein fürstlich-dynastisches Macht- und Ruhmstreben zu. Das »Amphibium« hatte schon früh seine historisch-geographisch vorgegebene Chance erkannt, in eine Mittlerrolle zwischen Ost und West hineinzuwachsen und die kommerzielle Brücke zwischen Morgenland und Abendland zu schlagen. Eine solche Brücke brauchte freilich starke Pfeiler, und um sie zu setzen, um sich Stützpunkte, Kolonien, Umschlagplätze für das Ost-West-Geschäft schaffen und sichern zu können, bedurfte es nicht nur günstiger Verträge, sondern auch militärisch-politischer Macht. Ungeschützten Händlern gab man keine guten Verträge.

Venedig mußte mithin Flottengroßmacht sein, wenn es die Hauptrolle im Mittelmeerhandel spielen wollte, und es brauchte das Charisma seines Staatspatrons, um als Großmacht seine merkantilen Interessen durchsetzen zu können. Es hat in der venezianischen Geschichte kein Gefecht, keine Seeschlacht gegeben, die nicht – offensiv oder defensiv – letztlich dem kommerziellen Konzept des Staates und seiner Kaufleute diente. Venedig focht nicht für das Überleben Ostroms, nicht für den Papst und nicht für die Kreuzfahrer, es focht immer gegen jeden, der seinen Handel störte. Und das waren im frühen und hohen Mittelalter weit seltener »Ungläubige« als Christen. Das Markuspatronat paßte dabei um so besser, als man den christlichen Gegnern mit dem apostolischen Schutzheiligen viel deutlicher imponieren konnte als den Muslimen.

Mit der mohammedanischen Welt stand Venedig schon seit dem 9. Jahrhundert in guten und stetig ausgebauten Handelsbeziehungen, die immer nur zeitweilig durch sarazenische Piratenkriege und durch politischen Druck aus Byzanz oder Rom unterbrochen wurden. Tatsächlich war es zum guten Teil »heiße« Ware, was venezianische Handelsschiffe nach Tunis und Tripolis, nach Ägypten, Damaskus und Sizilien verschifften: Die Sarazenenfürsten orderten europäische Waffen, Metalle, Schiffsbauholz – und Sklaven für ihre Armeen, ihre Hofhaltungen, ihre Harems. Venedig lieferte. So oft und rigoros deutsch-römische Kaiser seit

Karl dem Großen, Päpste sowie die einheimischen Patriarchen und Bischöfe den Sklavenhandel, mindestens den Handel mit christlichen Sklaven, auch verboten und bedroht haben, er war schlichtweg zu lukrativ, als daß Venedigs Kaufmannschaft auf ihn hätte verzichten können. Sollte man diese Branche der Konkurrenz aus Konstantinopel, Amalfi, Pisa oder Genua überlassen? Im Gegenteil, Venedig schuf sich mit dem ständigen Ausbau seines Fernhandels in die Levante nicht zuletzt im Sklavenhandel eine mehr und mehr führende Position. Die beschriebene Kaufmannsreligiosität der Venezianer mit ihrer Symbiose aus Reliquieninbrunst und Zynismus verkraftete das während des gesamten Mittelalters nahezu problemlos, und wenn der heilige Markus sein Wohlgefallen an den Erfolgen seiner Schutzbefohlenen hatte, dann blieb er – so mochte man glauben – in dieser Sache sicher wenigstens neutral.

Es waren hauptsächlich Slawen und Angehörige anderer Balkanvölker, die von den Venezianern auf den Sklavenmärkten im istrischen Pola, in Rialto etc. erworben wurden, wie denn wahrscheinlich sogar das Wort *Sklave* – abgeleitet von *Slave* in der Bedeutung eines »Unfreien slawischer Herkunft« – seinen frühmittelalterlichen Ursprung in Venedig hat. Man war zu keiner Zeit besonders wählerisch mit der »Ware«, erwarb selbst christliche Germanen, Untertanen des weströmischen Kaisers, und auf anderen Märkten Tataren und Neger und verkaufte oft auch Kriegsgefangene, die man im Zeichen des Markusbanners überwältigt hatte, in die Sklaverei. Bereits um die Mitte des 8. Jahrhunderts sind venetische Sklavenhändler in Rom dem Papst unangenehm aufgefallen. Später galt Venedig als der größte Kastratenlieferant des Mittelmeerraums, und sogar christliche Priester und Diakone aus Mähren sind in Rialto nachweislich als Sklaven feilgeboten worden. Es ist überliefert, daß die Venezianer diese Unverfrorenheit mit der fadenscheinigen Erklärung entschuldigten, es habe sich ja bloß um »Ketzer« gehandelt.

In den Diensten venezianischer Aristokraten und Kaufherren selbst sind Sklaven, oft »Mohren«, durchaus nicht völlig rechtlos gewesen und meist nicht schlechter behandelt worden als die halbfreien oder unfreien Handwerker, Bauern und Kriegsdienstpflichtigen. Heuchelei und Zynismus aber sprechen aus einem überlieferten Sklavenhandelsdekret des Dogen Pietro Candiano IV. aus dem Jahre 960: Detaillierten Verbotsvorschriften und Strafandrohungen für das Diesseits wie das christliche Jenseits sind Ausnahmeregelungen zum Menschenhandel angefügt, nach denen Sklaven sowohl im Auftrag des Dogen als auch im »Interesse des Vaterlandes, damit diesem kein Schaden erwachse«, verkauft werden durften. »Das waren nun«, wertet Reinhard Heynen, »dehnbare Begriffe, deren Elastizität die Venezianer wohl kaum verfehlt haben werden, richtig auszunutzen. Wenn man etwa der zweiten Ausnahme die Auslegung gab, daß eine Schädigung der heimischen Volkswirtschaft nicht eintreten dürfe, so war also der Sklavenhandel allemal dann gestattet, wenn er Gewinn brachte.« Und diesseitigen Gewinn privilegierten die Venezianer jedenfalls vor christlich-jenseitigen Tröstungen; denen würde man sich später anempfehlen.

Das gesamte Mittelalter hindurch, auch in der Neuzeit noch, hat Venedigs Kaufmannschaft schamhaft verschwiegene, aber zweifellos gewaltige Umsätze und Gewinne mit dem Sklavenhandel erzielt, dessen Reservoire und Lieferrichtungen sich in späteren Jahrhunderten verlagerten: Nun wurden weniger europäisch-christliche Gefangene in die Levante verschifft als Angehörige orientalischer Völkerschaften in alle Regionen des Mittelmeerraums verkauft. Der venezianische Menschenhandel passierte also zum guten Teil gar nicht mehr den Rialto-Markt. Um so frappanter muß die von V. Lazari aus venezianischen Steuererträgen erschlossene Zahl von rund 10000 Sklaven wirken, die noch im frühen 15. Jahrhundert jährlich aus Venedig selbst exportiert wurden. Wie behutsam man auch hochrechnet – es sind fraglos einige Millionen Menschen gewesen, die über die Jahrhunderte von venezianischen Händlern als Sklaven transportiert und verkauft worden sind. Beträchtliche Anteile des baulich-künstlerischen Glanzes von Venedig, durchaus auch im Sakralbau, gehen auf die Gewinne aus diesem Handelszweig zurück – so wie manches honorige Besitztum im »merry old England« auf den in der Neuzeit noch massiveren und folgenreicheren britischen Sklavenhandel.

Es hat unter Wirtschaftshistorikern zwar Kontroversen über das Ausmaß frühkapitalistischer Wirtschaftsformen gerade in der

Geschichte der venezianischen Geschäfte gegeben, aber es ist verläßlich nachgewiesen worden, daß die Venezianer schon im 10. und 11. Jahrhundert durchaus keinen kleinkarierten Krämerhandel mit vorwiegend gewerblichen Produkten mehr betrieben haben, sondern daß die Geldkultur, daß Erscheinungsformen kapitalistischer Unternehmungen schon damals das kommerzielle Leben Venedigs bestimmt haben. Während nördlich der Alpen noch jahrhundertelang Kirchturmhorizonte und Handwerkeridyllen das Wirtschaften wesentlich prägten, haben die italienischen Seestädte, besonders Venedig, eindeutig »kapitalistische« Handelsbetriebe hervorgebracht: kaufmännische Unternehmer, die für ihre Waren auf Handelsschiffen einen Platz mieteten; Kaufmannskapitäne, die eigene und fremde Waren auf eigenen oder genossenschaftlichen Schiffen transportierten; Geldgeber, die den Kaufmannskapitänen oder Reedern Kapital gegen Zins und Gewinnbeteiligung vorstreckten: dies die Form der typischen *Colleganza*.

»Kreditgeschäfte der verschiedensten Art spielten bereits eine große Rolle, die die ganze Technik in dem Betriebe der kommerziellen Unternehmungen mit sich brachte«, schreibt Heynen in seiner Abhandlung über die *Entstehung des Kapitalismus in Venedig*. »Diese beruhte... auf Kapitalzersplitterung und Kapitalvereinigung. Die Geldbesitzer liehen ihr Kapital in relativ kleinen Beträgen an die verschiedensten Kaufleute aus, und in der Hand dieser Unternehmer wieder vereinigten sich die von allen Seiten zusammengeströmten Gelder zu ganz namhaften Kapitalien. Der Grund für dieses Verfahren ist ein höchst einleuchtender: die Verteilung des hohen Risikos der Seeunternehmung auf eine große Anzahl von Köpfen.«

Vielleicht haben die »kollektiv-kapitalistischen« Formen des Seedarlehensgeschäfts auch dazu gedient, die Verantwortlichkeiten im offiziell und moralisch inkriminierten Sklavenhandel undurchsichtiger zu machen. Doch es ging ja um eine große Vielfalt von Produkten, die der venezianische Handel vermittelte und die seine Schiffskonvois in mehr und mehr periodisch fest organisierten *Muduae* (Muduen), das heißt regelmäßigen Flottillenfahrten auf bestimmten Routen, transportierte: zwischen Venedig und Istrien, Apulien, Nordafrika, Syrien, Griechenland, Konstantinopel sowie später dem Schwarzen Meer. Nicht zu vergessen die kombinierten Fluß- und Landtransporte, die Venedig auf den oberitalienischen Flüssen, vor allem dem Po, und den anschließenden Straßen in großem Umfang betrieb, um Messen und Handelsknotenpunkte wie besonders Pavia zu erreichen und damit den Anschluß zum transalpinen Handel herzustellen.

Daß Venedig früh selbstproduziertes Salz, auch Fische exportierte und mitteleuropäische Bergbauprodukte sowie Hölzer (für die Venedig selbst übrigens dauerhaft einen starken Eigenbedarf hatte) adriaabwärts verfrachtete, haben wir schon erwähnt. Hauptartikel für die Ladungen der venezianischen Handelsschiffe waren daneben süditalienisches Getreide und Wein, die sowohl nach Griechenland als auch adriaaufwärts verschifft wurden, und mit ständig steigendem Anteil die Produkte der byzantinischen und mohammedanischen Levante: Seiden- und Purpurstoffe aus Griechenland, Syrien und dem Libanon, besonders Tyrus, persische Teppiche für europäische Höfe und Kirchen, Kunstarbeiten aus Gold, Silber und Elfenbein, orientalische Früchte, Narkotika und Gewürze – ganz besonders aber indischer Pfeffer als kostbares Dauerdesiderat der mittelalterlichen europäischen Küche mit ihren für heutige Begriffe relativ geschmacksarmen Gerichten. Pfeffer ist ein so zentraler Artikel des venezianischen Handels geworden, daß man sich einen Pfeffersack (statt des Buches) in den Klauen des Markuslöwen als Ergänzung des Staatswappens denken sollte.

»Zu Beginn des Zeitalters der Kreuzzüge«, schreibt Kretschmayr, »nahm Venedig eine bevorzugte Handelsstellung im Ostmittelmeer und Oberitalien, vor allem in der Adria ein, hatte die Konkurrenz mit Genua und Pisa für das Westmittelmeer nicht aufgegeben, und zugleich begann sich durch den Eintritt Deutschlands in den Weltverkehr seine große Stellung als westöstliches Austauschzentrum entscheidend zu vollenden.«

Daß dieses Venedig mit seinen lebhaften Handelsbeziehungen zur mohammedanischen Welt und seinem kaufmännisch kühl begrenzten Christentum zunächst nicht die mindeste Sympathie für den von Papst Urban II. im Jahre 1095 proklamierten Kriegszug ins Heilige Land, für die erst später »Kreuzzüge« genannten christlichen Palästina-Invasionen aufbrachte, liegt auf der Hand. Die irrationalen Wirkungen des Aufrufs, das Heilige Grab von den »Ungläubigen« zu befreien, die religiöse Fanatisierung des nun beginnenden Zeitalters griffen zu keiner Stunde auf Venedig über. Venezianische Kauffahrer, die sich im Unterschied zu den horizontlosen und fehdelustigen französischen und deutschen Rittern im Orient auskannten und wußten, wie relativ undramatisch im Grunde die muslimisch-türkischen Übergriffe auf christliche Pilger und Wallfahrtsheiligtümer waren, konnte kein Papst und keiner seiner hektischen Wanderprediger in religiöse Hysterie versetzen.

Und wenn man am Rialto auch die kurialen Motive des Aufrufs zum Kreuzzug, das Bestreben des Papstes, sich in Frontstellung zum römischen Kaiser als einigenden und reinigenden Herrn der Christenheit hochzuspielen, nicht völlig durchschauen mochte, wenn man natürlich – so wenig wie noch manche christliche Historiker unserer Zeit – realisieren konnte, daß hier vor allem ein »Ventil für die turbulente christliche Ritterschaft« dieser Epoche (Jacques Le Goff) geschaffen werden sollte –, so war den Venezianern doch klar, daß das, was angeblich »Gott wollte«, im päpstlichen Interesse lag und den wirtschaftspolitischen Interessen des Markusstaates durchaus widersprach. Gute Handelspartnerschaften und Märkte aber gefährdete man nicht auf einen päpstlichen Kanzelspruch hin.

Als sich nun im Jahre 1096 fanatisierte Volksscharen und Heere marodierend und unorganisiert bis mäßig koordiniert gen Osten wälzten, wartete man in Venedig besorgt ab. Um so besorgter dann, als die bislang in der Levante nur schwach präsenten Handelskonkurrenten Pisa und Genua angesichts fortschreitender Erfolge der Kreuzfahrerheere in Syrien die Chance

Ein italienisches Schiff befördert Kreuzritter ins Heilige Land. Zeitgenössische Miniatur.

witterten, in der venezianischen Interessensphäre ihr Süppchen zu kochen: Ende 1097 verschifften die Genuesen Kreuzfahrerverstärkungen nach Nordsyrien und setzten sich selbst in Antiochia fest, 1099 traf eine pisanische Flotte im gerade eroberten Heiligen Land ein, und es war ein Pisaner, der zum ersten Patriarchen des unter fürchterlichsten Greueln »befreiten« Jerusalem bestimmt wurde. Die italienische Konkurrenz war keß auf den rollenden Sonderzug aufgesprungen, Venedig scharf herausgefordert.

Die Venezianer hatten dieses ungestüme, halb irrationale Unternehmen boykottieren wollen. Wo aber nun die Rivalen begannen, den Kreuzzug händlerisch-kolonisatorisch auszuschlachten und sich mit ihrer Schiffskapazität den entstehenden Kreuzfahrerstaaten unentbehrlich zu machen, da konnte Venedig nicht neutral, nicht abstinent bleiben. Nicht neutral gegenüber Pisa und Genua, nach Möglichkeit aber neutral gegenüber den mohammedanischen Handelspartnern; nicht abstinent bei allen Gelegenheiten, neue Stützpunkte für den Handel herauszuschlagen oder Beute zu machen, unbedingt abstinent aber bei allen Kreuzfahreraktionen, die der angeblich heiligen Sache ohne merkantilen Nutzeffekt dienen sollten.

Im Juli 1099, während des Dogats von Vitale Michiel I. (1096–1101) und unter dem Kommando des Dogensohns Giovanni sowie des Bischofs von Rialto-Olivolo, brach eine venezianische Flotte auf, um dieses Nachholkonzept im östlichen Mittelmeer zu verfechten. Zwischenstationen an der dalmatinischen Küste dienten wieder einmal dazu, unsichere Kantonisten neu in die venezianische Pflicht zu nehmen, und während des Winteraufenthalts auf Rhodos erfüllte die Flottenexpedition bereits eine ihrer wichtigsten Aufgaben: Sie besiegte in einer Seeschlacht Ende 1099 die pisanische Flotte vollständig, versenkte sie teilweise und preßte den Pisanern das Versprechen ab, künftig keinen Handel mehr mit dem byzantinischen Reich zu treiben. Die Venezianer waren unverblümt zur Sache gekommen. Versuche, christliche Kreuzfahrersolidarität zu wahren, dichteten die Chronisten später hinzu.

Ein besonders starkes Stück leisteten sich die Venezianer, als sie nach langem Zögern im Mai des Jahres 1100 wieder in See stachen und Rhodos mit Ostkurs verließen: Fast auf dem Wege, in

Lykien an der Südküste Kleinasiens, lag da nämlich die alte Stadt Myra, die eben erst von den Ungläubigen geplündert und von ihren Bewohnern weitgehend verlassen worden war. Eine byzantinisch-christliche Stadt, die eine der attraktivsten Reliquien, die Gebeine des heiligen Nikolaus, des »Beherrschers der Meeresstürme«, besaß und deshalb schon habsüchtige Beschaffungsversuche aus Konstantinopel und Bari über sich hatte ergehen lassen müssen. Die Barenser behaupteten zwar, den selbstredend gut versteckten Heiligen gefunden und 1087 entführt zu haben, aber in Myra bestritt man dies, und so gedachten die Venezianer, hier nun noch etwas konsequenter nachzufassen. Der anonyme Verfasser der *Translatio Sancti Nicolai*, den wir schon erwähnt haben, ein Mönch des venezianischen Klosters S. Niccolò di Lido und Augenzeuge des Abstechers nach Myra, hat der Nachwelt berichtet, mit welch reinherzigen Motiven die Venezianer diesen Reliquienraub unternommen haben.

Mit inbrünstigen Gebeten habe man San Niccolò angefleht, die »Einladung seiner Tochter Venedig« doch bitte anzunehmen, den geplanten Raub gelingen und sich dafür in Venedig mit besonderen Festen (und viel schöneren als im armen Myra) hoch verehren und feiern zu lassen. Das Kommandounternehmen verlief dann weniger feierlich: Die Venezianer drangen gewaltsam in die Bischofskirche von Myra ein, schlugen bei der Suche nach dem Reliquienversteck alles kurz und klein, kippten Altäre um, brachen Gräber, Boden und Wände auf und folterten die einheimischen Kleriker, um ihnen das Geheimnis der Fundstelle abzupressen. Dann glaubten sie sich am Ziel: An Hand bestimmter Inschriften und von den üblichen Wohlgerüchen geleitet, identifizierten sie angeblich das Heiligengrab und transportierten die vermeintlichen Nikolaus-Gebeine auf eines ihrer Kriegsschiffe. Dem herbeigeeilten völlig verzweifelten Bischof von Myra wurde zynisch ein Geldbeutel »per restaurationem ecclesiae«, zur Wiederherstellung der Kirche, in die Hand gedrückt. »Aber es ist ja kein Betrug und kein Raub«, kommentierte der Chronist aus der Klosterkirche S. Niccolò di Lido, die jetzt selbstverständlich als neue Ruhestätte des Heiligen vorgesehen war, mit Milde seinen eigenen Verwüstungsbericht, »denn nicht böser Wille hat dazu geführt, sondern Ergebenheit und religiöser Eifer«.

Der heilige Markus erhielt nun einen besonders wichtigen Assistenten für das Ressort Seefahrt; der Nikolaus-Doppelgänger von Bari irritierte nicht besonders. Andere Heilige, außerdem hochheilige Partikel wie ein Splitter des Kreuzes Christi, kamen gerade in der Kreuzzugsära hinzu, die so günstige Beschaffungsmöglichkeiten bot. Und bevor man Jahrzehnte später von der griechischen Insel Chios die Reliquie des heiligen Isidor raubte, empfahl man dem neuen Heiligen Venedig – so jedenfalls der Chronist der *Translatio Sancti Isidori* – als ein besonders distinguiertes Heiligendomizil: Am Rialto werde Isidor die erlauchte Gesellschaft der Heiligen Markus, Stephan, Hermagoras, Fortunat und Nikolaus vorfinden, und wenn er also gegen die vorgesehene Überführung keine Einwände habe, dann möge er doch gleich gütigst den frommen Räubern seiner Gebeine ihre Arbeit leicht machen...

Es sind absurde Mischungen aus naiver Wundergläubigkeit und ungenierter Besitzgier, die uns in den offiziellen Überführungsberichten venezianischer Kleriker begegnen, aber es handelt sich bei diesen Texten doch teilweise auch um wesentliche Quellen zur Geschichte ihrer Zeit, um Spiegelungen der venezianischen Mentalität und der Motive, mit denen die Markusflotte an den Kreuzzügen teilnahm. »Niemals hat die venezianische Religiosität ihren kaufmännischen Zug abgestreift«, schreibt Kretschmayr. »Wie die Geistlichen selbst die besten Kaufleute waren, so wollte man andererseits geistliches Kapital wie weltliches aufspeichern... Venedig wollte ein Schatzkästlein sein.«

Nachdem also die Markusflotte diesen ersten Kreuzzug durch ihren Sieg über die Pisaner und den Überfall auf Myra schon so venetochristlich bereichert hatte, erreichte sie im Sommer des Jahres 1100 das bedrängte Heilige Land, wo sie von Herzog Gottfried von Bouillon dankbar und freudig begrüßt wurde. Venezianische Spenden für das Heilige Grab in Jerusalem gab es gratis, venezianische Waffen- und Flottenhilfe aber war teuer. Man kam ja nicht – so wenig wie die Genuesen und die Pisaner –, um den brutalen Kreuzrittern ihre Beute zu sichern, um dieses wacklige »Königreich Jerusalem« selbstlos abzuschirmen, sondern um sich in den syrischen und palästinensischen Hafenstädten Handelsstützpunkte, kleine venezianische Kolonien zu schaffen. Ergebnis des Feilschens mit den Kreuzrittern war die Vereinbarung, nach der Venedig von jeder mit venezianischer Hilfe eroberten Stadt des Königreichs ein Drittel sowie in jeder anderen Stadt eine Kirche und einen Marktplatz besitzen sollte. In den Rahmen der zeitlich eng begrenzten militärischen Gegenleistungen Venedigs fiel dann die eher halbherzige Teilnahme der Venezianer an der Belagerung der Stadt Haifa, die auch genommen werden konnte. Man hatte einen Fuß in der orientalischen Tür, das Banner des heiligen Markus wehte nun auch in der Heimat des Evangelisten selbst.

Gegen Ende des Jahres 1100, angeblich exakt am Nikolaustag, kehrte die venezianische Flotte nach Rialto zurück und präsentierte dem Dogen die neue stolze Akquisition, die Reliquie des Seefahrerpatrons San Niccolò. Es war ein erfolgreiches Präludium gewesen: In dieser Tonart sollte man Venedig auch künftig in dem vielteiligen Kreuzzugsoratorium vernehmen, und einen seiner Akte würde man regelrecht umarbeiten in den Höhepunkt der San-Marco-Mission.

8
Auf dem Weg zur Markusrepublik

Basis der Seeherrschaft: das Arsenal
San Marco-Ableger als Handelsdepots · Die Reliquie als »Staatsoberhaupt« · Die Kaufmannsaristokratie setzt sich durch · Der einigende Markuskult

So anziehend und staunenswert Rialto-Venedig mit seinen ständig vermehrten Kirchen, Klöstern und Reliquienschätzen im 11. Jahrhundert für Wallfahrer aus ganz Europa geworden war – in keiner italienischen Stadt außer Rom konnten sich Pilger so vielen Heiligen auf einmal empfehlen wie hier –, so neidisch und argwöhnisch beobachteten naturgemäß manche europäischen und mediterranen Mächte den Aufstieg dieses merkwürdigen amphibischen Staates und das herausfordernd selbstbewußte und erfolgssichere Auftreten seiner markt- und meererfahrenen Repräsentanten. Es nimmt also nicht wunder, daß nichts von dem unbestritten blieb, was Venedig sich militärisch oder vertraglich an Stützpunkten, Besitzungen und Vorrechten geschaffen hatte.

In der ersten Hälfte des 12. Jahrhunderts sah sich der Markusstaat an allen Ecken und Enden seiner Interessensphären, direkt vor der Haustür wie übers Meer, in Konflikte und Kämpfe verwikkelt – freilich nicht nur defensive. Auf dem Balkan breitete sich das ungarische Königreich bedrohlich aus und bestritt dem Dogen zuerst verbal, dann mit militärischem Erfolg das Recht, sich als Herzog von Kroatien und Dalmatien zu bezeichnen. Nur wenige Stützpunkte an der Ostküste der Adria blieben in dieser Phase auf Markus und den Dogen eingeschworen. Und während eine venezianische Flotte im kolonisatorischen Interesse das syrische Sidon erobern half, mußte man sich mit den Nachbarn Padua und Ravenna sowie erneut den Normannen auseinandersetzen. San Marco schien als Patron in dieser Zeit ein wenig zu träumen, denn auch zwei verheerende Brandkatastrophen in Rialto, die schon

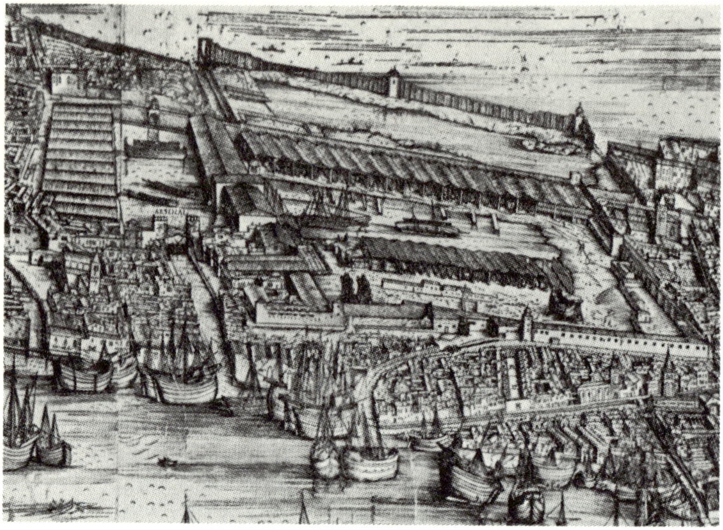

Das Arsenal, Venedigs Großwerft, nahm ein Areal von über 30 Hektar ein und war wie ein Kastell geschützt. Ausschnitt aus de' Barbaris Plan 1500.

erwähnte Vernichtung der alten venetischen Stadt Malamocco durch Sturmfluten und ein schweres Erdbeben hat er von seinen Schutzbefohlenen nicht abzuwenden vermocht.

In diese plagenreiche Amtszeit des Dogen Ordelafo Falier (1102–1118), der selbst in einer Schlacht gegen die Ungarn vor Zara starb, fällt wie zum Trotz ein zukunftsweisendes »Eckdatum« venezianischer Geschichte: die Gründung des »Arsenals« (1104), der staatlichen Großwerft Venedigs, auf noch kaum erschlossenen Inseln Olivolos im Osten der Rialto-Gruppe. War bis dahin der Schiffbau Venedigs in privaten Werften durchaus effizient betrieben worden, so verlangten die sich im Zeitalter der Kreuzzüge rapide ausweitenden, ja potenzierenden Ansprüche an die Größe und Leistungsfähigkeit der venezianischen Kriegs- und Handelsflotte nun nach planmäßigerem und breiterem Nachschub. Der Begriff *Arsenale,* ein aus dem Arabischen abgeleiteter venezianischer Wortexport in alle europäischen Sprachen, bedeutet soviel wie »Werkstätte«, später auch »Zeughaus«.

Schon im 12. Jahrhundert ist es ein beträchtliches Areal gewesen, das die Werkstätten und Werkhallen der Staatswerft einnahmen: Neben Handelsgaleeren, Transport- und Kriegsschiffen aller Größenordnungen sind hier Rüstungsgegenstände zur Armierung der Flotte, Schleudermaschinen, Katapulte und später auch Kanonen hergestellt worden, und es beleuchtet die enorme Kapazität des Arsenals, daß es bereits 1188 innerhalb eines halben Jahres bis zu 100 Hochseegaleeren bauen konnte und daß es im 15. Jahrhundert zeitweilig rund 16000 Menschen – Arbeitnehmer des Staates – beschäftigte. Siebenmal im Verlauf der Jahrhunderte ist das Arsenal, am Ende auf den fünfzehnfachen Umfang der ersten Anlage, vergrößert – und als zeitweilig größtes Industrieunternehmen Europas von Besuchern aus aller Welt beinahe ebenso bestaunt worden wie die Markusbasilika und der Dogenpalast.

Dante Alighieri, Italiens größtem Dichter, haben sich bei einem Arsenal-Besuch im frühen 14. Jahrhundert ein paar *Inferno*-Impressionen aufgedrängt, und er hat in der *Göttlichen Komödie* den schaurigen Pechsee, in dem die Feilscher um öffentliche Ämter ihre Sünden büßten, mit den brodelnden Pechkesseln der venezianischen Schiffbauer verglichen. Im XXI. *Höllen*-Gesang steht seine Arsenalschilderung, die auch auf einer Tafel am Portal des Arsenals zitiert ist:

»So wie im Arsenal der Venezianer
zur Winterszeit das Pech, das zähe, kocht,
um ihre lecken Schiffe zu kalfatern,
die nicht mehr seefest sind, derweilen dieser
ein neues Fahrzeug baut, und jener seinem,
das viele Fahrten tat, die Rippen stopft,
einer am Bug, einer am Hecke hämmert,
einer sich Ruder schnitzt, einer sich Seile dreht,
ein andrer Topp- und Besansegel flickt,
so brodelt dort nicht auf dem Feuer, nein,
durch Gottes Kunst ein dicker schwarzer Brei,
der rings die steinernen Ufer klebrig macht.«

(Deutsch von Eckart Peterich)

So wie der besonders grimmige Markuslöwe über dem (freilich erst 1460 geschaffenen) Triumphportal des Arsenals sein Buch zugeschlagen zwischen den Klauen hält, um den traditionellen Friedensspruch »Pax tibi Marce« – »Friede sei mit dir, Markus« – zu verbergen, so hat das Arsenal vorzugsweise der venezianischen Kriegsmarine gedient. Fraglos sind unter den Kriegs- und Transportschiffen, die der Doge Domenico Michiel (1118–1130) im Jahre 1122 für einen neuen Kreuzzug ausrüsten und mit rund 15000 Mann besetzen ließ, bereits zahlreiche Arsenal-Produkte gewesen. Dringende Hilferufe des Königreichs Jerusalem hatte der Doge zum Anlaß genommen, sein Volk in der Markusbasilika feierlich zur Kreuzfahrt aufzufordern – aber es war selbstverständlich wiederum ein Kreuzzug nach Venezianerart, der die Flotte ins Morgenland führte. Hier hat sie 1123 vor Askalon die ägyptische Flotte vollständig besiegt und 1124 maßgeblichen Anteil an der Eroberung der bedeutenden Hafen- und Handelsstadt Tyrus genommen.

Als die Venezianer ihr Markusbanner – nun auch mit dem Bildnis des Evangelisten – auf einem der Türme von Tyrus hißten, hatten sie den Preis längst ausgehandelt: Das »Venezianerdrittel« von Tyrus, dazu weiterer Grundbesitz im Kreuzfahrerstaat, verbunden mit Abgabenfreiheit, bildeten künftig die feste Basis für die venezianische Handelspolitik im Orient. Es ist gerade dieser Erwerb eines Stützpunkts in der alten phönizischen Metropole Tyrus, der eine weitere historische Parallele augenfällig macht: Die Venezianer begannen in dieser Zeit, das Erbe des einst mittelmeerbeherrschenden Händlervolks der Phönizier anzutreten.

Pisa und Genua, die ja ihr Herz für die heilige Sache früher entdeckt hatten, waren von Venedig nun mindestens eingeholt worden, und gemeinsam machten die italienischen Seestädte den Ritterstaat von ihrer Schiffs- und Nachschubkapazität abhängig, ohne mehr militärische Hilfe gegen den Islam zu leisten, als im Interesse ihres Handels lag. Viel lieber errichteten die Venezianer ihrem Staatspatron zu Tyrus eine demonstrativ prächtige Markuskirche, die zugleich als Verwaltungs- und Wirtschaftsmittelpunkt des venezianischen Immunitätsbezirks diente. So wie die heimische Markuskirche als Mutterkirche der bald zahlreichen San-

Marco-Ableger in der Levante immer auch staatliche Schatzkammer, ja Staatsbank gewesen ist, so verwalteten nun venezianische San-Marco-Kleriker in Tyrus die Einkünfte und Güter der Kolonie, sie führten die Aufsicht über Maße und Gewichte und versahen Notariatsfunktionen.

Venezianische Geistliche, die mit der Flotte ins Morgenland kamen, mußten mehr als Messen lesen können: Dem heiligen Markus dienen hieß dem Staat Venedig dienen, und nicht andächtige Pilgerkapläne waren es, die nun auch im Heiligen Land die Markusliturgien anstimmten, sondern gestandene Männer, die sich in Marktpreisen so gut wie in der Bibel auskannten, Handelsverträge aufsetzen und notfalls sogar die Soutane mit dem Panzerhemd vertauschen konnten.

Die zentrale ideelle und institutionelle Rolle, die Markus und seine Markuskirchenorganisation in Tyrus wie in anderen morgenländischen Stützpunkten Venedigs im 12. Jahrhundert spielten, kennzeichnet das Weiterwachsen des Staatskults. »Offensichtlich gab es in der Vorstellungswelt des damaligen Venedigs«, schreibt Peyer, »... vorerst einfach kein anderes und geeigneteres Mittel, um ihre Hoheitsrechte in der Nähe und in Übersee, die nicht mehr allein einem Einzelherrn, sondern auch der Gemeinde zustanden, zur Geltung zu bringen, als ihren heiligen Schutzherrn und den Verwaltungsapparat seiner Kirche.« Erst später hat Venedig den steigenden kolonisatorischen Anforderungen durch die Entwicklung bestimmter behördlicher Institutionen entsprochen – denn größere Regionen und Inseln ließen sich nun doch nicht allein aus San-Marco-Sakristeien heraus verwalten.

Nachdem so der venezianische Besitz im Königreich Jerusalem fest etabliert war, wandte sich der Doge Domenico Michiel, den man Venedigs ersten »Imperialisten« nennen könnte, dem zweiten Ziel der großen Flottenexpedition zu: Byzanz sollte zur Räson gebracht werden. Der byzantinische Kaiser Johannes II. Komnenos weigerte sich nämlich, die außerordentlichen Handelsvorrechte, die Venedig seit 1082 in seinem Reich besaß und offensichtlich sehr selbstherrlich wahrgenommen hatte, zu erneuern, und hatte eine Art Handelskrieg gegen die Venezianer eingeleitet. Es war mehr als Neid auf die merkantilen Erfolge der ehemaligen byzantinischen Provinz; es war ein erster, noch schwacher Versuch, eine Entwicklung zu korrigieren, die den kleinen Bundesgenossen wirtschaftlich und maritim an die erste Geige gebracht hatte und den Byzantinern zunehmend Demütigungen eintrug.

So auch jetzt, in den Jahren 1124/1125: Die venezianische Flotte lief in einer unnachsichtigen Demonstration der Stärke nacheinander die griechisch-byzantinischen Inseln Rhodos, Chios, Kos, Samos, Lesbos, schließlich Modon auf dem Peloponnes an und verwüstete bei Expeditionen und längeren Aufenthalten an Land Städte und Ortschaften, Kirchen und Befestigungen – und akquirierte, wie schon erwähnt, die Reliquien des heiligen Isidor. Es waren massive Einschüchterungsversuche durch unkaschierte Piraterie, die erneut zur Belastung des emotionell mehr und mehr angespannten Verhältnisses zwischen den alten Partnern beitrugen. Während sich in Konstantinopel Stimmen des Hasses auf die ebenso geschäftstüchtigen wie hochmütigen venezianischen Kaufleute mehrten, erbitterte wiederum die byzantinische Handelsblockade am Rialto derart, daß die Venezianer in diesen zwanziger Jahren des 12. Jahrhunderts dazu übergingen, sich die langen Bärte zu scheren: Nicht mehr nach griechischer Art, sondern abendländisch glattrasiert oder kurzbärtig wollte man nun erscheinen. Schon damals also Haar- und Bartmoden als leicht kuriose Formen eines Protests.

Es waren gewiß nicht diese Barbieraktionen, die Byzanz dann – 1126 – zum Einlenken und zur Wiederherstellung der venezianischen Privilegien bewogen. Venedigs neue Stärke, die der Doge auch auf der letzten Etappe seines »Kreuzzugs« durch die Wiedereroberung einiger ungarisch okkupierter Städte Dalmatiens bewiesen hatte, war so offenkundig, daß der Kaiser neuen massiven Drohungen und dazu wohl Erwägungen, daß man den Bundesgenossen Venedig nicht dauerhaft entbehren konnte, zähneknirschend nachgab. Um so selbstbewußter schöpften nun die Venezianer erneut ihre Vorrechte in allen Handelszentren und Häfen des griechischen Kaiserreichs aus. Und sogar zusätzliche Konzessionen – namentlich mit der Erweiterung des Venezianerquartiers in Konstantinopel, das nun einen ganzen Stadtteil umfaßte – mußte Byzanz im Jahre 1148 machen, um auf die Hilfe venezianischer Flotten in seinem Existenzkampf gegen die wieder einmal offensiven Normannen rechnen zu können.

Vor Korfu und am Kap Maleas kam es 1149 zu großen Seeschlachten mit den Normannen des Königs Roger II. Die Venezianer waren es, die den Sieg für die Verbündeten entschieden, aber »verbündet« waren die griechischen und venezianischen Verbände gerade eben noch so weit, daß der gemeinsame Feind sie davon abhielt, übereinander herzufallen. Verächtlich erzählte man sich in Venedig, daß die griechischen Schiffe mit Ach und Krach von der Flucht zurückgehalten worden seien, bevor man ins siegreiche Gefecht zog, und erbittert notierten griechische Autoren, die Venezianer hätten sich Piratenstückchen gegen die kaiserliche Flotte und demonstrative Verhöhnungen des Kaisers Manuel geleistet.

Hier braute sich etwas zusammen, zumal dieser Manuel Komnenos (1143–1180) zu den eher seltenen Kaisern des oströmischen Reichs gehörte, die persönlich brennend ambitioniert und zu größeren Initiativen fähig waren. Einen »Hohenstaufen gleichsam des Ostens« nennt Kretschmayr den Zeitgenossen Friedrich Barbarossas, und es wurde in Venedig durchaus mit Sorge registriert, daß man in den folgenden Jahrzehnten nun gleichzeitig mit erstarkter Kaisermacht im Osten wie im Westen zu kalkulieren hatte. Großmachtpolitik bedingte viele Fronten: Die Rivalen Pisa und besonders Genua, das sich im Tyrrhenischen Meer zu einem westlichen Venedig aufschwang, mußten ebenso im Auge behalten werden wie die Ungarn, die Normannen, die adriatischen Küstenstädte und der Festlandnachbar Padua.

Zum Beispiel Padua. So wenig das maritime Venedig geneigt war, sich auf Festlandkonflikte einzulassen – diese Abstinenz ist in den Jahrhunderten des Aufstiegs steter Bestandteil des venezianischen Konzepts –, so fatal bedrohte gerade Padua den Lagunenstaat im Jahre 1144, indem es die Brenta in ihr früheres Bett umzuleiten begann: Würde der geröllreiche Fluß, der von den Venetern vor Jahrhunderten nach Süden abgeleitet worden war, künftig in die *Laguna Véneta* einmünden, mußte eine langsame Versandung der Rialto-Region, ein Kollaps des lagunaren Gleichgewichts die Folge sein. Hier war der Markusstaat zum ersten eigentlichen Landkrieg seiner Geschichte herausgefordert. Padua wurde besiegt – und die Einsicht gewonnen, daß man von der *Terra ferma,* dem festen Hinterland, her durchaus verwundbar war. Venedig durfte nicht ausschließlich aufs Meer hinaus blicken.

In diesen Jahren um die Mitte des 12. Jahrhunderts hat Venedig seine adriatische Interessensphäre durch eine Reihe von Bündnis- beziehungsweise Unterwerfungsverträgen mit italienischen, istrischen und dalmatinischen Städten erneut abgesichert, wobei die »Bundesgenossen« »facere fidelitatem sancto Marco et duci Venetiarum«, dem heiligen Markus und den Dogen Treue gelobten: In einer Übergangsphase, in der die personelle Einzelherrschaft des Dogen sukzessive durch den nun entstehenden Gemeinschaftsstaat abgelöst wird, den man »noch nicht recht juristisch abstrakt zu fassen vermochte« (Peyer), vertritt der Staatspatron das Gemeinwesen *vor* dem Dogen gleichsam als eine Art Staatsoberhaupt. Eine Parallele zu den Hoheitsfunktionen der Markuskirchen in den Kolonien und – man muß es sich einmal verfremden – ein verfassungsgeschichtliches Kuriosum, ein Salto mortale des Reliquienkults ins Staatsrecht. Es fehlte nur noch, daß man den Heiligen in irgendeiner symbolischen Form auch zum Signieren solcher Staatsverträge heranzog.

Der Gemeinschaftsstaat, das *Commune Venetiarum*, hat sich seit der Überwindung der völlig unbeschränkten dogalen Monarchie, seit dem Gesetz von 1032, langsam und parallel zur Verfassungsentwicklung in den anderen italienischen Stadtstaaten herausgebildet. Die venezianische Staatsgeschichtsschreibung späterer Jahrhunderte hat zwar den Eindruck erwecken wollen, daß sich das Gefüge der einzigartigen Verfassung Venedigs nun schnell und planmäßig als Ergebnis besonderer venezianischer Weisheit entfaltet habe, doch hat es sich zweifellos um einen viel längeren, quellenmäßig nicht laufend faßbaren Entwicklungsprozeß gehandelt, der erst nach und nach die Züge des Unverwechselbaren hervorbrachte. Es gab keine »verfassunggebende Versammlung«, die sich das Wunderwerk der später dann stabilsten Verfassung Europas ausgedacht hätte. Es vollzog sich jetzt, in den vierziger Jahren des 12. Jahrhunderts, zunächst nur eine Art Entwicklungsschub für die Ausformung neuer – wenn auch oft bereits vorentwickelter – Institutionen und Funktionen im *Commune*, das ja nun, wie wir gesehen haben, als Staat mit Großmachtanspruch immer differenziertere Regierungsaufgaben zu bewältigen hatte.

Markuskirche und Dogenpalast repräsentierten als Einheit das »Commune Venetiarum«. Gemälde von Venedigs großem Vedutisten Canaletto (1735).

Wie im übrigen Italien wurde jetzt damit begonnen, »alles, was auf dem Gebiete der Verfassung nur Gewohnheitsrecht oder auch nur Tendenz war, in der Form von Gesetzen« zu fixieren oder neu zu definieren. So das *Commune Venetiarum* als »die venezianische Volksgemeinschaft mit dem Dogen an der Spitze als Form, der Herrschaft der Geschlechter als Inhalt« (Merores). Es ist nicht leicht, sich ein Bild von der sozialen Struktur dieser »Volksgemeinschaft« zu machen und insbesondere zu ermitteln, welche politische Rolle darin die freie gewerbe- und handeltreibende Bevölkerungsschicht gespielt hat, die zwischen dem Adel und der Klasse der Halb- und Unfreien stand.

Dem *Populus*, dem Volk allgemein, wird zwar in der Theorie der Verfassung das Grundrecht des Souveräns zugesprochen – Markus schwebte noch darüber –, doch ist die eigentliche Macht des Commune schon in dieser Zeit von der traditionellen Oberschicht, dem kaufmännischen und grundbesitzenden Patriziat (in das freilich noch laufend kommerziell erfolgreiche Bürger aufstiegen), repräsentiert worden. Diese Nobilität war es, die nun gleichzeitig den Dogen Zügel anlegte und sich als allein ratsfähige Kaste gegen die Bürgerschaft durchsetzte. Der Weg ging zur aristokratischen Republik.

Schon in den vorangegangenen Jahrhunderten hatten Angehörige des Patriziats ja die Funktionen der *Judices*, der richterlichen und politischen Berater des Dogen, wahrgenommen. Nun konsolidierte sich – nachweisbar zuerst im Jahre 1143 – ein sehr viel deutlicheres Organ der aristokratischen Mitregierung und Dogenkontrolle: gleichsam als ein Ausschuß des Commune das Gremium der *Sapientes,* der »Rat der Weisen«. Gewählt aus den einzelnen Stadtdistrikten Rialto-Venedigs, neben dem nun die übrigen Städte des Lagunenstaats keine politische Rolle mehr spielten, haben diese Weisen oder Räte, auch *Consiliatores* genannt, eine Art Kabinett gebildet, in dem der Doge Regierungschef und nicht mehr unumschränkter Herrscher war. »Eine Errungenschaft, die zugunsten der alten ratsfähigen Geschlechter um so mehr in die Waagschale fällt, als zu derselben Zeit – das Ergebnis des Investiturstreites – die Geistlichkeit aus dem politischen Leben ausscheidet... Den venezianischen Geschlechtern winkte in diesem Ringen ein höherer Kaufpreis als denen der oberherrlichen Lombardenstädte. Indem sie die dogale Gewalt zur Seite drängten, traten sie als deren Erben in eine vollsouveräne Stellung ein«, kommentiert Kretschmayr.

Der Doge hatte nun, zuerst im Jahre 1148, einen Eid auf die Verfassung des Commune zu schwören. Venedigs Adel war in den Sattel gestiegen, in dem er sich bis zum Ende der Republik behaupten wird – als Träger jener eigentümlich kollegialen und kollektiven, unpersönlichen, vernetzten und sich wechselseitig kontrollierenden Staatsführung, die neben dem Markuspatronat essentiell Venedigs Erfolge erklärt.

Und doch muß gegen die oft pauschalierte Darstellung des Dogen als einer schon im 12. und 13. Jahrhundert völlig entmachteten bloßen Galionsfigur des Staatsschiffs, ja eines »Staatsgefangenen«, gesagt werden, daß es noch lange beträchtliche Bandbreiten für die Führungsrolle, die Initiative und den Genius starker Dogenpersönlichkeiten gegeben hat. So buchhalterisch ängstlich hat die Kaufmannsaristokratie den Staatschef aus ihren eigenen Reihen – das verkennen manche Historiker mitunter – nun auch wieder nicht eingewickelt, daß von ihm nicht gelegentlich im Spannungsverhältnis zwischen Machtkontrolle und persönlicher Dynamik maßgebende Impulse ausgehen konnten. Namentlich in der Außenpolitik und im Krieg. Beispiele dafür gibt es in der venezianischen Geschichte genug. Andererseits war das Netz der Beschränkungen für den Dogen eng genug – und später immer enger – geknüpft, um autokratische Aufschwünge, monarchische Gelüste eines Fürsten von Venedig sicher abfangen zu können. Während in anderen italienischen Stadtstaaten die Tendenz zur monarchischen *Signorie* ging, haben Venedigs Aristokraten, stolze Altadlige und welterfahrene Neupatrizier, die Republik der herrschenden Klasse geschaffen und sehr wachsam bewahrt.

In der zweiten Hälfte des 12. Jahrhunderts hat sich der weitere politisch-ökonomische Aufstieg Venedigs mit der Entwicklung neuer Formen des aristokratischen Regimes verbunden. Das Commune repräsentierte nun vorrangig der 1172 entstandene »Große Rat«, ein parlamentarisches Gremium ratsfähiger Männer, während die eigentliche Staatsregierung, der nun sechsköpfige »Kleine Rat«, durch Wahlmännerausschüsse aus den Stadtsechsteln Venedigs, den *Sestieri*, gewählt wurde. Verschiedene Kommissionen des Großen Rats wachsen in Regierungsfunktionen hinein, und zugleich bildet sich das Verwaltungsbeamtentum weiter aus, verästelt sich, nimmt hierarchische Strukturen an. Es gibt *Vicedomini* zur Beaufsichtigung des Handels und des Marktlebens, *Judices* in verschiedenen Richterfunktionen und besonders *Camerarii comunis,* Staatskämmerer und Finanzbeamte zur Verwaltung der wachsenden Einkünfte des Commune aus Handels- und Marktabgaben, Steuergeldern der Kolonien, Gerichts- und Strafgebühren, Verpachtungen und Staatsanleihen. Nicht nur die adligen und bürgerlichen Kaufleute waren reich geworden, auch der Staat profitierte vom blühenden Handel mit seinem ausgebauten Markt- und Stützpunktsystem – und hortete zu Ehren des heiligen Markus Kirchenschätze und Reliquien. Die Kirchen- und Bauverwaltung von San Marco tritt, wie schon erwähnt, als Bankdepot des Staates auf, und der Chef der heiligen Behörde, der Prokurator, spielt in etwa die Rolle eines Schatzkanzlers der Republik. (Die stark wachsenden »Schätze« haben später eine Vervielfachung des Prokuratorenamts bedingt.)

Der sogenannte »Thron des heiligen Markus«; in Wahrheit ein alexandrinisches Marmorreliquiar (7. Jahrhundert).

Der Doge selbst wird seit der zweiten Hälfte des 12. Jahrhunderts – auch dies ein konsequenter Schritt zur Absicherung patrizischer Macht – nicht mehr von der größeren Volksversammlung gewählt, bei der es wohl Regieschwierigkeiten gab, sondern von einem adligen Wahlmännergremium, das aus 41 »unverdächtigen Männern« bestand. Nur die bestätigende »Akklamation« der Wahl verblieb der Volksversammlung, die dann später völlig abgeschafft wurde. Es ist bezeichnend für die Beschränkung seiner fürstlichen Macht, daß der Doge, durchaus abweichend von abendländischen und auch byzantinischen Gepflogenheiten, in bildlichen Darstellungen nicht als thronender Herrscher von Gottes Gnaden, sondern nur als Repräsentant der venezianischen Markusverehrung vorkommt. Sogar auf dem Siegel des politischen Staatsoberhaupts ist vom Dogen selbst meist nichts zu sehen. Die *Repubblica* wird darauf vom Evangelisten Markus, thronend mit Banner und Bibel in den Händen, repräsentiert: Ähnlich wie Petrus dem *Patrimonium S. Petri*, dem Kirchenstaat, »vorstand«, war Markus ideell der Herrscher Venedigs – der Doge gleichsam bloß sein Substitut.

Markus war der Staatsheilige *aller* Venezianer, und daß er nicht nur den Adelsstaat vertrat, nicht bloß als Patron der Elite fungierte, das ist ein ganz wichtiger Akzent, den man bisher oft übersehen hat. Dem Staatspatron, den die Patrizier wie die bürgerlichen Händler, die eingesessenen Gewerbetreibenden wie die in den Stand der Freien aufstrebenden Handwerker, vielleicht ebenso die Unfreien Venedigs anbeteten und verehrten, kam auch eine starke soziale Funktion zu. Der Markuskult, der Stolz auf den Besitz der von aller Welt bewunderten Staatsreliquie, wirkten in einem bedeutsamen Umfang gemeinschaftsbildend und integrierend. Es war gewiß für einen *Civis*, einen freien, wenngleich nicht privilegierten Bürger, etwas durchaus anderes, sich bei öffentlichen Staatszeremonien und -festen mit dem konstitutionellen Fürsten und allen Großen des Staates in einer Gemeinschaft zu wissen, die *zusammen* dem heiligen Staatsoberhaupt huldigte – als andernorts selbstherrlich-fürstlichen Staatsoberhäuptern zu untertäniger Devotion verpflichtet zu sein. Selbst die unter den *Cives* stehenden *Habitatores*, halbfreie und neuzugezogene Bewohner ohne Bürgerrecht in Venedig, werden sich dem Staatskult vermutlich kaum verschlossen haben. Letztlich konnten auch sie sich als San-Marco-Venezianer fühlen.

Anders – natürlich – die Juden Venedigs, die von der Republik reglementiert und in abgeschlossenen Bezirken, erst in Mestre und auf der *Giudecca*, der Judeninsel, und dann im Ghetto angesiedelt wurden, öfter Drangsalierungen, niemals aber Pogromen ausgesetzt waren. Der Terminus *Ghetto* ist venezianisch, nicht sein moderner Inhalt. Niemand hinderte Shylocks Glaubensbrüder, in Venedig zumeist traditionsgerecht zu leben und – alles in allem – auch gute Geschäfte zu machen. Die Markusrepublik ist, später auch gegenüber den Protestanten, einer der religiös tolerantesten Staaten der europäischen Geschichte gewesen.

Die patriotisch und sozial integrierende Funktion des Staatskults hat über Jahrhunderte zur inneren Stabilität des venezianischen Staates beigetragen. Immerhin schloß ja die mehr und mehr komplette Herrschaft des Adels eine große Mehrheit der Bevölkerung weitgehend und später ganz von der Teilnahme am politischen Leben, vom Einfluß auf die Regierung aus. Das erforderte Kompensationen, und der Staatskult, den die Bürger teilten, indem auch sie sich Markuslöwen auf die Fassaden ihrer Häuser setzten, war gewiß eine wichtige, natürlich nicht die einzige.

Eine bedeutsame Rolle hat bei der »Befriedung« des Bürgertums eine Institution gespielt, die sich jetzt, seit dem 12. Jahrhundert, nach und nach herausbildete: die *Scuole*. Es waren nicht »Schulen«

im pädagogischen Wortsinn, sondern Zünfte, Laienbruderschaften der Handwerker, die im Zusammenhang mit der reichen Entfaltung der venezianischen Gewerbe gegründet wurden. Gemeinsame berufliche Interessen flossen in diesen Gilden mit besonderen Wohltätigkeits- und Andachtsveranstaltungen zusammen, und es entwickelte sich in den Scuole später ein sehr aufwendiges Verbands- und Vereinswesen, das großen Teilen des Bürgertums einen Ersatz für politische Betätigung bot – worauf noch einzugehen sein wird.

Daneben aber haben schon im 12. Jahrhundert Ansätze einer klugen Sozialpolitik dem sozialen Ausgleich in Venedig gedient, zum Beispiel ein Lebensmittelgesetz, das die Schaffung einer staatlichen Markt- und Lebensmittelpolizei zur Überwachung der festgesetzten Lebensmittelpreise und zur Bekämpfung von Spekulanten verfügte: im Interesse der sozial schwächeren Konsumenten.

Immer wieder hat es auch Schenkungen der Dogen an ärmere

Die endgültige Rialto-Brücke, eines der Wahrzeichen der Stadt, ersetzte nach jahrzehntelanger Planungsarbeit Ende des 16. Jahrhunderts die alte Holzbrücke. Gemälde von M. Marieschi.

Bevölkerungsgruppen gegeben, und besonders bei den großen Nationalfesten, die mal kirchliche, mal staatsgeschichtliche Jubelanlässe hatten und stets eine Sache *aller* Venezianer waren, wurden Münzen unters Volk geworfen und Naturalspenden verteilt. Doge und Aristokratie verstanden sich auf das alte Prinzip *Panem et circenses.* Bei alledem ist es natürlich auch in Venedig nicht ohne soziale Spannungen und Gärungen abgegangen: Gerade in der Phase der schrittweisen Konstituierung der Adelsrepublik haben sich Teile der wohlhabenden Bürgerschaft in einer Art Volkspartei, als *Populares,* zusammengetan und zeitweilig gegen die Alleinherrschaft des Adels opponiert. Dieser Adel aber war flexibel genug, um zum einen vertretbare politische Konzessionen zu machen, zum anderen reiche, einflußreiche Bürger Zug um Zug als Aufsteiger zu assimilieren.

Jedenfalls hat es selbst in dieser kritischen Phase des Werdens und Wachsens, im 12. Jahrhundert, als das immer berühmtere und anziehendere Rialto-Venedig eine starke Bevölkerungszuwanderung erlebte, keine größeren sozialen Unruhen oder gar Aufstände gegeben. Venedig schwoll mächtig an, aber es verkraftete den Zustrom von Italienern, Deutschen, Dalmatinern und Levantinern, das Einsickern von entlaufenen Sklaven, hungernden Bauern und glücksuchenden Outlaws. Markus und der andauernde Aufwind des Erfolgs integrierten sie alle.

Anhand militärischer Eintragungslisten, die ein gewisses »Hochrechnen« erlauben, hat man die Gesamteinwohnerzahl des Dogats Venedig für das Jahr 1200 auf etwa 80000 geschätzt. »Hundert Jahre später waren es 160000, und zwar im ganzen Lagunengebiet, davon etwa 120000 in der Stadt« (Frederic C. Lane). Das war überragend viel für eine Stadt des hohen Mittelalters – und frappant wenig für einen Staat, der eine Führungsrolle im Mittelmeerraum übernommen hatte.

Indessen hat sich die Stärke Venedigs niemals demographisch messen lassen. Der Markusstaat war eine Kategorie für sich. »Eine Überpartei«, schreibt F. Häusler, »die unsichtbar wirksam war und nicht nach Parteigesichtspunkten handelte ..., erst diese machte das eigentliche Venedig aus. Dieses Venedig war es, was man fürchtete, denn es schien mehr zu wissen als bloße Formeln, die jedermann zu Gebote standen.«

9

Venedig und die beiden Kaiser

Der Handstreich des Kaisers Manuel und Venedigs Krise · Der große Doge Sebastiano Ziani · Barbarossa kniet bei San Marco · Europa bestaunt Rialto

Zwischen den beiden Kaiserreichen war Venedig groß geworden, und es hatte dabei meistens verläßlich mit Schwächen des Westreichs, öfter noch denen des Ostreichs rechnen können. Sehr selten waren, Markus sei Dank, Situationen wie die geblieben, der man sich im Dogenpalast nun seit den fünfziger Jahren des 12. Jahrhunderts gegenübersah: daß nämlich zwei Kaiser zugleich mit großen Ambitionen auftraten und ihre Reiche, das oströmisch-byzantinische und das weströmisch-deutsche, mit neuer Macht nach altem Anspruch auszustatten planten. Manuel Komnenos, den betriebsamen Byzantiner, hatten die Venezianer ja bereits als Verbündeten kennengelernt, aber sie kannten ihn, wie sich zeigen sollte, noch lange nicht. Ebensowenig den rotbärtigen Friedrich von Hohenstaufen, mit dem man zunächst ganz gut zurechtkam, dem aber – wie man bei seinen Italienzügen registrierte – jede Rücksichtslosigkeit im Vorgehen gegen italienische Stadtmacht zuzutrauen war.

Kaiser Manuel schickte Truppen in Venedigs adriatische Interessensphäre und besetzte die Hafenstadt Ancona, er begünstigte in Konstantinopel den Handel der Genuesen, unterwarf Dalmatien erneut dem Ostreich, kooperierte mit dem Normannenstaat und den lombardischen Städten und verhandelte mit dem Papst über seine Anerkennung als Kaiser beider Imperien. Er wollte Byzanz wieder ganz groß machen – und Venedig klein. Als »adriatische Kröte«, »Sumpffrosch«, »Land- und Wasserschlange«, als ein »heimtückisches, böswilliges Seeräubervolk« von »verdorbener Sinnesart, Anmaßung und Ruchlosigkeit« haben byzantinische Autoren, unter ihnen der Geheimschreiber des Kaisers, in diesen Jahrzehnten Venedig und die Venezianer beschimpft. Invektiven, in denen sich der Haß des Kaisers Manuel auf den Markusstaat spiegelte, ebenso die Volkswut, die sich in Konstantinopel und anderen byzantinischen Handelsstädten, in denen Venezianer agierten, angestaut hatte.

Die venezianischen Kaufleute, die den größten Teil des griechischen Handels kontrollierten und überall Einfluß gewannen, traten mehr und mehr wie Kolonialherren auf, nicht selten leider auch mit – wenn der Vergleich erlaubt ist – Yankee-Instinktlosigkeit und ostentativer Geringschätzung byzantinischer Traditionen, rigoros bei der Bekämpfung der genuesischen Konkurrenz. In seltener Eintracht haben Venezianer und Pisaner 1162 das Genuesen-Quartier in Konstantinopel überfallen und geplündert: Fortsetzung der Handelspolitik mit anderen Mitteln, vorgeführt wohlgemerkt von Gästen am Goldenen Horn. Andererseits war es schon wiederholt augenfällig geworden, daß das ökonomisch unselbständige Byzanz die »Lateiner« im Lande zur Aufrechterhaltung des Wirtschaftslebens unabdingbar brauchte. Gleichwohl plante Kaiser Manuel finster, den Knoten durchzuschlagen.

Währenddessen verhängte Kaiser Friedrich I. Barbarossa eine Handelssperre über Venedig. Er hatte soeben – 1162 – das renitente Mailand verwüstet und mobilisierte nun die Städte Padua, Ferrara, Verona, Adria und Ariano, dazu den deutschen Patriarchen von Aquileja gegen den Lagunenstaat. Die Venezianer aber siegten in mehreren Gefechten und organisierten nach und nach den Zusammenschluß fast aller oberitalienischen Städte gegen den Staufer. Papst Alexander III., den Friedrich nicht anerkannte und der den Kaiser dafür in den Kirchenbann getan hatte, schloß sich diesem lombardischen Städtebund an; Kaiser Manuel unterstützte ihn taktisch und finanziell.

In dieser Front gegen den Westkaiser also mit Venedig verbündet, schmiedete Manuel Komnenos ansonsten Komplotte aller Art gegen die Markusrepublik und behinderte ihren Handel, wo immer er konnte. Am Rialto wurde man argwöhnisch: Der Doge Vitale Michiel II. (1156–1172) rief die venezianischen Kaufleute aus dem byzantinischen Reich ab – und ließ sie zu ihren Geschäften zurückkehren, als Manuel sich nun beeilte, den Venezianern seine Loyalität zu versichern und erneut die Beachtung ihrer Handelsprivilegien zu garantieren. Es war eine böse Falle. Während die Venezianer wieder ihre Quartiere in Konstantinopel, den Hafenstädten der griechischen Inseln und der kleinasiatischen Küste bezogen und ihre Waren erneut auf den Kais verluden, ließ der Kaiser insgeheim Truppen zusammenziehen und einen einzigartigen Coup vorbereiten. Am 12. März 1171 wurden alle Venezianerquartiere, vor allem natürlich das zentrale zu Konstantinopel, von kaiserlichen Soldaten umzingelt, die Venezianer verhaftet und ihre Gelder, ihre Besitztümer, ihre Warenlager konfisziert. Allein in Konstantinopel sind mehrere tausend Venezianer gefangengenommen worden. Mit einem Schlag sollte die Hauptader des venezianischen Handels stillgelegt, die Wirtschaft der »adriatischen Kröte« zertreten werden.

Nur wenige Venezianer entkamen. Einer von ihnen ist ein gewisser Romano Mairano gewesen, ein agiler Kaufmannskapitän und Reeder aus der jüngeren venezianischen Nobilität, über dessen vielfältige Unternehmungen und Handelsreisen in die Levante wir durch eine erhalten gebliebene Urkundensammlung detaillierter unterrichtet sind als über die meisten Staatsaktionen dieser Zeit. Auch byzantinische Chronisten haben über Mairano berichtet, der in Konstantinopel besonders durch ein von ihm kommandiertes Riesenschiff, den *Maiorando* oder *Kosmos*, aufgefallen war, das er mit einer lukrativen, von mehreren Kapitalgebern mitfinanzierten Ladung 1170 von Venedig an den Bosporus geführt hatte. Hier war er investitionsfreudig und allzu arglos wie die meisten seiner Landsleute in neue Geschäfte eingestiegen, und er hatte zugleich sein Superschiff günstig an den byzantinischen Fiskus verkauft – als Kaiser Manuel mit seinem Handstreich losschlug.

Romano Mairano – dies nach der Rekonstruktion der Vorgänge durch Reinhard Heynen – gehörte zu den verhafteten Venezianern, die von den Byzantinern wegen Überfüllung der Gefängnisse in Konstantinopel kurzfristig gegen Bürgschaften auf freien Fuß gesetzt wurden, und er nutzte diese Chance couragiert zu einer abenteuerlichen Flucht. Bei Nacht sammelte er eine größere Zahl nicht eingekerkerter Landsleute, führte sie auf seinen frisch verkauften *Maiorando* und legte rasch und in aller Stille ab. Das

Auslaufen des mächtigen Segelschiffs wurde dennoch bald bemerkt. Byzantinische Trieren und Feuerschiffe nahmen die Verfolgung auf, erreichten den entführten *Maiorando* in den Dardanellen und beschossen ihn mit »griechischem Feuer«. Aber die Venezianer schützten ihr Schiff durch das Aufspannen großflächiger, essiggetränkter Tücher, an denen die Feuergeschosse abprallten, und als eine günstige Brise aufkam, segelte der Riese uneinholbar davon. Mairano nahm Kurs auf das syrische Akkon und kehrte dann nach Venedig zurück – mit heiler Haut, doch als illiquider Unternehmer. Sein staunenswerter *Maiorando* ist später in die venezianische Kriegsflotte eingereiht worden.

Die Nachrichten von der heimtückischen Aktion des Kaisers Manuel Komnenos, überbracht von ein paar weiteren aus Griechenland entkommenen Schiffen, hat in Venedig Wut und Entsetzen, den sofortigen Entschluß zum Krieg gegen Byzanz und fieberhafte Schiffsbauaktivität im Arsenal ausgelöst. Keine Familie von Rang, die Manuel nicht empfindlich getroffen hatte. Im September 1171 stach eine starke Flotte unter dem Markusbanner und dem Kommando des Dogen in See. Sie eroberte bei Zwischenaufenthalten in der Adria – Stationen, die die küstenorientierte Schiffahrt des Mittelalters zum Verschnaufen und Verproviantieren ohnehin benötigte – die byzantinisch beherrschten Hafenstädte Traù und Ragusa, segelte in die Ägäis und erreichte, zwischendurch immer wieder byzantinischen Besitz brandschatzend, die Insel Chios, auf der man Winterlager bezog und zugleich Gesandtschaften nach Konstantinopel abgehen ließ. Kaiser Manuel aber taktierte, hielt die Venezianer hin und ließ, will man venezianischen Berichten glauben – man muß es nicht –, die Brunnen auf Chios vergiften. Eine pestartige Seuche überfiel jedenfalls die venezianischen Marinetruppen, und fürchterlich dezimiert mußte die Flotte im Frühjahr 1172 nach Venedig zurückkehren.

Am Rialto kam es zu Aufruhr und chaotischen Szenen, der glücklose Doge Vitale Michiel wurde ermordet, sein Mörder gefangen und gehängt. Aber es folgte eine besonnene Dogenwahl: Im Mai 1172 kürte das patrizische Wahlmännergremium den alten, sehr klugen und ungewöhnlich reichen Sebastiano Ziani (1172–1178) – einen der nicht besonders zahlreichen Dogen, die sich der venezianischen Überlieferung als groß und weise dauerhaft eingeprägt haben.

Ziani brachte wieder Geduld in die venezianische Politik. Mit hektischen Aktionen war dem Kaiser von Byzanz nicht beizukommen. Eine Annäherung an den Stauferkaiser bot sich an, und der Doge nahm es kühl in Kauf, daß Venedig gegenüber seinen lombardischen Partnern vertragsbrüchig werden mußte, um zusammen mit den Deutschen gegen das byzantinische Ancona, einen Hauptstützpunkt des pisanischen Levantehandels, vorgehen zu können. Eine eindeutig antibyzantinische Spitze hatte auch das Bündnis, das Venedig nun – 1175 – mit dem Normannenkönig Wilhelm II. vereinbarte. Und es wäre kein venezianischer Vertrag gewesen, wenn er nicht zugleich handelspolitische Paragraphen enthalten hätte: Nur noch die Hälfte der bisher üblichen Zölle sollten die Kaufleute vom Rialto künftig im Normannenreich entrichten.

Schritt für Schritt löste sich die venezianische Politik aus der Krise der Jahre 1171 und 1172 und dem Druck der beiden Kaiser. Venezianische Agenten versuchten, die Serben zum Aufruhr gegen Byzanz aufzuwiegeln, während wiederholt diplomatische Missionen nach Konstantinopel abgingen, um die kaiserliche Regierung beharrlich zur Freilassung der verhafteten Venezianer und zur Aufhebung der Konfiskationen zu drängen. Kaiser Manuel zögerte lange, aber er mußte sich schließlich wie schon sein Vater der Einsicht beugen, daß Handelsblockaden und Putschaktionen gegen Venedig noch keine byzantinische Wirtschaftspolitik darstellten. »Es war so weit gekommen, daß das Reich ohne die Venezianer nicht mehr leben konnte – und mit ihnen lebte es schlecht genug« (Klaus Wessel). Im Jahre 1176 sah sich Manuel gezwungen, die alten Meistbegünstigungsverträge mit Venedig wiederherzustellen und die Beschlagnahmungen rückgängig zu machen, nachdem die inhaftierten Venezianer wohl schon vorher in ihre Quartiere entlassen worden waren. Ja sogar zur Zahlung einer Entschädigungssumme in Höhe von 1400 Pfund Gold – die in San Marco freilich nie eingegangen ist – verpflichtete sich der Kaiser, dessen Weltmachtpläne nun an allen Fronten zerflatterten: Von Venedig erneut gedemütigt, in Italien zunehmend ohne Einfluß, erlitt er mit seinem Heer 1176 außer-

Friedrich Barbarossa kniet 1177 am Portal von San Marco vor dem Papst – ein bißchen auch, so fand Venedig, vor dem Dogen. Gemälde von F. Zuccari (Dogenpalast).

dem eine schwere Niederlage gegen die Seldschuken in Anatolien. Byzanz wankte.

Und während die türkischen Seldschuken in Kleinasien den oströmischen Kaiser schlugen, besiegten – im Mai 1176 – die italienischen Lombarden den weströmischen Kaiser bei Legnano: Auch Friedrich Barbarossa mußte zurückstecken, Frieden mit den italienischen Städten und Verständigung mit dem Papst suchen, nachdem ein Ausgleich mit Venedig bereits zustande gekommen war. Die *Repubblica di San Marco* hatte sich am Ende nicht einmal mehr selbst engagieren müssen, um die zeitweilig so bedrohlich erstarkte Kaisermacht im Osten wie im Westen einzudämmen. Geschick und Beweglichkeit der venezianischen Politik hatten den Staat über die äußere und innere Krise hinweg in eine hervorragende Position manövriert, und es mutet wie ein glänzend inszeniertes Finale nach dramatisch bewegten Akten an, daß das »neutrale« Venedig nun selbst zum Schauplatz des großen Friedenskongresses gewählt wurde, daß sich die Republik als Großmacht und Rialto-Venedig als Weltstadt den Delegationen aus aller Welt darstellen konnten.

Im März 1177 kam Papst Alexander III. nach Venedig. Von S. Niccolò di Lido geleiteten der Doge Sebastiano Ziani und die beiden Patriarchen von Grado und Aquileja – zur Stunde einträchtige Nachfolger jahrhundertelang zerstrittener Amtsvorgänger – den beharrlichen Widersacher des Staufers in einer Prachtgondel zum Markusplatz hinüber, der eben in diesen Jahren seine heutige Ausdehnung und mit der Vollendung des Campanile von San Marco einen seiner Hauptakzente erhalten hatte. Alexander logierte im Patriarchenpalast bei S. Silvestro im Sestiere S. Polo, machte dem heiligen Markus wiederholt seine Aufwartung und ehrte den Dogen durch die Verleihung der goldenen Rose – einen sehr seltenen päpstlichen Gnadenbeweis. Ob Ziani dazu auch noch einen emblematisch hochrangigen Baldachin oder Sonnenschirm vom Papst empfangen hat, wie später Andrea Dandolo mitteilt, das ist in der Literatur überflüssigerweise umstritten. Wir meinen: er hat, weil ihn die venezianischen Maler später so schön damit gemalt haben.

Es bedurfte noch einiger diplomatischer Aktivitäten, bis alle Parteien, auch die lombardischen Städte (denen die Markusrepublik als »Vertragsbrecherin« verdächtig war) Venedig als Kongreßort akzeptierten. Dann aber kamen sie alle, und im Mai begannen im Patriarchenpalast die ziemlich langwierigen Friedensverhandlungen zwischen deutschen, lombardischen, normannischen, päpstlichen und venezianischen Delegationen. Byzanz war nicht vertreten, es spielte im westlichen Abendland keine Rolle mehr. Und schließlich erschien auch Kaiser Friedrich Barbarossa in Venedig: Am 24. Juli 1177 stieg er vor dem Dogenpalast, der in Zianis Amtszeit ebenfalls weiter ausgebaut worden ist, aus der Dogengondel und schritt mit prächtigem Gefolge zur Markuskirche, vor deren Portal ihn noch prächtiger umrahmt der Papst erwartete. Alexander III. löste den Kaiser vom Bann, und Friedrich huldigte dem Papst, indem er ihm den Fuß küßte. Der Papst richtete den Knienden wieder auf, gab ihm den Friedenskuß und segnete ihn. Venedig sah einer welthistorischen Szene zu.

Es ist für unser Thema nicht wichtig nachzuerzählen, welche Regelungen im einzelnen der Friedensschluß brachte, der am 1. August offiziell verkündet wurde, und wie verschieden man die Gesten vor San Marco – als großen oder nur äußerlichen Triumph der Papstkirche – interpretiert hat. Nicht zu deuteln allein war am großen Selbstdarstellungserfolg Venedigs, dessen imponierender Doge im freundschaftlichen Verhältnis zu Kaiser und Papst eine wesentliche Vermittlerrolle, wenn schon nicht die eines Regisseurs wie Metternich im Wiener Kongreß gespielt hat. Die beiden Oberhäupter des christlichen Europa, Kaiser und Papst, ließen sich von der Atmosphäre Venedigs, von hochsommerlich flirrender Lagunenluft und sanft schaukelnden Gondeln, in Geberlaune versetzen. Friedrich Barbarossa konzedierte der Markusrepublik bei der Erneuerung des traditionellen Kaiser-Paktums am 17.

Papst Alexander III. überreicht in Gegenwart des Kaisers dem Dogen Sebastiano Ziani eine Art Staatsschirm. Zeichnung von V. Carpaccio.

August 1177 die vollständige Abgabenfreiheit ihres Handels im gesamten westlichen Kaiserreich und garantierte den Venezianern Frieden und Schutz beim kaufmännischen Agieren. Venedig selber aber sollte weiterhin berechtigt sein, deutschen Kaufleuten, die zum Rialto kamen, Zölle abzuverlangen: Es war eine »Magna Charta« für den immer gewinnreicheren Handel mit Deutschland.

Zahlreichen venezianischen Kirchen und Klöstern wurden vom Kaiser und vom Papst Gunstbeweise wie Privilegien und Ablässe erteilt, und Alexander III. trug der zentralen Rolle der Basilika von San Marco im venezianischen Patriarchat Rechnung, indem er hier öfter und in der kirchenhierarchisch eigentlich höherstehenden Bischofskirche S. Pietro di Castello nur einmal die Messe zelebrierte. Päpstliche Zustimmung zum Vorrang der Staatskirche vor der Bischofskirche: Auch hier hat sich eine venezianische Besonderheit mit einer beträchtlichen Portion kirchlicher Autarkie durchgesetzt. Der Papst beglaubigte den Markus-Staatskult, obwohl dessen Formen sich in mancher Hinsicht den Normen der Kirche entzogen.

Nicht oft hat eine europäische Stadt im Mittelalter einen solchen Besucherstrom erlebt und bewältigt wie Venedig in diesen Sommermonaten des Jahres 1177. Deutsche Erzbischöfe, Bischöfe und Reichsfürsten machten die ersten Gondelfahrten ihres Lebens und verglichen staunend die Weite und die (damals freilich eher buntscheckige) Pracht des überwiegend schon gepflasterten Markusplatzes mit den matschigen Marktplätzen ihrer transalpinen Residenzen. Der Erzbischof von Köln hatte gleich vierhundert Begleitern die frühtouristische Freude einer Venedig-Reise gegönnt, der Mainzer Kirchenfürst ein Gefolge von dreihundert Menschen für nötig befunden. Kirchliche und weltliche Prominenz aus Italien, französische und englische Gesandtschaften logierten am Canal Grande, und zweifellos haben die Händler am Rialto-Markt in diesen Wochen besonders hohe Umsätze mit Luxusartikeln aller Art erzielt. Und *le meretrici*, die Prostituierten, die im historischen Venedig stets besonders zahlreich vertreten waren und später regelrechte Berühmtheiten ihres Gewerbes hervorbrachten, hatten in den Gasthäusern aller Kategorien Hochsaison.

Man schätzt, daß sich insgesamt an die zehntausend Besucher in Venedig aufgehalten haben, und so wie sich der Kaiser selbst das Vergnügen machte, bis Mitte September in Venedig zu bleiben, der Papst sogar bis Mitte Oktober, so haben zahlreiche andere Gäste nach Abschluß der Friedenskonferenz noch ein paar Wochen drangehängt, um venezianische Feste mitzuerleben und die Reichtümer der schon damals einzigartigen Inselstadt, seine Reliquien und Kunstschätze, zum Beispiel die überwältigend prachtvolle San-Marco-Altartafel *Pala d'Oro*, kennenzulernen; auch die mächtigen granitenen Freisäulen zu bewundern, die kurz zuvor erst auf dem Molo vor der Piazzetta aufgestellt worden waren, ihre Statuen allerdings noch nicht trugen.

Endgültig seit diesem Jahr hat sich der Ruhm der Stadt Venedig in ganz Europa verbreitet. Überschwenglich pries der Verfasser der *Historia ducum Veneticorum*, der wichtigsten Chronik für das 12. und frühe 13. Jahrhundert, das Glück seiner Venezianer, deren »Name nun für die Ewigkeit im Gedenken« haften werde.

Es versteht sich, daß das große Ereignis in der stets brodelnden patriotischen Legendenküche eine besonders phantasiereiche Aufbereitung gefunden hat: Seit dem 14. Jahrhundert galt es als geschichtlich, daß Venedig selber den friedensunwilligen Kaiser Barbarossa erst an den Konferenztisch habe zwingen müssen. Am Himmelfahrtstag – dies wohl ein Nachhall der dalamatinischen Flottenausfahrt Pietro Orseolos II. – habe eine venezianische Flotte vor Istrien die kaiserliche Marine besiegt und deren Kommandanten, den Kaisersohn Otto, gefangengenommen, woraufhin Barbarossa nun zähneknirschend nach Venedig gekommen sei, um dem Papst zu huldigen. Beim Fußkuß vor San Marco habe der Kaiser mit der Bemerkung: »Nicht dir, sondern dem heiligen Petrus«, noch das Gesicht zu wahren versucht, doch Papst Alexander habe seinen Fuß auf den Nacken des Kaisers gesetzt und herrisch geantwortet: »Nein, mir *und* Sankt Petrus!«

Auch das schon beschriebene Himmelfahrtsfest der Vermählung des Dogen mit dem Meer, das seine historisch richtige Wurzel in der Orseolo-Unternehmung hat, ist auf den fabulösen Seesieg über eine Stauferflotte (die man den Deutschen entschieden zu schmeichelhaft zutraute) zurückgeführt worden. Und ausgerechnet der Papst sollte dieses eher heidnische *Sensa*-Ritual mit dem Dogenspruch: »Wir vermählen uns Dir, o Meer, zum Zeichen unserer wahren und dauernden Herrschaft über Dich«, ausgestaltet und eingesegnet haben... Venedigs Maler haben es zu Zeiten, da diese Herrschaft nur noch Wunschdenken war, farbenprächtig und großflächig nachempfunden.

Der große alte Doge Sebastiano Ziani aber, dessen besonnener und zielstrebiger, wo »nötig« skrupelloser Außenpolitik Venedig die fast komplette Durchsetzung seiner Interessen zwischen den beiden Kaisern wesentlich zu danken hatte, ließ sich am 12. April 1178 zum Kloster S. Giorgio Maggiore hinüberrudern – zu jener für Venedigs Entree so dominanten Insel gegenüber der Riva degli Schiavoni, von deren Campanile aus man heute den vielleicht schönsten Blick auf Venedig und rundherum in die Lagune hat. Hier, bei den Benediktinern, hat er den päpstlichen Sonnenschirm aus der Hand gelegt und ist, annähernd achtzigjährig, am Tag darauf gestorben. Sein Testament sah reiche Schenkungen an die Kirche des heiligen Markus vor – den Dank des Dogen an seinen Patron.

Sebastiano Ziani ist eines der Beispiele dafür, daß die – freilich erst später – zipfelmützige Dogenkrone auch im aristokratisch-republikanischen Venedig keineswegs nur väterlich-ohnmächtige Präsidentenwürde symbolisiert hat. Und da lebte in Venedig noch ein alter Politiker von diesem besonderen Schlage, nur etwa fünfzehn Jahre jünger als Ziani und ungreisenhafter, als je ein Greis gewesen ist: Enrico Dandolo. Das noch erstaunlichere Kapitel venezianischer Geschichte, das er schreiben sollte, gipfelte nicht in der Harmonie eines Friedenskongresses.

10

Der Kreuzzug des Enrico Dandolo

Mordende Ritter – kalkulierende Venezianer
Der scharfsichtige »blinde« Doge · Das Geschäft mit den Kreuzfahrern · Kurs auf Konstantinopel

In Byzanz folgten auf den am Ende in sich zusammensinkenden Machtaufschwung unter Kaiser Manuel innere Machtkämpfe und Thronwirren. Dazu ein erneutes Aufflammen der griechischen Volkswut auf die »Lateiner« im Lande, die praktisch eine ökonomische Fremdherrschaft verkörperten. Als der Usurpator Andronikos im Frühjahr 1182 die Macht ergriff, kam es in Konstantinopel zu pogromartigen Ausschreitungen der Volksmassen gegen die italienischen Kolonisten, ihre Quartiere und Depots. Es ist verläßlich überliefert, daß sage und schreibe rund 30000 Italiener diesem wütenden Massaker zum Opfer gefallen, 4000 weitere versklavt worden sind. Erstaunlicherweise haben die wahnwitzigen Ausschreitungen vorrangig Genuesen und Pisaner und offenbar nur in geringerem Umfang Venezianer betroffen. Eine Erklärung dafür fehlt. Das Pogrom aber ist später selbst von byzantinischen Chronisten als ein maßgebender Grund für die ungeheuerliche Verwüstung Konstantinopels während des Vierten Kreuzzugs begriffen worden; denn die Nachrichten vom Blutbad des Jahres 1182 haben in vielen Ländern Europas Rachedurst und Haß auf das unberechenbar »bösartige«, verräterische und schismatische Byzanz aufgestaut.

Es waren überhaupt grauenvolle Jahrzehnte der christlichen Geschichte. Als der türkische Sultan Salah-ed-din, der »Saladin« europäischer Kreuzfahrerchronisten, 1187 das Kreuzritterkönigreich von Jerusalem eroberte und die Europäer, die nur wenige Stützpunkte – darunter Tyrus – behaupten konnten, aus Palästina hinauswarf, brandete in Europa noch einmal Kreuzzugseifer auf.

Friedrich Barbarossa und mit ihm die Könige von Frankreich und England »nahmen das Kreuz«, und an der Spitze eines glänzenden Ritterheers brach als erster der alte Kaiser im Frühjahr 1189 zum Dritten Kreuzzug auf, der dem mohammedanischen Sultan die Vergeltung des Abendlandes bringen sollte. Die Rache an Saladin hatte natürlich christlichen Vorrang, aber schon während dieses Dritten Kreuzzugs hat Kaiser Friedrich erwogen, mit seinem Kreuzfahrerheer auch gegen die Residenz des erneut provozierend feindseligen Kaisers von Byzanz vorzugehen. Der überraschende Unfalltod des alten Barbarossa im Juni 1190 führte dann bald zum Scheitern der deutschen Kreuzfahrerexpedition, während eine venezianische Flotte an der syrischen Küste möglichst risikolos nur dort operierte, wo es – wie in Tyrus – Kolonialbesitz zu verteidigen oder – wie in Akkon – zu gewinnen gab. Im übrigen hat dieser Kreuzzug wieder einmal entlarvende Feindseligkeiten und Rivalitäten zwischen den einzelnen nationalen Kreuzfahrerkontingenten selbst und brutale Metzeleien unter der mohammedanischen Bevölkerung gebracht, wobei sich das europäische Ritteridol Richard Löwenherz, der König von England, mit geradezu pathologischer Roheit hervortat.

Angesichts der schon bis hierher alles in allem eher schauerlichen Bilanz der Kreuzzüge, die nur vorübergehend den Besitz des Heiligen Landes, daneben aber statt christlicher Kreuzfahrerläuterung Mohammedaner- und Judenmassaker sowie die kaum mehr überbrückbare Entzweiung mit dem christlichen Byzanz gebracht hatten, kann man entgegen zeitgenössischer Kritik und manchem Historikertadel die bislang kühl distanzierte Kreuzzugspolitik Venedigs nur als vergleichsweise klug und konstruktiv bezeichnen. So unverhüllt eigennützig die Venezianer im Rahmen ihres Mitwirkens fast ausschließlich auf die Gewinnung von Handelsstützpunkten ausgingen, so unmaßgeblich hatten sie – wohlgemerkt bis hierher – teil an den Scheußlichkeiten der Kreuzzüge.

Im Gegenteil haben sie sich vorwiegend der im mediterranen Maßstab besseren Seite dieser Unternehmungen gewidmet: der Erschließung neuer Märkte und der Intensivierung der zuvor doch noch wenig aufgefächerten Wirtschaftsbeziehungen zum Morgenland, die im gewissen Umfang auch zivilisatorisch befruchtend wirkten und einen kulturellen Austausch mit sich brachten.

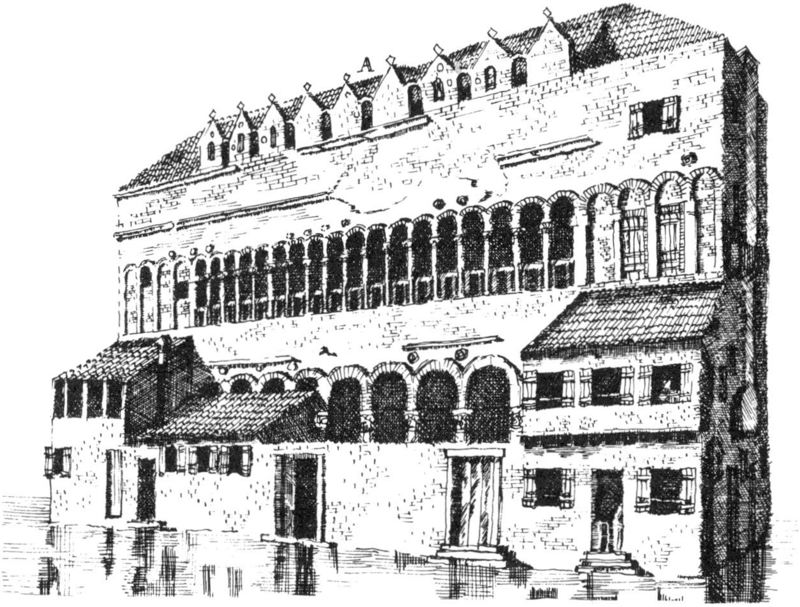

Der Fondaco dei Turchi am Canal Grande war in der Spätzeit der Republik ein Brennpunkt des Handels mit der islamischen Welt.

Ein bezeichnendes moslemisches Zeugnis vom Ende des 12. Jahrhunderts, die Aussage eines Ibn Jabair, teilt Le Goff mit: »Die Christen lassen auf ihren Gebieten die Moslems eine gerecht verteilte Taxe bezahlen. Die christlichen Kaufleute ihrerseits versteuern auf islamischem Gebiet ihre Waren; das Einverständnis unter ihnen ist vollkommen, und die Gerechtigkeit wird unter allen Umständen gewahrt. Die Ritter aber sind mit ihren Kriegen beschäftigt...«

Hatte sich Venedig in der Sicht seiner Kritiker bis hierher zu eifrig um die syrischen Märkte und viel zu lax um die militärische und logistische Unterstützung der Kreuzfahrer gekümmert, so wurde es nach dem nun folgenden ominösen Vierten Kreuzzug ganz im Gegenteil angeklagt, die militärische Strategie des Unternehmens verhängnisvoll bestimmt zu haben. Nicht weil sie fehlschlug – sondern weil sie in die falsche Richtung ging: gegen das christliche Byzanz. Viele europäische Historiker haben erst diesen

Vierten Kreuzzug als eine »moralische Katastrophe« des Christentums bewertet und Venedig den Löwenanteil der Schuld zugemessen. Aber war nicht die moralische Katastrophe im ersten Kreuzzugsjahrhundert längst eingetreten? Es geht durchaus nicht darum, eine venezianische Schuld zu verkleinern – es geht darum, sie in den richtigen Proportionen zu sehen. Die Kreuzzugsidee hatten mordende und marodierende Ritter schon lange gründlichst pervertiert, als Venedig seine wirtschaftlichen Interessen mit der Welle des europäischen Byzantinerhasses verband und sich für ein Unternehmen engagierte, das dem Kreuzfahrerzynismus – zugegeben – eine neue Dimension hinzufügte. Wie kam es dazu?

Im Frühjahr 1192 wählte Venedigs patrizisches Wahlmännergremium Enrico Dandolo zum Dogen, einen bereits etwa achtzigjährigen Politiker aus einer renommierten »apostolischen« Adelsfamilie, die der Republik über Jahrhunderte Dogen und Diplomaten, Räte und Admiräle, Patriarchen und Prokuratoren gestellt hat. Da sich die äußere – und damit die handelspolitische – Lage der Markusrepublik seit den großen Tagen des Friedens von Venedig wesentlich verdüstert hatte, brauchte man an der Spitze des Staates einen couragierten Staatsmann wie Dandolo, der sich seit Jahrzehnten als einer der maßgebenden Außenpolitiker der Republik und in heiklen diplomatischen Missionen bewährt hatte.

Es ist von Enrico Dandolo weder ein zeitgenössisches Porträt noch eine Biographie überliefert, die eine mehr als ungefähre Charakterisierung dieses ungewöhnlichen Mannes möglich machten. Seine Persönlichkeit ist, natürlich, von späteren Autoren in gigantische Dimensionen gesteigert, seine Vita legendär garniert worden. Aber es ist nicht einmal eindeutig überliefert, ob er mit seinen »sehr schönen Augen nicht das geringste mehr sah« (Geoffrai de Villehardouin) oder nur an starker Sehschwäche litt: Wenn er, wie auch berichtet wird, vor Konstantinopel noch mit gezücktem Schwert an die Spitze seiner Soldaten getreten ist, wird er wohl ein total blinder »Seher« nicht gewesen sein. »Am unmittelbarsten noch sprechen die wenigen diplomatischen Aktenstücke, etwa jene früheste Gesandteninstruktion, die wir besitzen, mit ihrer alle Eventualitäten voraus bedenkenden

Umsicht oder in dem Schriftwechsel mit Papst Innozenz III. die bei aller scheinbaren Ergebenheit hochfahrend selbstbewußte Rechtfertigung des venezianischen Vorgehens gegen Zara«, schreibt Lenel in seiner kleinen Studie über den Dogen: »Alles in allem ein Prototyp venezianischer Geistesart, wie ein Oberitaliener des 13. Jahrhunderts sie beschreibt: schlau, schweigsamer Verstellung Meister, den rechten Augenblick abwartend, nur daß

Urkundensiegel des Dogen Enrico Dandolo: Der heilige Markus übergibt dem Dogen, der als Dux von Venetien, Dalmatien und Kroatien bezeichnet ist, das Markus-Banner.

noch die Dämonie des Tatmenschen hinzukommt, die schon die Zeitgenossen empfanden.«

Obwohl es zweifellos zu den »einleuchtend« hinzuerfundenen Einzelheiten seiner Biographie gehört, daß Enrico Dandolo als – nachweislicher – Gesandter Venedigs in Konstantinopel 1171, dem Jahr des byzantinischen Handstreichs gegen die venezianische Kolonie, auf Befehl des Kaisers Manuel geblendet worden sei, hebt Kretschmayr sicher mit Recht die besonderen antibyzantinischen Motive im Handeln des Dogen hervor: »Hochmütig und voll heißer Ruhmbegierde, galt ihm kein würdigeres Ziel seiner Taten als Abrechnung mit den Romäern [Byzantinern] und Rache für die schmachvollen Gewaltakte der Kaiser Manuel und Andronikus. Vergeltung an Griechenland wurde ihm ein Leitwort und sollte auch das von Venedig werden.« Emotionen, es versteht sich, hinter denen massive wirtschaftspolitische Interessen standen.

An direkte Aktionen gegen Byzanz war freilich bei seinem Amtsantritt noch nicht zu denken – einer Dogeninvestitur übrigens, von der die erste *Promissio* eines venezianischen Staatsoberhaupts im Wortlaut überliefert ist. Enrico Dandolo hatte, gewiß nicht als erster Doge Venedigs, in dieser Wahlkapitulation alle jene Machtverluste des Dogenamts zu bestätigen, die die Aristokratie, vermutlich unter Dandolos eigener Mitwirkung, in den letzten Jahrzehnten durchgesetzt hatte. Enrico Dandolo schwor, die Gesetze treulich zu vollziehen, ohne Zustimmung seines Großen Rats nicht über Staatsgut zu verfügen, Richter und Bischöfe nicht selbstherrlich zu ernennen, mit auswärtigen Politikern nicht eigenmächtig zu verkehren und sich den Beschlüssen des Großen und des Kleinen Rats auch dann zu beugen, wenn sie weitere Einschränkungen der dogalen Macht für ratsam halten sollten. Umgekehrt waren dem Dogen die Mitglieder der beiden Ratsgremien und ihrer Ausschüsse zum Treueid verpflichtet, und vor allem blieb ihm ein breiter Handlungsspielraum in der Kriegspolitik.

Militärische Pläne standen im *Palazzo Ducale* denn auch alsbald auf der Tagesordnung. Das ewig umstrittene und für Venedig so wichtige Dalmatien war von den Ungarn erobert worden, auch der alte Stützpunkt Zara unter die Kontrolle des magyarischen Königs geraten. Die von Byzanz protegierten Pisaner, damals Venedigs stärkste Handelsrivalen, operierten von Ancona aus ungeniert in der Adria, die Veroneser störten den venezianischen Festlandhandel, und vor allem drohte eine ganz neuartige staufische Umklammerung, als Barbarossas Sohn Heinrich VI. seine kaiserliche Macht durch Mitgift und Heereszug 1194 auch auf das normannische Königreich Sizilien ausdehnte. Würde dieser ehrgeizige Imperator nun die zuvor mühsam eingedämmten staufischen Weltherrschaftspläne in ganz Italien und im Mittelmeerraum durchsetzen – obendrein mit Hilfe der pisanischen Seemacht, die sich jetzt der Gunst gleich beider Kaiser erfreute und bediente?

Venedig unter Enrico Dandolo erwehrte sich zunächst der unmittelbaren Gefahren, rang Verona die Unverletzlichkeit des venezianischen Handels auf der Flußstraße der Etsch ab und vertrieb pisanische Flottenkontingente erfolgreich aus der Adria. Mit Kaiser Heinrich legte sich Dandolo nicht an. Er bewog ihn zur Erneuerung des vorteilhaften Barbarossa-Paktums von 1177 und sah den Aktivitäten des Staufers vorsichtig zu. Der Doge hatte in seinen mittleren Jahren die italienischen Triumphe Friedrich Barbarossas erlebt und als Sechziger den großen Kaiser am Portal von San Marco vor dem Papst knien sehen: Deutsche Kaiserherrlichkeit südlich der Alpen pflegte nie besonders lange zu dauern, und wieweit die Fortüne des umtriebigen Barbarossa-Sohnes, der nicht ganz die Statur des Vaters hatte, reichen würde – das mußte Venedig mit langem Atem abwarten.

Die Geduld des alten Mannes im Dogenpalast wurde auf keine harte Probe gestellt: Heinrich VI. rüstete im Herbst 1197 zu einem neuen gewaltigen Kreuzzugsunternehmen, dem die Befreiung des Heiligen Grabes lediglich als Vorwand für den eigentlichen Plan diente, die byzantinische Macht im Ostmittelmeer aufzurollen. Der Staufer, der normannisch geheiratet hatte, war dabei, sich zum Vollstrecker staufischer *und* normannischer Herrschaftsträume aufzuschwingen – als auch ihn »der ›Neid des Todes‹ einholte, der alle deutschen Kaisergeschlechter des Mittelalters so furchtbar verfolgt hat« (Erich Maschke). Im November 1197 ist Heinrich ganz plötzlich in Messina gestorben. Wieder war ein kaiserlicher Höhenflug zur Episode geworden, der ein Machtvakuum folgte – ein Vakuum, ohne das Venedigs großes Ausgreifen in den Osten nicht denkbar gewesen wäre. Nicht der zweiunddreißigjährige Stauferkaiser, sondern der jetzt etwa fünfundachtzigjährige Doge von Venedig sollte der Kopf des nächsten Kreuzzugs werden.

Der noch junge, ambitionierte Papst Innozenz III. drängte auf die Vorbereitung und Durchführung eines Vierten Kreuzzugs, aber der Schwung der Kreuzzugsbewegung war in großen Teilen Europas schon so weitgehend gebrochen, daß es einige Jahre brauchte, bis das Unternehmen konkret geplant werden konnte. Entgegen der früher praktizierten Zurückhaltung hatte sich Venedig diesmal dem Appell des Papstes von vornherein aufgeschlossen gezeigt, und als im Februar 1201 Gesandte der französisch-flandrischen Ritterschaft, die das Unternehmen vorrangig zu tragen bereit war, am Rialto erschienen, schloß die Republik mit ihnen einen Überfahrtvertrag, ein Transportgeschäft ab: Gegen ein Entgelt von 85000 Mark Silber – nach heutigem Wert etwa 20 Millionen Mark – verpflichtete sich die Seemacht Venedig, 4500 Ritter mit ihren Pferden, 9000 Knappen und 20000 Fußsoldaten ab Juni 1202 für ein Jahr auf ihren Schiffen zu befördern und zu verpflegen und dazu noch 50 Galeeren auf eigene Kosten für die diesmal ausschließlich maritime Kreuzfahrt auszurüsten. Die Hälfte aller Eroberungen und der zu erwartenden Beute – christliche Motive! – sollte den Venezianern zustehen. Ein geheimer Paragraph des Vertrages fixierte als Ziel der Kreuzfahrt Ägypten, das damalige Zentrum der mohammedanischen Macht.

Da dieses Ziel den venezianischen Wirtschaftsinteressen fraglos widersprechen mußte – mit Mühe nämlich hatte die Republik erst wenige Jahre zuvor die Aufhebung des päpstlichen Verbots bewirkt, mit dem islamischen Ägypten Handel zu treiben –, ist in der Geschichtsschreibung schon dieser Überfahrtvertrag als ein doppeltes Spiel der Venezianer beargwöhnt worden. Hat Enrico Dandolo von allem Anfang an das Kreuzfahrerheer als dirigierbares Instrument venezianischer Außenpolitik betrachtet?

Im Sommer 1202 kamen die Kreuzfahrer, vor allem Franzosen und Flamen, dazu Italiener, auch ein paar deutsche Kontingente – aber es kamen bei weitem nicht alle erwarteten, und es kam schon gar nicht das Geld zusammen, das ihr neuerkorener Führer, der lombardische Markgraf Bonifaz von Montferrat, vertragsgemäß der Markusrepublik zu entrichten hatte. Runde 34000 Silberlinge fehlten der christlichen Seefahrt. Enrico Dandolo schlug den auf dem Lido von Venedig mitunter ziemlich chaotisch kampierenden Kreuzfahrern zum Ausgleich ein Geschäft vor: Gegen den Aufschub dieser Schuld sollte das Kreuzfahrerheer vorübergehend Söldnerdienste für die Republik leisten und das ohnehin auf der Route liegende christlich-ungarische Zara zurückerobern helfen.

Trotz anhaltender Proteste zahlreicher Kleriker im Heer gegen dieses kreuzfahrtideologisch unerhörte Ansinnen wurde der Handel schließlich ausgemacht. Am 25. August 1202 stieg der Doge auf die Kanzel der Markusbasilika, um feierlich-demagogisch die Kreuzfahrt zu proklamieren. Geoffrai de Villehardouin, ein vornehmer französischer Offizier und mit Dandolo sympathisierender Chronist des Vierten Kreuzzugs, referiert das Kernstück seiner Rede so: »›Ihr Herren, ihr seid von den besten Männern der Welt begleitet und kommt in der besten Sache, die jemals Menschen unternommen haben. Ich selbst bin ein alter Mann und schwach, und ich hätte Ruhe nötig ... aber ich sehe, daß niemand anders als ich, der ich von euch der Älteste bin, euch regieren und leiten könnte. Wenn ihr erlauben wolltet, daß ich das Kreuz nehme, um euch zu behüten und zu unterweisen, und daß mein Sohn an meiner Statt und Stelle bleibe, um das Land zu bewahren, so werde ich gehen und leben oder sterben mit euch und den Pilgern.‹ Da gab es großes Mitleid unter dem Volk jenes Landes und unter den Pilgern viele geweinte Tränen, weil jener wackere Mann so viele Gründe gehabt hätte zu bleiben ...«

Triftigere Gründe freilich, die Regie des Kreuzzugs zu übernehmen, denn neben der Chance, mit Hilfe der Kreuzritter den Stützpunkt Zara zurückzugewinnen, zeichnete sich in den Monaten vor der Ausfahrt die sensationelle, vorerst hinter den Kulissen gehandelte Möglichkeit ab, dem Kreuzfahrerheer handfeste Motive für einen Abstecher nach Konstantinopel vorzutragen. Ein kaum neunzehnjähriger Jüngling war es, der hier so gelegen kam: In Italien und danach in Deutschland bei seinem Schwager König Philipp von Schwaben warb der aus Konstantinopel geflohene byzantinische Prinz Alexios um Unterstützung des Westens und der Kreuzfahrer für seine Anwartschaft auf den oströmischen Kaiserthron, den sein Onkel Alexios III. nach Blendung des legitimen Kaisers Isaak II. (des Vaters des Prinzen) usurpiert hatte. Daß sich besonders Papst Innozenz III., dem der Prinz seine Aufwartung gemacht und als Gegenleistung sehr verlockend die Unterstellung der Ostkirche unter Rom offeriert hatte, für die sich hier eröffnende Gelegenheit hat gewinnen lassen, ist mit guten Gründen behauptet, aber nie schlüssig bewiesen worden, wie auch eine konspirative Anteilnahme des deutschen Königs nur gemutmaßt werden kann. Sollte indessen die Annahme zutreffen, die Hermann Beckedorf referiert, daß nämlich der Prätendent Alexios bereits ein Jahr zuvor – 1201 – im Westen aufgetaucht sei und für seine Sache geworben habe, »wäre genügend Zeit für ein Komplott vorhanden gewesen« – für eine ziemlich ungeheure Intrige mit dem päpstlich gebilligten Ziel, diesen Kreuzzug direkt nach Byzanz zu führen.

Wahrscheinlicher als die Theorie von dem lange vorgeplanten Komplott freilich erscheint es uns, daß vorrangig Enrico Dandolo und Venedig hier ad hoc eine Gelegenheit beim Schopf gepackt haben, dem auch neuerdings wieder antivenezianisch operierenden Byzanz einen unreifen, abhängigen Kaiser aufzuoktroyieren, der die Wiederherstellung des venezianischen Handelsmonopols in Konstantinopel garantieren würde. Eine Gelegenheit, das verhaßte Byzanz mehr oder minder unter die Fuchtel zu kriegen; schließlich auch die wohl von vornherein so oder so ventilierte Ablenkung der Kreuzfahrt von dem unakzeptablen Ziel Ägypten sicherzustellen. Der venezianischen Initiative bei der Umpolung

Die Kreuzfahrer unter der Regie Dandolos erobern im Zeichen des Markus-Banners das christliche Zara. Gemälde von J. Tintoretto im Dogenpalast.

des Kreuzzugs hat Papst Innozenz III. – immer wohl in der Annahme, daß die Fahrt von Konstantinopel aus mit byzantinischer Hilfe nach Palästina und Ägypten weitergehen werde – taktierend und ausweichend zugesehen: Energisch verbot er das Vorgehen gegen Zara, das nur im venezianischen Interesse lag, halbherzig und viel zu spät protestierte er gegen die Fahrt nach Konstantinopel. Das Haupt der Christenheit – Innozenz, der »Unschuldige« – wusch seine Hände in Unschuld. »Er empfand, daß er das Unternehmen nicht autorisieren dürfe, aber sein Auftreten ließ erkennen, daß er eine Übertretung seines Verbotes noch leichter verzeihen würde als das Vergehen an Zara. Es war eine verhüllte Politik des ›Laisser-faire‹. Die anderen verstanden es wohl«, interpretiert Kretschmayr.

Am 8. Oktober 1202 stach die Kreuzfahrerflotte in Venedig mit 60 Galeeren und rund 150 Transportschiffen verschiedener Kategorien in See, voran das prächtige Schiff des Dogen mit dem Markusbanner. So als handele es sich um eines der traditionellen Adria-Unternehmen Venedigs, ließ Dandolo vor mehreren Hafenstädten der Ostküste ankern, um Untertaneneide entgegenzunehmen. Absichtsvoll gemächlich steuerte er Zara an, das am 10. November erreicht und am 24. November im Sturm genommen und barbarisch geplündert wurde. Vor Zara empfing Dandolo zwar die Banndrohung des Papstes, die hitzige Meinungsverschiedenheiten im Heer auslöste, den Dogen aber nicht irritierte. Kühl verwies er auf seinen Kontrakt, und gegen alles Drängen auf Weiterfahrt ordnete er das Überwintern der Flotte vor Zara an.

Er erwartete hier nämlich noch eine weitere Botschaft. Im Januar 1203 traf sie ein. Gesandte des byzantinischen Prätendenten Alexios, versehen mit Empfehlungen des deutschen Königs, trugen den Führern des Kreuzfahrerheers das nun offizielle Angebot vor: Gegen das immense Honorar von 200000 Mark Silber, die Anerkennung der römischen Oberhoheit über die Ostkirche und die Zusage reicher Unterstützung für die weitere Kreuzfahrt sollte die christliche Flotte dem Prinzen in Konstantinopel zu seinen Kaiserrechten verhelfen.

Entgegen dem wiederum hartnäckigen Widerspruch einer kreuzestreuen Minderheit setzte Enrico Dandolo im Einvernehmen mit Bonifaz von Montferrat und einer byzanzfeindlichen, abenteuer- und beutelustigen Mehrheit den Beschluß durch, die Fahrt mit Kurs auf den Bosporus fortzusetzen. War es nicht auch Christenpflicht, dem armen vertriebenen Prinzen zu seinem Recht zu verhelfen? Papst Innozenz aber tat das von Dandolo ungerührt Einkalkulierte: Er verhängte den Kirchenbann über den Dogen und das Kreuzfahrerheer wegen der am christlichen Zara begangenen Verbrechen, erlaubte jedoch die Fortsetzung der Kreuzfahrt. Romchristliche Paradoxien! Die Flotte, zu der inzwischen auch Alexios gestoßen war, hatte nach weiteren heftigen Auseinandersetzungen im Kreuzfahrerheer bereits die Dardanellen erreicht, als der Papst im Juni 1203 den Brief diktierte, der einen Angriff auf Konstantinopel untersagte – seinen Pilatus-Brief.

Das Unternehmen, das fürchterliche, das Generationen von Historikern beschäftigt hat, nahm seinen Lauf. Wenn schon nicht von langer Hand konspirativ geplant, läßt es sich doch auch nicht als ein mehr oder weniger fatales Hineinschliddern in eine letztlich so nicht gewollte Operation erklären. Zwar machten zahlreiche Kreuzfahrer zunächst nur nolens volens mit und verharrten einige Kontingente noch lange in ihrer völligen Ablehnung des unchristlichen Unterfangens. Enrico Dandolo aber hätte diese Chance für Venedig, als sie sich akut auftat, nicht so energisch ergreifen können, wenn sie sich nicht dem skizzierten Zug der Zeit verbunden hätte: der schon von zwei Stauferkaisern erwogenen und geplanten »fälligen« Abrechnung des Westens mit Byzanz und der längst eingetretenen Korrumpierung der frühen Kreuzzugsideen. Konstantinopel, die reichste Stadt der Welt, versprach mehr Beute als die Städte des Heiligen Landes. In dieses verhaßte und verlockende Eldorado ließ sich die Mehrheit der christlichen Barone und Soldaten vom Dogen bereitwilligst führen. Danach würde man dann weitersehen und sich wieder mehr auf das Kreuz besinnen.

Eine der finstersten Stunden der Christenheit brach an – und eine neue, die hellste Sternstunde der venezianischen Politik. Solchen Zynismus hat die Geschichte häufiger an sich.

11
Der Markuslöwe reißt Byzanz

Das Kreuzheer vor der Kaiserstadt · Die Belagerer werden düpiert · Erstürmung und Plünderung »Wegbereiter des Antichrists« · Die Konkursmasse des oströmischen Reiches

»Ihr könnt euch denken«, berichtet Villehardouin vom Eintreffen der Flotte vor der Hauptstadt am 26. Juni 1203, »daß sie mit großen Augen Konstantinopel betrachteten, sie, die es noch nie gesehen hatten. Sie konnten gar nicht glauben, daß es so eine prächtige Stadt in der Welt gab, als sie die hohen Mauern und die vielen Türme sahen, von denen es ganz umschlossen war; und diese prächtigen Paläste und hohen Kirchen, von denen es so viele gab, daß keiner es glauben konnte, wenn er es nicht mit seinen Augen sah, und die Länge und Breite der Stadt, die von allen anderen die Herrscherin war. Und wisset, daß es keinen noch so Verwegenen gab, dem nicht das Herz erzitterte; und das war kein Wunder. Niemals war von Menschen ein so großes Werk unternommen worden, seitdem die Welt geschaffen wurde.«

Die Stadt, die hier so arglos als lockend herrliches Angriffsziel beschrieben wird, als handele es sich kreuzzugsgemäß um eine islamisch-exotische Metropole mit Moscheen statt christlichen Kirchen, lag – in ihrer damaligen Gestalt – auf einer etwa dreieckigen Halbinsel, westlich des Bosporus zwischen der Bucht des Goldenen Horns im Norden und dem Marmarameer im Süden. Zum Wasser hin durch mächtige Festungswerke gesichert, war Konstantinopel nur im Westen vom Land her zugänglich, dort aber nicht weniger massiv durch Mauern geschützt. Viele Invasoren hatten sich hier schon versucht, niemals aber durch die Jahrhunderte war das neue Rom erobert worden.

Gegenüber, auf dem kleinasiatischen Ufer, schlugen die Kreuzfahrer ihr Lager auf. Sie kostümierten ihren *in corpore* mitgebrach-

Die Hagia Sophia in Konstantinopel, die 1204 in venezianischen Besitz gelangte, wurde 1453 von den Türken zur Moschee gemacht.

ten Belagerungsvorwand, den Prinzen Alexios, kaiserlich prunkvoll und ließen ihn an Bord der Dogengaleere dicht vor den Mauern der Stadt als Prätendenten posieren. Die Antwort von dort waren Schmährufe. Byzanz fühlte sich stark und stützte seinen Hohn über den ostentativen Flottenaufmarsch der »Lateiner« vor seinen Bollwerken auf ein durchaus überlegenes Truppenpotential. Seinen Hohn, nicht aber mutige Ausfälle. Es gelang den Belagerern, auf dem Westufer des Bosporus an Land zu gehen, ein byzantinisches Kontingent in die Flucht zu schlagen, die mächtige Sperrkette im Goldenen Horn zu durchbrechen und im Golfhafen zahlreiche griechische Schiffe zu zerstören. Als Speerspitze des Kreuzfahrerheers erwiesen sich dabei und dann beim Sturm auf die Bastionen die Venezianer. Aus Augenzeugenberichten wissen wir, daß sie auf ihren Schiffen Belagerungstürme in der Höhe der Stadtmauern errichteten, indem sie die Mastbäume mit Aufbauten umkleideten und miteinander verbanden, um dann von den hohen Plattformen aus mit Schleuder- und Mauerbrechmaschinen gegen die Stadtmauern zu operieren. Am 17. Juli 1203 schafften sie es, mit Sturmleitern und von den nah an die Bollwerke herangeführten Schiffen aus mehrere Türme der Mauer am Goldenen Horn zu erobern. Der halbblinde Doge soll seine Venezianer in vorderster Linie »heldenkühn« angeführt haben. Auf den Bastionen von Konstantinopel wehte das rotgoldene Markusbanner.

Aber es war nur ein zeitweiliger Erfolg, da die Kreuzfahrer an anderen Stellen zurückgeschlagen wurden. Zwar brannte ein großer Stadtteil Konstantinopels, die resignierten Angreifer jedoch »legten ermüdet die Waffen ab und aßen das wenige, was sie zu verzehren hatten« (Villehardouin), vor allem das Fleisch der geschlachteten Ritterpferde. Der große Sturmangriff war eigentlich abgeschlagen – überraschend angeschlagen dennoch die byzantinische Moral. Kaiser Alexios III., der halbherzig gekämpft und seinen Rückhalt in der Hauptstadt eingebüßt hatte, floh nächtens überstürzt aus Konstantinopel, und die Byzantiner holten nun ihren ehemaligen, den geblendeten Kaiser Isaak II. aus der Versenkung auf den Thron: Am 18. Juli konnte dessen Sohn, der aufgeputzte Prätendent, feierlich in die nun offene Stadt geleitet und am 1. August als Alexios IV. zum Mitkaiser gekrönt werden.

Konnte man diese sensationelle Wende anders denn als eine himmlische Fügung, als eine göttliche Sanktionierung des moralisch ja doch ziemlich heiklen Unternehmens begreifen? Und mochte der Papst den Venezianern noch so ungnädig sein – Markus war mit ihnen: Schon bevor die Venezianer beim Sturm auf die Bastionen die Zinnen erreicht hatten, war dort oben – so erzählte man – auf wunderbare Weise ein Banner mit dem Bildnis des Evangelisten erschienen.

So groß der Jubel im Kreuzfahrerheer während der ersten Wochen nach Öffnung der Tore war und so hochmütig die Ritter nun durch die Stadt stolzierten – auch Plünderungen kamen vor –, so fern blieb doch noch der Abschluß der Operation Byzanz. Es zeigte sich nämlich bald, daß Alexios IV. bei den vertraglich verheißenen Gegenleistungen an die Kreuzfahrer den Mund entschieden zu voll genommen hatte. Er schrieb zwar – das kostete kein Bargeld – dem Papst den Unterwerfungsbrief, der nun zur Union der beiden Kirchen unter römischer Oberhoheit führen sollte, brachte aber nur die Hälfte der ausgemachten Summe auf und bat wiederholt um Verlängerung der Zahlungsfrist. Je fester er dann auf seinem Thron zu sitzen meinte, zu dem ihm die Lateiner verholfen hatten, desto unwilliger reagierte der junge Kaiser auf die Anmahnungen des Dogen und der Barone, und als es danach zu heftigen Ausschreitungen der einheimischen Bevölkerung gegen die Lateinerkolonien in Konstantinopel kam, begleitet von einem verheerenden Großbrand, geriet Alexios IV. unter den Druck der national-griechischen Partei und ließ den jenseits des Goldenen Horns kampierenden Kreuzfahrern schnöde ausrichten, sie sollten sich endlich ihres Weges scheren: Er könne und wolle nicht mehr zahlen. Enrico Dandolo hat bei einem letzten und ergebnislosen Zusammentreffen dem jungen Mann, den man »aus dem Dreck gezogen hatte«, mächtig die Leviten gelesen und ihm schließlich unerbittliche Feindschaft angekündigt.

Erneuter Krieg, erneute Belagerung waren nun unausweichlich; denn man war nicht nach Konstantinopel gezogen, um sich hier von der mitgebrachten Marionette düpieren zu lassen und mit einer bloßen Anzahlung, ohne Beute, ohne Durchsetzung der wirtschaftlichen Interessen ruhmlos davonzusegeln. Die eigentlichen Kreuzzugsplanungen wurden zum wiederholten Male aufgeschoben – am Ende bis zum Sankt-Nimmerleins-Tag. Natürlich gärte es im mühsam und schlecht verpflegten Heer, aber noch heftiger gärte es in der belagerten Stadt: Alexios IV. verspielte durch seinen Wankelmut, noch mehr durch drastische Steuereintreibungen innerhalb weniger Monate seinen Kredit beim Volk, und im Januar 1204 wurde tumultuarisch ein Gegenkaiser, der Offizier Nikolaus Kanabos, erhoben, der sich jedoch nicht durchzusetzen vermochte.

Dies aber gelang Anfang Februar einem energischen, rauhen Haudegen, dem Schwiegersohn des geflohenen Alexios III.: Alexios Dukas, den man wegen seiner buschigen, abnorm über der Nasenwurzel zusammengewachsenen Augenbrauen *Murtzuphlos* nannte, ließ Alexios IV. verhaften, bald darauf auch erwürgen und bestieg, während der blinde, kranke Isaak vor lauter Schrecken starb, am 5. Februar 1204 als Alexios V. den schwankenden byzantinischen Thron.

Er war der fünfte Kaiser seit einem guten halben Jahr – und der militärisch fähigste, der nun die Verteidigungsanstrengungen intensivierte und auch wiederholt offensiv gegen die Belagerer vorging. Die Führer des Kreuzfahrerheers sahen sich vor eine neue Situation gestellt: Nach dem Tod des rechtmäßigen, freilich bösartig wortbrüchigen Kaisers gab es für das Eingreifen der Lateiner kein dynastisch-legitimistisches Feigenblatt mehr.

Nun mußte man das Vorgehen gegen Byzanz neu motivieren und neue Pläne schmieden. Man stellte also offiziell die päpstliche Sache heraus und proklamierte es zur Pflicht des Kreuzheers, Byzanz unter den Gehorsam des Papstes zu bringen. Und da sich der neue Usurpator, Alexios V., zu dieser Forderung im Sinne Götz von Berlichingens erklärte, beschloß der Führungsrat des Heeres, nach dem erstrebten Fall Konstantinopels kein weiteres Federlesen mit einheimischen Kaisern und Prätendenten mehr zu machen, sondern dem byzantinischen Reich neben der kirchlichen Oberhoheit des Papstes auch eine weltliche Lateinerherrschaft zu verordnen.

Es waren ganz maßgeblich die Vorstellungen des Dogen, die in den Vertrag eingingen, den Enrico Dandolo im März 1204 mit den führenden Baronen und Grafen des Heeres über die Aufteilung der Beute, der Schätze Konstantinopels wie der byzantinischen Regionen, und über die Einsetzung eines westlichen Kaisertums abschloß. Die berühmten »anderthalb Viertel«, die später sogar in den Titel des Dogen aufgenommen wurden, sind hier erstmals als Venedigs Beuteanteil festgelegt worden. »Die Absichten der venezianischen Politik bei Abschluß dieser Vereinbarung sind klar«, schreibt Kretschmayr. »Man wird sich vor allem in klingendem Gelde schadlos halten, seine Privilegien wahren, die in Aussicht genommenen drei Achtel des Landes in Beziehung auf die schon bestehenden venezianischen ... Stützpunkte auswählen, überdies Patriarchat und Hagia Sophia und deren ungeheures Vermögen an sich bringen. Das lateinische Kaisertum, in wohlerwogener Absicht durchaus als ein schwaches Lehenreich errichtet, würde noch weniger imstande sein, der venezianischen Handelsvorherrschaft nahezutreten, als vorher die griechischen Imperatoren.«

Der Bär, dessen Fell man verteilt hatte, blieb allerdings noch zu erlegen. Er war stark genug, einen massiven Sturmangriff der Kreuzfahrer am 8. April 1204 zurückzuschlagen, und es bedurfte des im Heer reichlich vertretenen Prediger-Potentials, um die Kampfmoral der Streiter Christi (die auch von den vielen leichten

Mädchen im Lager aufgeweicht worden war) wiederherzustellen. Die Huren wurden vertrieben, die Soldaten zur Beichte kommandiert; ein neuer, noch konzentrierterer Sturmangriff vom Goldenen Horn her wurde vorbereitet.

Es kam der 12. April 1204. »Lange Zeit dauerte der Angriff«, berichtet Villehardouin, »bis der Herr einen Wind sich erheben ließ, den man die Bora nennt; und dieser stieß die Hochseeschiffe und die Kriegsschiffe mehr als vorher gegen das Ufer, dabei auch zwei Hochseeschiffe, die miteinander verbunden waren und von denen eines ›Die Pilgerin‹ und das andere ›Das Paradies‹ hieß. Sie näherten sich dem Turm, eines von der einen und das andere von einer anderen Seite, so wie Gott und der Wind sie führten, bis die Leiter der ›Pilgerin‹ den Turm erreichte. Sogleich sprangen ein Venezianer und ein französischer Ritter mit dem Namen André Durboise auf den Turm und andere Leute nach ihnen. Und die Besatzung des Turms wandte sich zu wilder Flucht und lief davon. Als die Ritter in den Transportschiffen das sahen, gingen sie an Land, stellten Leitern an die glatte Wand der Mauer und stiegen gewaltsam hinauf; und sie eroberten ungefähr vier von den Türmen. Und sie sprangen um die Wette von den Hochseeschiffen, den Transportschiffen und den Galeeren – jeder wollte der erste sein. Sie zertrümmerten etwa drei der Tore und drangen ins Innere ein; sie zogen Pferde aus den Transportschiffen, die Ritter saßen auf und ritten geradewegs auf das Lager des Kaisers Murtzuphlos zu ...«

Vergeblich versuchte Alexios Murtzuphlos den Widerstand noch in der Stadt neu zu organisieren. Seine Regierungszeit hatte sechsundsechzig Tage gedauert, jetzt mußte auch er fliehen. Konstantinopel war gefallen. Am 13. April fluteten die Kreuzfahrer in die erneut brennende Stadt, und es begann nun das tatsächlich schlimmste Kapitel in der bislang mehr als hundertjährigen und schon so furchtbar belasteten Geschichte der Kreuzzüge. Das christliche Konstantinopel, die Erbin Roms als Hauptstadt der mediterranen Welt, wurde hemmungslos, orgiastisch geplündert. Französische, niederländische, italienische und deutsche Barone, Ritter, Soldaten und Kleriker – die Beichtenden und Beichtiger von vorgestern –, dazu die vertriebenen rachsüchtigen Kolonisten und natürlich auch die Venezianer, fielen habgierig und zerstörungs-

Pervertierung der Kreuzzugsidee: Kreuzritter und Venezianer stürmen 1204 die Bastionen Konstantinopels. Gemälde von Jacopo Palma i. G. (Dogenpalast).

wütig über die Kirchen, Paläste und Häuser der Stadt und ihre Bewohner her. Angestauter Griechenhaß und monatelange Belagererfrustrationen entluden sich in Metzeleien und Verwüstungen, Raub und Vergewaltigungen. Rund zweitausend Menschen wurden getötet, unersetzbare Bibliotheken verbrannt, Nonnen geschändet, Kirchen auf der Suche nach Juwelen, Gold, Silber und vor allem Reliquien verheert. In der weltberühmten Kathedrale Hagia Sophia zerhackten Soldaten die kostbare Altarplatte, und auf den Thron des Patriarchen kletterte eine Prostituierte und sang obszöne Lieder, in die die Soldateska grölend einstimmte.

Der byzantinische Chronist Niketas klagte erbittert: »O Stadt, o Stadt, du aller Städte Auge, Mutter der Kirchen, Lehrerin alles

Wissens... wie bist du schmutzig und besudelt, die du einst so stolz gewesen, wie ist dein Purpurgewand zerrissen, verloschen deiner Augen Licht und deiner Kinder Schar zerstreut. Nicht also haben die Ungläubigen Jerusalem behandelt wie die Lateiner dich. Jene waren nicht lüstern nach lateinischen Frauen, sie machten die Ruhestätte Christi nicht zur Mörderhöhle... Diese aber sind gekommen wie die Wegbereiter des Antichrists...«

Obwohl die Führer des Heers befohlen hatten, die gesamte Beute an Sammelplätzen zur gerechten Verteilung zusammenzutragen, plünderten die meisten Kreuzfahrer natürlich zuerst einmal in die eigene Tasche. Beckedorf zitiert als einen bezeichnenden Einzelfall den Augenzeugenbericht von der Reliquiengier eines Klerikers, des Abtes Martin von Pairis, der »in der Pankratorkirche einen alten orthodoxen Priester mit dem Tode bedrohte, wenn er ihm nicht den Reliquienschatz zeige. ›So wie ihn der Abt zu Gesicht bekam, tauchte er beide Hände eilig und begehrlich hinein und, kräftig geschürzt wie er war, füllte er den Bausch seiner Kutte mit dem heiligen Kirchenraub‹. Etwas vom Blute Christi, Holz vom wahren Kreuze, Teile von Johannes dem Täufer, einen Arm, einen Fuß, einen Kopf, einen Zahn diverser Heiliger, insgesamt 52 Reliquien brachte Martin nach der Reise ins heimische Elsaß mit.«

Nicht anders die Venezianer, die sich dabei freilich – von ihren Offizieren wohl wirksamer diszipliniert – mindestens in Teilen als Schätze- und Reliquienräuber zur höheren Ehre der Republik und des heiligen Markus verstanden. Bedeutende Reliquienpartikel der Heiligen Georg, Paulus, Philipp, Stephan, einen veritablen Zahn Johannes' des Täufers, einen Nagel vom heiligen Kreuz sowie einen Teller vom Abendmahl Christi würden sie dem Staatspatron zu Füßen legen – und vieles andere mehr.

Prunkstück der gezielten venezianischen Akquisitionen aber war die herrliche Bronze-Quadriga, waren die vier antiken Pferde, deren Ursprung bis heute rätselhaft ist, die aber seit ihrer Aufstellung über dem Hauptportal der Markuskirche – wohl Mitte des 13. Jahrhunderts – als »Pferde von San Marco« zu einem der Wahrzeichen Venedigs werden sollten. Lange bevor man ihren einzigartigen künstlerischen Wert realisierte, begriff man sie in Venedig als Siegestrophäen, die vor der Fassade des Staatstempels den Triumph der Markusrepublik über Byzanz symbolisierten.

Trotz der schwer kontrollierbaren individuellen Plünderungen kam an den zentralen Beutesammelplätzen noch ein wahrhaft gewaltiger Schatz zusammen: Gegenwerte von 400000 Mark Silber, etwa dreimal soviel wie Alexios IV. noch schuldig geblieben war, sollen außer den Sonderbeschaffungen an die Venezianer, nicht viel weniger an die übrigen Kreuzfahrer gefallen sein. Wichtiger als die Aufteilung der klingenden und glitzernden Beute aber war natürlich die Vergabe von Territorien und Pfründen. Als es mit der unverhofften Hilfe einer Mondfinsternis, die als Zeichen himmlischen Zorns begriffen wurde, endlich gelungen war, dem Vandalismus ein Ende zu bereiten, konnten die Verhandlungen über die Konstituierung eines lateinischen Kaisertums in Byzanz auf der Basis des Vorvertrags beginnen.

Regie führte Enrico Dandolo. Der Doge der Republik Venedig konnte die Krone, die ihm als ranghöchstem Fürst und eigentlichem Führer des Kreuzzugs angeboten wurde, nicht gut akzeptieren; Venedigs Nobilität hätte sich naturgemäß gegen einen Monarchen aus den eigenen Reihen gesperrt. Konzipiert war ja ein schwaches, von Venedig abhängiges Kaiserreich, und einen unbedeutenden Kandidaten favorisierte Dandolo konsequenterweise gegenüber der Anwartschaft des fähigen Heerführers Bonifaz von Montferrat.

Am 16. Mai 1204 wurde Graf Balduin von Flandern, der Mann Dandolos, in der Hagia Sophia zum ersten lateinischen Kaiser von Byzanz gekrönt, nachdem man den Markgrafen Bonifaz mit beträchtlichen Teilfürstentümern aus der Konkursmasse abgefunden hatte. Nach dem Willen Venedigs, der früheren entlegenen Zwergprovinz des mächtigen oströmischen Reiches, wurde in der Residenz Kaiser Konstantins des Großen eine Fremdherrschaft von Venedigs Gnaden etabliert. Weniger als vier Jahrhunderte waren vergangen, seit Markus nach Venedig gekommen und am Rialto eine erste praktische Autonomie errungen worden war: Nun beherrschte die Markusrepublik den einstigen Herrn, den großen Bruder, den Partner, den Feind.

»Wie dem Sozius einer großen Handelsgesellschaft fielen dem Dogen drei Achtel des Gewinnes zu, die dem venezianischen

Handelsinteresse gemäß ausgewählt wurden«, schreibt Lenel. Während dem Kaiser Balduin lediglich zwei Achtel der byzantinischen Territorien samt einer fadenscheinigen Oberlehnsherrschaft über das übrige Reich zugewiesen wurden und der Kreuzritteranteil mit den Ländereien des Markgrafen Bonifaz drei Achtel betrug, konstruierte sich Venedig mit seinen drei Achteln tatsächlich eine Besitzlinie von Konstantinopel bis in die Adria, eine optimal geschlossene Brücke aus Stützpunkten und Häfen: Enrico Dandolo erwarb für Venedig drei Achtel der Hauptstadt Konstantinopel, das nördliche Küstengebiet des Marmarameers bis zur Halbinsel Gallipoli an den Dardanellen, thrakische Regionen bis hinauf nach Adrianopel (heute Edirne), zahlreiche ägäische Inseln der Kykladen und Sporaden, Großteile Euböas und des Peloponnes, die Ionischen Inseln mit Korfu und den Epirus – die Westküste Griechenlands – mit dem zentralen Hafen Durazzo.

Und als ein weiterer Kuhhandel um den Austausch von Territorialbesitz zwischen Bonifaz von Montferrat und Kaiser Balduin zu einem regelrechten Konflikt eskalierte, unterstützte der Doge als »Schiedsrichter« diesmal den Markgrafen, dessen Gegenleistung die Abtretung seiner Rechte auf die Insel Kreta an Venedig war. Tausend Mark Silber betrug der symbolische Kaufpreis: Ist je ein so großes, schönes, strategisch bedeutendes Land billiger erworben worden? Den auf Pergament verbrieften Landgewinn dann auch zu realisieren, blieb freilich noch ein besonders hartes Stück Arbeit für die Markusrepublik.

Daß sich Venedig überdies den Besitz der Sophienkathedrale und das Recht gesichert hatte, den Patriarchenstuhl von Konstantinopel als ständige Pfründe zu besetzen, ist schon erwähnt worden. Papst Innozenz III. mußte das allerdings noch genehmigen, und so schrieb ihm Dandolo einen selbstbewußten Brief, der in Rom nun einer gnädigen Antwort gewürdigt wurde: Den großen, eigenwilligen Mann, der jetzt die jahrhundertelang erstrebte Kirchenunion möglich machte, konnte man schlecht noch länger im Kirchenbann lassen. Indessen war Innozenz klug und informiert genug, um eine sofortige, mehr als nur formale Durchsetzung der römischen Kirchenhoheit im griechischen Reich für unrealistisch zu halten: So wie das lateinische Kaisertum von vornherein ohne Chance blieb, von der Bevölkerung wenigstens der Hauptstadtregion als legitime Herrschaft akzeptiert zu werden, so unheilbar belastet war das Verhältnis der griechischen Geistlichkeit zu den Kreuzfahrern und ihren Klerikern, in denen die Einheimischen nach den Kirchenplünderungen – so Innozenz selbst – »nichts als Beispiele der Verderbnis und Werke der Finsternis« sahen und vor denen sie »mit Recht mehr zurückschrecken als vor Hunden«.

Ein Fremdherrscher wie Kaiser Balduin war daher auch der erste venezianische Patriarch von Konstantinopel, Tommaso Morosini, der von Dandolo an den Bosporus beordert und vom Papst nach längerem Zögern anerkannt wurde. Es ist dabei wieder eine sehr venezianische Improvisation, daß der junge Nobile Morosini überhaupt kein Kleriker war und nun erst noch eilig zum Priester geweiht werden mußte – und daß er vom Dogen den Auftrag erhielt, auf der Anreise eben noch die Städte Ragusa und Durazzo für die Republik in Besitz zu nehmen. »Prima Veneziani e poi cristiani«: Jeder Venezianer, ob Kapitän oder Kirchenfürst, hatte der Republik und danach erst der Kirche zu dienen.

Wer außer dem Papst dachte jetzt, im Frühjahr 1205, noch an den Kreuzzug ins Heilige Land? Balduin und Bonifaz und all die Barone, die sich einen Happen Land in Griechenland oder Kleinasien gesichert hatten, all die Priester mit ihren neuen byzantinischen Pfründen waren vollauf damit beschäftigt, sich auf den Trümmern des alten Reichs einzurichten oder sich das, was sie urkundlich besaßen, auch tatsächlich anzueignen. Nur wenige sind dabei glücklich geworden: So unnachsichtig die Sieger mit dem letzten Verteidiger Konstantinopels, dem Kaiser Alexios Murtzuphlos, verfuhren – er wurde gefangengenommen und von einer hohen Säule zu Tode gestürzt –, so gnadenlos war das Ende, das der tapfere, politisch jedoch unfähige Kaiser Balduin bereits im April 1205 fand: Im Kampf gegen die von Norden her unter ihrem Zaren Kalojan hereinbrechenden keulenschwingenden Bulgaren wurde er überwältigt und in der Gefangenschaft ermordet. Zwei Jahre darauf fiel auch sein Rivale Bonifaz von Montferrat den Bulgaren zum Opfer. Die Nemesis der Machtgier.

Das lateinische Kaiserreich von Dandolos Gnaden, dem nun Balduins Bruder Heinrich von Flandern als Kaiser vorgesetzt wurde, sah sich von allem Anfang an heftigen Stürmen und einem wachsenden nationalgriechischen Widerstand im Osten wie im Westen ausgesetzt. In Kleinasien konstituierte sich ein byzantinisches Gegenkaisertum. Schwach hatte sich der Doge das Kreuzfahrerkaisertum vorgestellt, schwach im Interesse Venedigs; als allzu schwach erwies es sich bald.

Der Doge Enrico Dandolo, »Quartae et dimidiae partis totius Romaniae imperii dominator«, der Herrscher über anderthalb Viertel des ganzen Römischen Reichs, war nun um einiges über neunzig Jahre alt. Die kaum glaublichen Energieleistungen und die Strapazen der letzten drei Jahre hatten den faszinierenden Greis, wie er selber an den Papst schrieb, »altersmüde und erschöpft von Arbeit« gemacht. Zusammen mit Kaiser Balduin ist er persönlich noch in den Bulgarenkrieg gezogen, doch als er, selbst wohl verwundet, nach der Schlacht von Adrianopel die geschlagenen Truppen und das diesmal glücklose Markusbanner nach Konstantinopel zurückführte, ging seine Widerstandskraft zu Ende. Am 1. Juni 1205 ist er gestorben. Seine Leiche ist in der Hagia Sophia beigesetzt – und das, was 1453 noch von ihr übrig war, angeblich vom Türkensultan Mohammed II. »in alle Winde zerstreut« worden.

Enrico Dandolo selbst, so haben viele Historiker von Jacob Burckhardt bis Steven Runciman geurteilt, sei der maßgebliche Schrittmacher dieses Mohammed, der türkischen Eroberung Konstantinopels und mithin des Triumphs »asiatischer Barbarei« über den christlichen Kulturvorposten am Bosporus gewesen. Der Doge habe als »Wegbereiter des Antichrists« – so ja schon Niketas – Byzanz den entscheidenden Schlag versetzt, von dem es sich nie wieder erholte. Es ist nicht leicht, über diese »abendländische« Schuld Enrico Dandolos zu rechten. Ohne Zweifel hat er als Exponent der imperialistischen Handelspolitik Venedigs und als spontaner Vollstrecker des europäischen Griechenhasses einen Großteil der Verantwortung für die grauenvolle Verwüstung Konstantinopels durch den Vierten Kreuzzug getragen. Auf den Trümmern des damals schon moribunden oströmischen Reiches hat er das nahezu totgeborene lateinische Kaisertum, aber auch das vitale und zukunftsträchtige Levantereich, die weltgeschichtliche Größe der Markusrepublik begründet. Und es folgte ja später doch noch eine Restauration des griechisch-byzantinischen Kaisertums in Konstantinopel zu einer Position, deren Schwächen und Schwankungen durchaus vielfältigere Ursachen als nur die Katastrophe des Jahres 1204 gehabt haben: Zweieinhalb weitere Jahrhunderte byzantinischer Geschichte bis zur türkischen Eroberung 1453 sind sicher mehr, als Enrico Dandolo postum verantworten muß – so finden wir.

Und entzieht sich das alles nicht ohnehin unseren abendländischen Maßstäben? Eben den Kriterien, mit denen europäische Geschichtsschreiber so untauglich den Erfolg oder Mißerfolg der christlichen Kreuzzüge gegen den Islam gemessen haben? Die Kreuzzugsbewegung hat sich in Konstantinopel endgültig ad absurdum geführt, und der Doge hat im Grunde nur nachgeholfen, das Absurde sichtbar zu machen – so wie er den Zerfallsprozeß des oströmischen Reiches nicht herbeigeführt, sondern drastisch bloßgelegt hat.

Von Verbrechen gegen die Menschlichkeit kann man Enrico Dandolo so wenig freisprechen wie nahezu alle Eroberer der Geschichte. Markus, sein ungefragter Patron, könnte wahrhaftig nicht auch sein Anwalt sein. Das Kostüm eines überdimensionalen Hauptsünders am christlichen Abendland aber ist doch wohl zu groß geschneidert für diesen Dogen von Venedig. Am Rialto ist er immer unbeirrt als die bedeutendste Gestalt der venezianischen Geschichte begriffen worden.

12
Venedig und der Traum des heiligen Markus

Die Vollendung der Markuslegende
Der Patronatskult in den Mosaiken von San Marco
»Herzstück venezianischen Daseins« · Markuskult und Mittelmeerherrschaft

Mit dem Schlachtruf »Viva San Marco!« hatten Venezianer an der Seite der Kreuzritter Konstantinopel gestürmt und das Markusbanner auf den Zinnen der Kaiserstadt gehißt. Es war – seit Pietro Orseolo II. zweihundert Jahre zuvor das Banner des Evangelisten offensiv in die Adria geführt hatte – der Höhepunkt der politisch-militärischen Geschichte Venedigs: Unter dem Patronat des heiligen Markus, im Zeichen seiner Schirmherrschaft schien nun alles erreichbar, schien der Staat, der die Reliquie des Apostels besaß und so eifrig verehrte, zu höchstem Ruhm bestimmt. Die Markusgläubigkeit beflügelte Venedigs maritime Unternehmungen, und die Erfolge, die dabei, namentlich unter Enrico Dandolo, errungen wurden, wirkten stark zurück auf die weitere Ausformung der San-Marco-Staatsideologie und das immer unbescheidenere Selbstverständnis der Venezianer. In die Mitte der Bronze-Quadriga über dem San-Marco-Portal traten in feierlicher Zeremonie Enrico Dandolos Nachfolger und proklamierten sich vor dem Volk zum »Dominator« über anderthalb Viertel des ganzen Römischen Reichs.

Wir haben erzählt, wie sich der Markuskult dem Ausgreifen Venedigs schon im 11. Jahrhundert mit der Ausbildung neuer Markussymbole und -zeremonien, besonders auch großer Teile der Markuslegende, verbunden hat. Diese Wechselwirkung hat sich in der Ära der ersten Kreuzzüge fortgesetzt, als die Staatskirche des Heiligen ihre Ableger in der Levante erhielt, Markus offensichtlich gnädig als Patron der venezianischen Wirtschaftskolonisatoren waltete und quasi in die Rolle eines eigentlichen, alles integrierenden »Oberhaupts« der sich entwickelnden Republik aufrückte. Im 13. Jahrhundert nun erreichte der Markuskult seine höchste Blüte. Die große Aufgabe, »drei Achtel« des wesentlich von Venedig überwundenen oströmischen Reichs in Besitz zu nehmen, forderte jetzt noch einiges mehr als den bewährten wagemutigen Händlergeist. Sie forderte venezianisches Sendungsbewußtsein: Seit der glanzvollen Selbstdarstellung im Friedensschluß von Venedig 1177 und der Eroberung Konstantinopels durch Enrico Dandolo 1204 entfaltete Venedig folgerichtig das Empfinden, zur »Beherrscherin der Meere« göttlich und welthistorisch vorherbestimmt zu sein.

Ein Empfinden, ein Selbstbewußtsein, das sich ebenso naiv wie wirkungsvoll – für den Historiker beweiskräftig – in einem neuen Zug der Markuslegende widerspiegelt. Zur selben Zeit, da die schon nacherzählte Pfeiler-Story vom wundersamen Auftauchen der vermißten Markus-Reliquie 1094 venezianisches Allgemeingut wurde – etwa in den ersten Jahrzehnten des 13. Jahrhunderts –, kam die nicht weniger wundersame Geschichte von der *Praedestinatio Sancti Marci*, von der himmlischen Vorherbestim-

Im 13. Jahrhundert kulminierte der Markuskult, und San Marco wurde mit neuen Mosaiken zur Legende ausgestattet: Hier die »Translatio«.

mung, auf, die dem Apostel durch einen Engel verkündet worden sein sollte. Von mehreren Autoren überliefert, namentlich durch Martino da Canale (den eifrigsten literarischen Markuslaudator, von dem wir noch hören werden), hat sie im wesentlichen diesen Inhalt:

Als Markus im Auftrag des heiligen Petrus die Kirche, das Patriarchat von Aquileja begründet hatte und sich nach getanem apostolischen Werk auf den Weg zurück nach Rom begab, verschlug ein plötzlich aufkommender Sturm sein Schiffchen in die Lagune von Venedig, und es strandete just auf einer der einsamen, noch unbewohnten Rialto-Inseln. Der Evangelist, glücklich den Winden entkommen, stieg an Land und streckte sich müde am grünen Ufer aus. Und fiel in Schlaf. Im Traum nun erschien ihm ein Engel des Herrn, der zu ihm sprach: »Pax tibi, Marce, evangelista meus, hic requiescat corpus tuum... Friede sei mit dir, Markus, mein Evangelist, und wisse, daß hier dereinst dein Leib ruhen wird. Ein großer Weg liegt noch vor dir, o Evangelist Gottes, und viele Mühen mußt du noch ertragen im Namen Christi. Doch nach deinem Tode wird das gläubige Volk, das diese Lande bewohnt, hier eine wundervolle Stadt erbauen und sich würdig erweisen, deinen Leib zu besitzen. Höchste Verehrung wird es ihm erweisen...« Und so weiter – mit der entscheidenden Prophezeiung, daß dieses gläubige Volk die Schutzherrschaft des Evangelisten damit lohnen werde, daß es den Ruhm des Apostels und seiner Stadt in alle Welt, »so weit das Meer reicht«, tragen und verkünden werde (siehe Abb. S. 12).

»Il sogno di San Marco«, dieser Traum des heiligen Markus, der auf den ersten Blick wie freundliche Fabel-Dutzendware anmutet, stellt nun tatsächlich die Einfügung der neuen venezianischen Vorstellung vom eigenen Auserwähltsein in die staatsideologische Markuslegende dar. Indem der Herr vorherbestimmte, daß am Rialto der Markusstaat entstehen sollte, erkor er die Venezianer zu einem privilegierten Volk, das Gottes und Christi Willen vollzog, wenn es sich im Namen des Evangelisten zu außerordentlicher geschichtlicher Größe aufschwang.

»Die Legende, kaum daß sie entstanden«, schreibt Diego Valeri, »fand sofort Verbreitung und Glauben, erwies sich stärker als die anderen Begebenheiten [der Markuslegende], die bis dahin dargestellt worden waren, und wurde bald auf Mosaiken und in Marmor verherrlicht.« Die venezianischen Chronisten setzten nun den Traum des heiligen Markus an den Anfang der vaterländischen Geschichte. Mit großer Genugtuung schlugen sie den bisher fehlenden Bogen von der legendär verbrämten Gründungsära zu der davorliegenden frühchristlichen Missionszeit, ja sogar noch weiter zurück.

Gemäß der dem Apostel Markus vom Engel kundgetanen *Praedestinatio* – so liest sich die Genesis Venedigs in der offiziellen Chronik Andrea Dandolos – ist der Lagunenstaat durch einen Beschluß der landvenetischen Städte gegründet und schon vor dem Einbruch der Hunnen mit den Schwerpunkten Malamocco, Albiola, Pelestrina, Chioggia und Grado besiedelt worden. (Daß dieser Beschluß exakt am 25. März 421 ergangen sei, hat erst im 15. Jahrhundert ein weiterer Staatschronist, Marcantonio Sabellico, »errechnet«.) Als dann Attilas Horden im Jahr 452 Oberitalien heimsuchten und Aquileja, Padua, Altino und andere Städte zerstörten, flohen deren Bewohner in die Lagunenorte, wobei nun besonders die führenden Paduaner nach Rialto gelangten.

Sie aber – und das ist ein zusätzlicher Akzent venezianischer Selbstüberhöhung – stammten von niemand anderem als dem Trojaner Antenor ab, dem Bruder des Königs Priamos, der wie Aeneas mit wenigen Getreuen dem Untergang Trojas entkommen und nach Italien gesegelt war. (Eine märchenhafte Herkunft übrigens, die die Venezianer mit vielen europäischen Herrscherhäusern gemein hatten; noch im 15. Jahrhundert haben sich zum Beispiel die Hohenzollern besonders abenteuerlich ins antike Rom und nach Troja zurückgenealogisiert.) Das so entstandene Venedig, dessen planmäßiger Gründungsprozeß nach Andrea Dandolo also 452 abgeschlossen war, hat sogleich – so weiterhin die Legende – nicht nur als politisches Bollwerk gegenüber den Barbaren, sondern auch als kirchlicher Zufluchtsort vor den arianisch falschgläubigen Langobarden große Geltung und päpstliche Privilegien genossen. Paul Kehr hat nachgewiesen, daß später in Venedig entsprechende päpstliche Urkunden zur Beglaubigung kurzerhand »angefertigt« worden sind.

Übrigens mochte man in Padua hinter dem reliquienbeglaubigten frühen Ruhm Venedigs nicht zurückstehen: »Im Jahre 1275 haben auch die Paduaner den wohlerhaltenen Leichnam ihres Gründers gefunden – wahrscheinlich war es ein ungarischer Krieger – und ihm 1283 ein schönes Grabmal errichtet, das noch heute mit seiner Inschrift ... von Trojas Fall und Paduas Gründung kündet«, berichtet Fritz Schillmann. Nicht eben gern hat gerade Andrea Dandolo die legendär überlieferte Rolle der Festlandrivalin Padua bei der Gründung Venedigs adaptiert. Aber da man, neben der himmlischen Vorherbestimmung als Markusstaat, über Paduas Antenor auch einen kräftigen Anteil heroischen Trojanerbluts für die Stammväter von Rialto in Anspruch nehmen konnte, ist dieser Fabelstrang fest in der venezianischen Tradition verankert worden.

Im 13. Jahrhundert sind in Venedig bezeichnenderweise auch die ältesten überlieferten Bilddarstellungen von Szenen der Markuslegende entstanden: Die früheste, die – so Otto Demus – bald nach 1204 geschaffen wurde und vielleicht auf noch ältere Vorlagen zurückgeht, ist das Mosaikbild vom Empfang der Markus-Reliquie 828 durch Klerus, Doge und Volk, das sich am Gewölbe der südlichen Chorkapelle von San Marco, der Cappella S. Clemente, erhalten hat. Einige Jahrzehnte jünger sind vermutlich die Mosaiken an der Westwand des südlichen Querschiffs der Markusbasilika, die von der *Inventio S. Marci,* der mirakulösen Wiederfindung der Staatsreliquie im Jahre 1094, handeln. Das erste dieser Bilder zeigt das demütige Gebet um Erleuchtung, das den Patriarchen, den Dogen, die *Sapientes,* den Klerus und das Volk von Venedig in der detailfreudig dargestellten Basilika vereint. Das zweite die Erfüllung des Flehens: Ein Pfeiler hat sich säuberlich geöffnet und den Blick freigegeben auf den vermißten Sarkophag des Evangelisten, dem sich der Patriarch und die Bischöfe, danach erst der Doge ehrfürchtig nähern (siehe Abb. S. 85).

Besonders aufschlußreich als »staatspolitisches Dokument« und – so die Absicht der auftraggebenden Prokuratoren – als »Beweisstück« für den wirklichen Besitz der Reliquie ist das einzige Mosaik, das auf der Fassade von San Marco, in der Wölbung der Portalnische S. Alipio, aus dem 13. Jahrhundert überdauert hat. »In einer durch die Halbkuppelform der Bildfläche nahegelegten, streng frontalsymmetrischen Komposition und Gruppengliederung ist die feierliche Übertragung der Markusreliquien in die

Das aufschlußreiche Mosaikbild von der Übertragung der Reliquie in die Markuskirche, das in der Portalnische S. Alipio die Basilika selbst zeigt.

Staatskirche selbst geboten, deren detailliert wiedergegebene Fassade den Hintergrund des Festakts bildet«, schreibt Demus.

»In der Vorhalle und vor der Kirche haben sich Doge, Prokuratoren und Rat, die Dogaressa mit ihrem Gefolge, Volk und Frauen versammelt, um sich dem Zug anzuschließen, der durch das Mittelportal in die Kirche eintritt; eben wird von zwei Klerikern der Reliquiensarg in die Kirche getragen, die versammelten Teilnehmer werden ihm folgen. Das Mosaik gibt also nicht nur eine präzise örtliche Situation, sondern auch eine bestimmte zeitliche Phase des Ablaufs: das Sich-in-Bewegung-Setzen des feierlichen Einzuges... Erstaunlich bleibt die Meisterschaft, mit der Thema und Komposition bewältigt wurden – um so mehr, wenn in Rechnung gestellt wird, daß dieses Mosaik nur sechzig bis siebzig Jahre nach dem archaisch-primitiven Anfangsglied unserer Reihe, dem Empfangsbild in der Cappella S. Clemente, entstanden ist.«

Durchgehender Zug in diesen Mosaiken ist das Zurücktreten des Dogen, der hinter dem Klerus nur als Primus inter pares unter den Laien erscheint; als erster weltlicher Diener des Apostels. Dokumentiert ist hier also die republikanische Struktur Venedigs im 13. Jahrhundert, das damalige »Gesellschaftsbild« der Markusrepublik, und nicht etwa – denn ein solcher historischer Sinn fehlte damals völlig – die noch monarchenähnliche Stellung des Dogen zum Zeitpunkt des dargestellten Geschehens, also in den Jahren 828 und 1094.

Doch nicht nur in dieser Hinsicht sind die Markusmosaiken des 13. Jahrhunderts aufschlußreich. Das Zurückgreifen auf künstlerische Darstellungsformen der Spätantike, das manche modernen Interpreten mit ihren Datierungsversuchen in die Irre geführt hat, kann – nach Otto Demus und Percy E. Schramm – als Versuch begriffen werden, den in den Mosaiken bildlich gefaßten politischen und kirchenpolitischen Ansprüchen Venedigs ein möglichst hohes Alter und damit gesteigerte Geltung zu verleihen. Denkbar also, daß die Mosaizisten von San Marco hier archaisierend als bildliche »Urkundenfälscher« gearbeitet haben, nicht anders als die Kanzlisten Venedigs beim liebevollen »Nachfertigen« fehlender Urkunden aus früheren Jahrhunderten.

Sogar die Idee einer *Renovatio imperii Romanorum,* das bislang den Kaisern im Westen und Osten vorbehaltene Programm einer Wiederherstellung des Römischen Reichs, kann man den Venezianern schon in dieser Zeit zutrauen. War es von Enrico Dandolos »drei Achteln« nicht nur noch ein Schritt zur Vorstellung, daß Venedig nun das eigentliche Erbe Roms antreten könne? Der Traum, die Vision des heiligen Markus – auch sie in der Markuskirche und anderswo später unzählige Male künstlerisch nachempfunden – konnte selbst ein so hochgreifendes Programm rechtfertigen. Zur Zeit der Renaissance hat es sich dann in vielen Köpfen festgesetzt.

Es versteht sich, daß die Staatskirche San Marco immer das Zentrum der Markusverehrung mit all ihren künstlerischen Spiegelungen und liturgischen Formen gewesen ist. »Geheimnisvolle Bande«, schrieb Jacob Burckhardt im *Cicerone,* »walteten zwischen dem ganzen venetianischen Dasein und diesem Bau.« Die durch die Jahrhunderte stetig weiter ausgebaute, ausgeschmückte und durch neue Kunst- und Reliquienschätze aus aller Welt angereicherte Basilika barg unter anderem den »Thron des heiligen Markus«, ein Marmorreliquiar alexandrinischer Herkunft, zahlreiche bildliche und plastische Markusdarstellungen sowie als berühmtestes Einzelstück die schon erwähnte *Pala d'Oro.* Dieser goldene und mit Hunderten von Detailkostbarkeiten verzierte Altaraufsatz ist in seiner endgültigen Gestalt das Ergebnis byzantinischer und venezianischer Arbeiten aus dem 10. bis 14. Jahrhundert – und wäre ein befremdliches San-Marco-Prunkstück, wenn sich auf seinen Emailplatten die Markuslegende nicht ausführlich veranschaulicht fände. Eine für das venezianische Hochgefühl im frühen 13. Jahrhundert typische Änderung an der *Pala d'Oro* ist im Jahre 1209 vorgenommen worden: Das Bildnis eines byzantinischen Kaisers ist durch eine Darstellung des Dogen Ordelafo Falier, des Auftraggebers der Tafel, ersetzt worden. Eine Herrschergestalt aus dem von Venedig unterworfenen Byzanz war nun auf dem Heiligtum nicht mehr akzeptabel.

Vergleichbar abgewandelt wurde in Venedig das kaiserlich-byzantinische Münzbild. Auf dem zur Zeit Enrico Dandolos erstmalig geprägten *Silber-Grosso* erschien jetzt anstelle des byzantinischen Kaisers und dessen Namensheiligen der heilige Markus bei der Einsetzung des Dogen: Der Staatspatron überreicht dem Dogen das Markus-Banner. Und wenn das konstitutionell eingeschränkte Oberhaupt des *Commune* »auf Münzen das Banner aus der Hand des heiligen Markus ohne Assistenzfiguren empfängt, so sichtlich nur deshalb, weil für solche kein Platz im Münzgrund mehr war« (Schramm). Dem republikanischen Staatsoberhaupt

Dukaten aus der Zeit des Dogen Girolamo Priuli (1559–67): Der Doge empfängt von Markus das Markus-Banner. Auf der Rückseite der Markuslöwe.

wird mit dem Banner der Auftrag zuteil, die Markus-Vision einzulösen.

Die Blüte des in Venedig ebenso volkstümlichen wie politisch-programmatischen Markuskults hat sich im 13. Jahrhundert natürlich auch literarisch manifestiert. Zweifellos sind viele San-Marco-Erbauungsschriften (wie wohl auch Hymnen auf Enrico Dandolo und Venedigs Triumph über Byzanz) im Lauf der Jahrhunderte verlorengegangen. Überliefert aber sind zwei charakteristische Chroniken aus dieser Zeit, das *Chronicon Marci* sowie die *Cronique des Veneciens* des Schriftstellers Martino da Canale.

Dieser bemerkenswerte Historiopoet, geboren zu Beginn des 13. Jahrhunderts, schrieb in französischer Sprache, »weil diese Sprache durch die Welt läuft und am liebsten zu lesen und zu hören ist« – und weil er womöglich international volkstümlich für Venedig werben wollte. Seine fabelreiche Geschichte Venedigs ist historiographisch, als Quelle für die politischen Geschehnisse seiner Zeit, eher zweitrangig, aber als kulturhistorisches Dokument für das opulente Wuchern des Markus-Mythos besonders aufschlußreich. Martino da Canales Darstellung reicht bis zum Jahr 1275, ist also etwa im letzten Viertel des Jahrhunderts publiziert und in vermutlich recht zahlreichen Kopien unters Volk gekommen – wobei »auch das Bedürfnis der neuen bürgerlichen Leserkreise nach einer farbenreichen Schilderung mitgespielt haben mag, wie in der ganzen gleichzeitigen Chronistik Italiens« (Peyer).

Martino da Canale hat sein Opus der Ehre Christi und der Mutter Gottes, dem Ruhm des heiligen Markus, des Dogen und der Stadt Venedig gewidmet und eingangs seine Absicht erklärt: Alle seine Leser sollen erfahren, daß der heilige Markus, »auf den die Venezianer nach Christus hoffen«, den Staat regiert und stets regieren wird. Sein unterhaltsam angelegter und kritiklos auf ältere Chroniken wie das *Chronicon Venetum* und die *Historia ducum Veneticorum* gestützter Bericht wird beim Schildern der glorreichen Taten der Venezianer nicht müde, das Markusbanner und den San-Marco-Schlachtruf als entscheidende Fanale aller Siege zu feiern. Und schließlich läßt Martino da Canale sein Werk in ein nicht besonders kunstvolles, aber fast rührend enthusiastisches Huldigungspoem für den heiligen Markus münden:

»O edler Sankt Markus – Evangelist!
Als Ihr einst aufbracht zu Aquileja
Und dort, teurer Herr, die Barke bestieget,
Da gelangtet Ihr bald nach Venedig.
Auf dem Wege zurück zu Sankt Petrus
Ward Euch vom Engel im Traum verkündet:
Hier wird ruhn Dein Leib und Dein Haus gegründet.
...
Venedig trägt Euch auf seinem Banner,
So weit das Meer reicht, sehn es die Völker.
Von Rom nach Ägypten zu künden das Heil
Sandte Euch Petrus, wir wissen es wohl,
Den Heiden die Sünden zu vergeben.
Die heilige Taufe verschmähten sie,
Und bei der Messe empfingt Ihr die Todeswunden;
Die Heiden gaben Euch preis ihren Hunden.
...
Aus Ägypten aber führten Euch fort
In tiefer Verehrung die Venezianer,
In Venedig ward Euch eine Kirche geweiht,
Wie's keine schönere gab weit und breit.
Von Alexandria aufs Meer geraten,
Wirktet im Schiff Ihr viel Wundertaten.
...
Auf dem Weg erschient Ihr den Griechen und Slawen,
O lieber Herr, und in Prozessionen
Zogen betend die Menschen zum Hafen.
Dann empfing Euch Euer Haus in Venedig,
Wir wissen's, das Geschick war gnädig.
O schützet die Stadt, legt Fürbitte ein
Bei Christus, dem woll'n wir gehorsam sein,
Und seiner Mutter, daß Gott uns vergebe
Und ohne Zwietracht Venedig erhalte,
Daß Friede, Gemeinsinn immerdar walte
Hier in Venedig, wie's Gott befehle,
Nach Art der Vorfahrn, von der ich erzähle ...«

(Frei übertragen vom Verfasser mit Übersetzungshilfe
aus dem Altfranzösischen von Elisabeth Görg)

Martino da Canale hat in diesen Versen nahezu alle Züge der Markuslegende angesprochen. Voran den Traum des Evangelisten, dann sein apostolisches Wirken und seinen Märtyrertod in Alexandria, besonders schließlich – noch ausführlicher als hier zitiert – die *Translatio* mit den Reisewundertaten des Heiligen: Daß Markus auf der stürmischen Überfahrt die entscheidenden navigatorischen Leistungen vollbrachte, das ist natürlich ein Legendenstück nach dem Geschmack der seefahrenden Venezianer gewesen. Betont finden wir in den Versen Martino da Canales gleichermaßen das San-Marco-Sendungsbewußtsein Venedigs wie die Schutzherrschaft des Evangelisten mit ihrer einigenden Wirkung.

Zu den populärsten Markuslegenden zählte in Venedig daneben die Geschichte vom »Ring des Fischers«, deren Kern die Errettung der Stadt vor wilder Sturmflut durch Markus bildet: Ein alter Fischer ist zum Zeugen der Tat geworden und beglaubigt sein Erlebnis vor dem Dogen durch die Übergabe eines von Markus empfangenen kostbaren Ringes.

Den integrierenden, Gemeinsinn schaffenden Nimbus des Staatspatrons haben die Venezianer nun auch verstärkt in ihrem Kolonialbereich erprobt. Alles in allem mit einigem Erfolg, denn der staatliche Markuskult ließ sich christlichen Untertanen im Mittelmeerraum ungleich zwangloser empfehlen als Huldigungspflichten für irgendeine Fürstendynastie. Slawen, Italiener, Griechen und andere Untertanen wurden vertraglich verpflichtet, die *Laudes* von San Marco an hohen Feiertagen, insbesondere den Markus-Festtagen, in ihren Kirchen zu singen und festgelegte Markusgebete zu sprechen.

So erfüllten die Venezianer die Verheißung des Engels, daß der Ruhm des Evangelisten dereinst zu allen Völkern getragen werde. Und so nutzten sie das Charisma des Patrons, um ihre ökonomische und politische Herrschaft zu etablieren und zu festigen. Wer »Sancte Marce tu nos adiuva!« sang, der akzeptierte fast auch schon den Primat der Markusrepublik. Levantiner, die man für den Markuskult erwärmt hatte, waren nur noch halbunsichere Kantonisten. »Sankt Markus war Herr und Mittelpunkt der Stadt, des Staates, der Flotten, die auf allen Meeren fuhren, der fernsten Kolonien und Faktoreien«, sagt Jacob Burckhardt.

»Ein Fischer überreicht dem Dogen den Ring des heiligen Markus« von P. Bordone (1535). Die in einen imaginären Dogenpalast gestellte Bilderzählung gehört zu den schönsten Darstellungen der Markuslegende in Venedigs Accademia.

Die »Vision des heiligen Markus«, die als venezianisches Credo in aller Welt verbreitet wurde, hat noch sechshundert Jahre später den deutschen Dichter August von Platen zu einem Gedicht animiert, das wie ein Echo auf die Verse Martino da Canales anmutet; ein Beispiel übrigens nur aus der bibliothekenfüllenden Venedig-Poesie, zu der sich eine Dichter-Internationale seit dem 18. Jahrhundert inspiriert sah:

»Einst, wie die Sage berichtet, beschiffte der heilige Markus
Diese Lagunen und ward hier von der Nacht übereilt:
Sieh, und es band sein Schiffchen an einen verlassenen Pfahl er
Fest und entschlief. Da erschien ihm der Gesandte des Herrn:
›Heil dir, o Markus‹, begann zu dem Schläfer die Stimme
des Engels,
›Hier, wo du ruhst, wird einst prächtig ein Tempel erstehn,
Deiner gesammelten Asche zum Schutz, und die schönste
der Städte
Wird sich ihm anreihn, stolz und von Marmor erbaut:
Ihr sei Losungswort dein Name dereinst, es geziemt dir,
Jener umfluteten Stadt Gonfaloniere zu sein!‹«

13

Drei Achtel als Beute des Löwen

Verschluckt sich die »adriatische Kröte«? · Venedigs Konquistadoren in der Ägäis · Das venezianische Kolonialreich · Die Vermehrungsgeschichte des Markuslöwen

Die stolzen drei Achtel des konstantinischen Kaiserreichs von Byzanz, die Enrico Dandolo dem Markuslöwen als wahrhaft löwenmäßigen Beuteanteil gesichert hatte, ließen sich entschieden leichter im Titel des Dogen unterbringen als militärisch und kolonisatorisch in Besitz nehmen. Griff die Idee, nun die Rolle einer Erbin Neu-Roms zu spielen, nicht allzu hoch? Würde sich die »Land- und Wasserschlange« an diesem mächtigen Brocken nicht verschlucken?

Im neuen griechisch-byzantinischen Teilkaiserreich, das sich in Opposition zum lateinischen Kaisertum nun im kleinasiatischen Raum mit der Residenz Nikaia herausbildete, wünschte man sich das Zerplatzen der »adriatischen Kröte« ebenso wie im »Despotat« von Epirus, wo sich ein starkes byzantinisches Fürstentum hielt, und in Genua oder Pisa. Der Geschichtsschreiber Frate Salimbene von Parma schrieb nieder, was viele italienische Nachbarn der Republik empfanden: Die Venezianer seien eine »geizige und filzige Bande«, die besonders aus der Adria eine »Räuberhöhle« gemacht habe und sich bei ihrer Expansion auch noch als Vollstrecker des göttlichen Willens fühle; als Pater hat Salimbene beim Lesen der Messe sicher die drei anderen Evangelisten bevorzugt. Es waren Artikulationen eines Venedig-Hasses, der nicht zuletzt im mittelalterlichen Abscheu vor dem Kapitalismus wurzelte und – so Mary McCarthy – teilweise dem irrationalen Antisemitismus entsprach.

Indessen hat das kleine, als Staat trotz allen Zustroms immer noch bevölkerungsschwache Venedig die neuen, großen imperialen Aufgaben unbeirrt und unverzüglich angepackt. So wie man nun in Pietro Ziani (1205–1229), dem Sohn des Friedensmittlers von 1177, einen Staatsmann von Format für das Dogenamt fand, den das Vermächtnis Enrico Dandolos nicht schreckte, so vermochte die Republik in den folgenden Jahrzehnten immer wieder und in erstaunlicher Anzahl Kapitäne, Kaufherren und Kleriker aus adligen, aber auch bürgerlichen Familien zu mobilisieren, die als Gouverneure, Statthalter, Herzöge, Bürgermeister, Kirchenverwalter und Regierungsbeamte die venezianische Kolonialherrschaft in der Levante errichteten, militärisch und organisatorisch durchsetzten.

Befähigte Männer, wie sie etwa in Florenz oder in Mailand nur bis in mittlere Funktionen aufstiegen, mußten in Venedig für hohe Verantwortung bereitstehen: Die größere Herausforderung brachte ungewöhnliche Leistungen hervor. Staatsräson und San-Marco-Sendungsbewußtsein trugen eine – im allgemeinen – wirksame Kolonialverwaltung, die sich zwar auf eine schon über hundertjährige Erfahrung stützen konnte, jetzt aber doch völlig neue Dimensionen ausfüllen mußte.

Es wäre bei alledem ganz falsch anzunehmen, daß Venedig seine drei Achtel nun generalstabsmäßig mit einem ausgetüftelten und einheitlichen Kolonialverwaltungssystem überzogen habe. Die kühle »psychologische Einsicht« und die »beinahe schon dämonische Kunst politischer Führung« in der Behandlung der unterworfenen Territorien und Städte, die v. Pölnitz den Venezianern mit nie erlahmender Bewunderung attestiert, hat es nicht sogleich und dann auch nur zum Teil gegeben. Vielmehr ist im *Palazzo Ducale* bei der Bewältigung der kolonialen Aufgaben zunächst nicht weniger improvisiert worden, als Enrico Dandolo bei der Eroberung des oströmischen Teilreichs improvisiert hatte. Die von dem Historiker Daniele Barbaro im 16. Jahrhundert mitgeteilte, in der Venedig-Literatur gern kolportierte und unbewiesene, aber trotzdem nicht völlig unwahrscheinliche Story von den venezianischen Ratsdebatten über den Vorschlag, den Regierungssitz der Republik nach Konstantinopel zu verlegen, wirft ein Licht auf die zeitweilig tastenden Erwägungen am Rialto, wie denn nun das gewaltige oströmische Erbe dauerhaft in den Griff zu kriegen sei. Nur die Mehrheit einer Stimme – so die dramatisch zuspitzenden Berichte aus großer zeitlicher Distanz – habe damals für das Verbleiben Venedigs in Venedig entschieden.

Im Sinne des von Enrico Dandolo beabsichtigten großen Brükkenschlags aus Stützpunkten zwischen Adria und Konstantinopel haben die Venezianer seit 1205 vor allem die handelspolitisch und strategisch wichtigen Inseln, Häfen und Küstenplätze im ägäischen Meer in Besitz genommen. »Die Levanteherrschaft begriff ein im einzelnen sehr wandelbares System von Stützpunkten und offenen Türen in sich; an der Küste, auf den Inseln, leicht zu halten; Warttürme, Auslugeplätze gleichsam in die Welt des Ostmittelmeers«, schreibt Kretschmayr. Binnenlandstriche dagegen, die zu Venedigs drei Achteln gehörten, sind nur teilweise, vorübergehend oder überhaupt nicht besetzt worden – selbst Adrianopel wurde bald wieder aufgegeben –, weil dort Schutztruppen und Verwaltungsapparate mit einem Aufwand erforderlich gewesen wären, den man nach dem Kosten-Nutzen-Prinzip für Luxus erachten mußte.

Auch auf Athen hat Venedig verzichtet, und weder der Peloponnes noch der Epirus wurden besetzt, wie sich die Venezianer überhaupt mit der hellenischen Festlandwelt und den Inseln des Ionischen Meers viel schwerer taten als mit ihren Ansprüchen in der Ägäis. Immerhin hat sich Venedig mit den befestigten Stützpunkten Koron und Modon an der Südwestspitze des Peloponnes dauerhaft eine bedeutende Kontrollstation geschaffen: die »beiden Augen der Republik« im Mittelmeer. Durazzo und Korfu konnten wenigstens zeitweilig, die Insel Kephallinia durch Lehnsherrschaft behauptet werden. Insgesamt hatte Enrico Dandolo hier seinen Erben einiges zuviel aufgebürdet.

Anders sah es zwischen Konstantinopel und Kreta aus. In der Hauptstadt selbst machten sich die Venezianer breiter denn je zuvor. Ein vom Großen Rat auf jeweils zwei Jahre gewählter *Podestà,* später *Bailo,* der zugleich als Botschafter am Kaiserhof fungierte, genoß beträchtliche Machtbefugnisse als Statthalter und den Rang des vornehmsten Diplomaten der Republik. Er und sein kirchlicher Amtskollege, der venezianische Patriarch von Konstantinopel, führten sich wie die eigentlichen Herren am Bosporus auf.

Handelskonkurrenten wie die Genuesen waren in Konstani-

Teil der venezianischen Seefestung Modon, heute Methoni, auf dem Peloponnes: ein wichtiger Vorposten zur Schiffahrtskontrolle.

nopel nicht mehr zugelassen, und wenn nötig sperrten die Venezianer die Dardanellen, die sie nicht nur von der Landzunge Gallipoli aus, sondern nun auch von einem befestigten Brückenkopf auf der kleinasiatischen Küste her absolut beherrschten. Von Konstantinopel aus hatten sie schon früher das Schwarze Meer befahren, wie denn bereits das altrussische Heldenepos *Igors Heerfahrt* aus dem späten 12. Jahrhundert von venezianischen Kaufleuten zu berichten weiß. Jetzt gründete Venedig seine Kolonie Soldaja auf der Krim, einen bald aufblühenden Umschlagplatz für Getreide und Pelze und eine Pforte für Handelsstraßen ins südliche Rußland wie nach Asien. In aller Welt traf man Venezianer.

Über die Ägäis hat die Markusrepublik ein wahres Spinnennetz ausgebreitet, und bei der Kolonisation der Inselwelt hat sie sehr unterschiedliche Methoden angewandt. Insbesondere hier setzte Venedig auf die Eigeninitiative und den Besitzdrang seiner navigatorisch und militärisch erprobten Patrizier, indem es zahlreiche

Inseln regelrecht versteigerte. Abenteuerlustige Venezianer, die in der Lage waren, eine kleine Privatflotte auszurüsten und drei, vier Hundertschaften zu rekrutieren, wurden autorisiert, bestimmte Inseln auf eigene Faust und Rechnung in Besitz zu nehmen. Wichtigste Gegenleistung: die Verpflichtung, keinerlei Besitz an Nicht-Venezianer gelangen zu lassen.

Naxos – zum zweiten und zum dritten: Marco Sanudo, ein Schwiegersohn Enrico Dandolos, hatte diese Chance durchkalkuliert und erhielt den Zuschlag. Zusammen mit Partnern und Verwandten aus den namhaften Familien Crispi, Michiel, Giustiniani, Pisani, Cornaro und Quirini eroberte er 1207 Naxos und mehr als ein Dutzend anderer Kykladeninseln, um sich dort ein Inselherzogtum aufzubauen, das jahrhundertelang Bestand haben sollte. Als Lehensleute des Herzogs regierten venezianische *Nobili* auf Andros, Mykonos und weiteren Inseln. Das strategisch bedeutsame Santorin hatte Jacopo Barozzi in Besitz genommen, Lemnos sicherte sich ein gewisser Filocalo Navagaioso. Und so weiter.

Venedig gönnte seinen privaten Konquistadoren den teilweise immens ertragreichen Feudalbesitz. Deren Initiative entlastete ja die Republik, ihre Flotte und ihr Budget – und selbst wenn einige dieser Inselherrschaften formal der Oberhoheit des lateinischen Kaisers von Konstantinopel unterstanden, gab es selten Zweifel an ihrer San-Marco-Loyalität. Alle diese »privat« beherrschten Inseln blieben im Grunde venezianische Handels- und Flottenstützpunkte. Der Appell an den persönlichen Kolonisatorengeist, der gewiß ein zunächst eher verlegenes Experiment gewesen ist, hat sich hervorragend bewährt.

Zwei Brocken freilich waren zu groß und zu wichtig, als daß man ihre Besetzung und Verwaltung privatherzoglicher Initiative hätte überantworten können: die Inseln Euböa (die in Venedig Negroponte genannt wurde) und Kreta. Euböa war zunächst widerrechtlich von dem landgierigen Bonifaz von Montferrat besetzt worden und konnte ab 1209 mit diplomatischer Geduld Zug um Zug unter venezianische Regie gebracht werden. Hier setzte die Republik wie in Konstantinopel einen *Bailo*, einen Gouverneur, ein, der die militärisch wie handelspolitisch zentral bedeutsame Insel als »rechte Hand« Venedigs besonders sorgsam zu verwalten hatte. Auf Euböa scheint die Republik der einheimischen Bevölkerung »feinfühlig Spielraum« (v. Pölnitz) für herkömmliche Interessen eingeräumt zu haben, wie man im Dogenpalast überhaupt brutale Unterjochung nie für ein Rezept der Kolonialpolitik gehalten hat.

Ungleich problematischer war es, den für tausend Silberlinge erworbenen Anspruch auf Kreta zu realisieren. Die Insel Kreta ist das mit Abstand wichtigste Beutestück gewesen, das Venedig aus der Konkursmasse des byzantinischen Reichs zugefallen war. Über achttausend Quadratkilometer groß, uraltes, freilich städtearmes Kulturland, ehemals griechischer, römischer, arabischer und dann wieder oströmischer Besitz, war dieses Herzstück der Levante am Schnittpunkt der Routen in drei Erdteile einer allzu wechselhaften Geschichte ausgesetzt gewesen, bevor es die Venezianer nun für mehr als viereinhalb Jahrhunderte gewannen. Im Jahre 1205 pflanzten sie in der Haupt- und Hafenstadt Kandia (Iraklion) das Markusbanner auf – und bekamen bald zu spüren, daß sie mit den tausend Silbermark nur eine winzige Anzahlung auf den Besitz Kretas geleistet hatten. Die Eroberung und Behauptung der Insel verschlang in der Folge immense Militärkosten. Genuesische Piraten überfielen wiederholt Kreta, setzten sich auf der Insel fest und verbündeten sich teilweise mit einheimischen Rebellen.

Die Venezianer wurden in schwere Kämpfe verwickelt und versuchten ihre Herrschaft durch ein Militärlehenssystem zu festigen: Seit 1211 wurden große Teile des Landes als Ritterlehen an adlige sowie als kleinere Dienstlehen an bürgerliche Venezianer ausgegeben, denen auch eine gewisse Selbstverwaltung in regionalen Räten zugestanden wurde. Während die Republik selbst im wesentlichen nur Kandia als Staatseigentum verwaltete, setzte sie nun auch hier auf das private Besitzinteresse venezianischer Kolonisten, natürlich ebenso auf deren militärisches Engagement bei der Bekämpfung der Aufständischen. Die von Anfang an rebellischen und nun durch die venezianische Feudalisierung teilweise enteigneten »Archonten«-Geschlechter Kretas haben den Venezianern durch hartnäckigen Widerstand und zahlreiche vehemente Aufstände jahrzehntelang die Hölle heiß gemacht. Die hochrangigen Ämter des *Duca*, des Statthalters, und des

Capitaneus, des Militärchefs auf Kreta, zählten noch bis in das 14. Jahrhundert hinein zu den heikelsten Posten, die die Republik in ihrem Kolonialbereich zu vergeben hatte. 1274 ist beispielsweise der Duca Piero Zeno von Rebellen erschlagen worden.

Auf Kreta hat die Markusrepublik imperialistisches Lehrgeld bezahlt. Geduldigere und konstruktivere Bemühungen um die Loyalität der maßgebenden einheimischen Adelsgeschlechter hätten vermutlich früher zur Beruhigung der Insel führen können. Nicht oft genug gelangen Venezianisierungen wie die der steinreichen und zuvor besonders rebellischen Familie Kalergis aus Kandia: 1285 unterwarf sie sich der Republik, erlangte die Anwartschaft auf Aufnahme in den Großen Rat und verschwägerte sich, nun Calergi genannt, mit mehreren venezianischen Adelsfamilien. Der imposante Palazzo Vendramin-Calergi am Canal Grande ist also mehr als ein Denkmal der venezianischen Frührenaissance und eine Erinnerung an Richard Wagner, der in diesem Haus gestorben ist – sein Name spiegelt gleichsam auch Kolonialgeschichte.

In der asiatischen und afrikanischen Levante, besonders in Syrien, war Venedig ja weiterhin nicht mit territorialem Kolonialbesitz, sondern mit seinen Quartieren und Hafenstadtanteilen vertreten, in denen die venezianischen Kaufleute die lukrativsten Artikel ihres orientalisch-europäischen Zwischenhandels bezogen und verluden: Pfeffer und andere »Spezereien« voran. Waren, die man nun, im 13. Jahrhundert, kaum mehr wie früher in den San-Marco-Depots stapelte. Neben der jeweiligen Markuskirche standen jetzt in den Venezianerquartieren von Akkon – hier saß der venezianische Bailo mit der zentralen Kolonialbehörde für Syrien –, von Tyrus, Antiochia und Tripolis auch Amtshäuser und die bedeutsamen *Fondachi*, Kauffahrerhöfe als Zentren des Handels. Der Terminus *Fondaco* leitet sich vom arabischen *Fonduk* her und bedeutet sowohl Magazin als auch Gasthaus – wie denn diese Kaufhäuser gleichermaßen Stapelplätze für die Waren, Szene der geschäftlichen Abschlüsse und Herbergen für Kauffahrer gewesen sind. Der weiter wachsende Handel brachte neue, effizientere Formen der Organisation und der Kolonialverwaltung hervor.

Daß die Päpste nicht müde wurden, neue Kreuzzüge zu fordern

und zu proklamieren, empfanden die Venezianer weiterhin vor allem als Störung dieses Handels. Betrieben sie nicht ständig auf ihre Art die christliche Sache, indem sie den Völkern der Levante ihren Markuskult demonstrierten und zur Nachahmung empfahlen? Unlustig ließen sie sich hier und da auf Überfahrtverträge ein, und nur wenn ein konkreter Gewinn ins Visier geriet, kam Motivation in die venezianische Teilnahme an der unheilig-heiligen Sache. So, als man 1208 ungeniert ein weiteres Mal Kreuzfahrer vor den eigenen Karren spannte und sie nach Kreta zum Kampf gegen die Aufständischen schiffte. Und so, als 1217 König Andreas von Ungarn bewogen werden konnte, seine Ansprüche auf das ewig umstrittene und unruhige Zara dafür aufzugeben, daß seinem Kreuzheer eine venezianische Transportflotte zur Verfügung gestellt wurde. Auch als sich nach der Eroberung von Damiette im Nildelta 1219 die vorübergehende Aussicht auf ein neues venezianisches Stadtdrittel eröffnete, registrierte man plötzlich Kreuzeseifer am Rialto.

Daß dann am Ende, im Mai 1291, die letzten Stützpunkte der Christenheit im Heiligen Land, Akkon und Tyrus, von den Mamelucken gestürmt wurden – das hatte man freilich in Venedig nicht gewollt. Man trauerte um seine Drittel. Immerhin ließ der Sultan bald über einen Handelsvertrag mit sich reden...

Allen unfrommen Wünschen zum Trotz hatte sich Venedig – aufs Ganze gesehen – mit seinen drei Achteln nicht übernommen und sein Kolonialreich in den ersten Jahrzehnten des 13. Jahrhunderts ziemlich zügig, wenngleich mit einer bunten Mischung von Besetzungs- und Verwaltungspraktiken, aufgebaut. Die Vision des heiligen Markus erfüllte sich im Bau venezianischer Forts und Fondachi. Wenn es nun bei der erforderlichen ständigen Pflege des Levantereichs häufiger Probleme gab, so lag das an den neuen Herausforderungen, denen sich die Republik in Italien und in der Adria konfrontiert fand. Das Adriatische Meer, das Martino da Canale schon schlichtweg zum Dukat von Venedig rechnete, blieb keineswegs unbestritten allein die venezianische »Räuberhöhle«, zu der es Salimbene erklärt hatte. Noch andere Räuber traten auf.

Der Staufer Friedrich II., ein neues kaiserliches »Wunder der Welt«, machte der wundersamen Stadt Venedig zwar 1232 seine

Aufwartung und erneuerte anstandslos, erweiterte sogar die Privilegien des Barbarossa-Kaiserpaktums. Im Verlauf der altneuen Kämpfe zwischen Kaisertum und Papsttum, Kaisermacht und lombardischer Städtemacht ist er dann jedoch zum grimmigen Feind der Markusrepublik geworden, die sich gegen den Weltmachtanspruch des sizilianisch-schwäbischen Westkaisers mit dem Vatikan und sogar mit ihrer Rivalin Genua verbündete.

Friedrich II. mobilisierte mit intrigantem Geschick alle potentiellen Gegner rund um den Lagunenstaat gegen Venedig: Padua, den Patriarchen von Aquileja, das istrische Pola, Ungarn, die stets adria-ambitionierten Pisaner, Ancona, Zara und dazu das neue byzantinische Kaiserreich von Nikaia, dessen Herrscher Johannes Vatatzes ein Schwiegersohn des Staufers war. Kein Wunder, daß der Doge Jacopo Tiepolo (1229–1249) trotz seiner sehr reichlichen Levante-Erfahrung als Podestà von Konstantinopel und Duca von Kreta nun ganz überwiegend italienisch-adriatische Politik betreiben mußte.

Es kennzeichnet die Großmachtstärke Venedigs, daß es sich aus einer solchen dichten Umklammerung durch selbstbewußte und keineswegs nur defensive kriegerische wie diplomatische Maßnahmen zu befreien verstand. In die Regierungszeit des letzten großen Staufers, mit dem sich die Republik schließlich wieder zusammenraufte, und die darauffolgenden Jahrzehnte der Staufer-Agonie fallen sogar bedeutende venezianische Erfolge: Die stark befestigte Messestadt Ferrara, deren Kontrolle über die wichtige Handelsschiffahrt auf dem Po den Venezianern zunehmend unerträglich wurde, konnte 1240 mit Hilfe päpstlicher Truppen besiegt und der Strom zur »Straße von Venedig« bestimmt werden.

Die Paduaner wiederum hatten sich das Sakrileg erlaubt, eine Markusfahne zu zerfetzen, und wurden – natürlich nicht nur deshalb – wiederholt bekriegt und 1256, als sie der wilde kaiserliche Haudegen Ezzelino da Romano kommandierte, nachdrücklich geschlagen. Ravenna, Bologna, Cervia und Ancona wurden von Venedig in »ein System schonungsloser Handelssklaverei« (Kretschmayr) gezwungen, Pola und Istrien am Ende wieder unter die Kontrolle der Republik gebracht. An der dalmatinischen Küste dehnten die Venezianer ihre Besitz- und Einflußsphäre ständig weiter nach Süden aus und schlugen 1243 die nunmehr »fünfte Rebellion« von Zara (über dessen Aufstände der Historiker eine Strichliste führen muß) mit einer Flottenexpedition nieder.

Namentlich in den dalmatinischen Besitzungen Venedigs haben sich bis heute zahlreiche Beispiele für das sozusagen domestizierende Symbol erhalten, das die Venezianer seit dem späten 13. Jahrhundert mehr und mehr als Hoheitszeichen auch in ihren Kolonien verwandten: den geflügelten Löwen des heiligen Markus. Der Löwe ist ja, wie erwähnt, schon sehr früh im Beiprogramm bildlicher Markusdarstellungen aufgetaucht und den Venezianern zweifellos von Anfang an als Symboltier ihres Patrons vertraut gewesen. So wie zu Petrus der Schlüssel, zu Johannes das Lamm und zu Paulus das Schwert als Wiedererkennungszeichen gehörten, so zu Markus als festes Attribut der geflügelte Löwe.

Aber erst jetzt, in Übereinstimmung mit einer zeitgenössischen Neigung zur Verwendung plastischer Hoheitszeichen, Embleme und Tiersymbole, entwickelte sich in Venedig der Brauch, das Attribut des Staatsheiligen stellvertretend für Markus als Wappentier und Hoheitszeichen einzusetzen. Vielleicht hat Kaiser Friedrichs II. Adler-Hoheitszeichen den Venezianern als anregendes Beispiel gedient, und wahrscheinlich ist der mächtige Bronzelöwe mit den Achataugen auf der östlichen Piazzetta-Säule, der »Markussäule«, beim Dogenpalast der »Stammvater« aller dann rasch folgenden Löwengenerationen in Venedig gewesen.

Dieser erste Säulenlöwe ist ein orientalisches Beutestück der Venezianer, das vermutlich im frühen 13. Jahrhundert nach Venedig gelangt ist und als ehemals assyrische oder chinesische Chimäre ursprünglich natürlich absolut nichts mit dem heiligen Markus zu tun hatte. Venezianische Künstler mußten das östliche Fabeltier erst für den venezianischen Kultgebrauch herrichten, indem sie es mit Flügeln und dem geschlossenen Buch des Evangelisten, dem Zeichen für Kriegszeit, versahen. So wie viele Prunkstücke der bildenden Kunst in Venedig mediterranes Beutegut sind, so ist also auch der prominenteste Markuslöwe ein Import – nicht anders als sein Herr, der Heilige selber. Nachdem man nun, wie gesagt im ausgehenden 13. Jahrhundert, erst einmal Gefallen an dem verselbständigten Symboltier des Staatsheiligen

Einer ursprünglich orientalischen Chimäre widerfuhr die Ehre, zum Ahnherrn aller venezianischen Markuslöwen umgerüstet zu werden.

gefunden hatte, ließ man es bald in zahlreichen Bronze-, Marmor- und Steinablegern auf Säulen, Portalen und Reliefs, nicht zuletzt auf den Fassaden von Kirchen und Kirchtürmen auftreten. Der geflügelte Löwe mit dem Buch in den Klauen, das in friedlich aufgeschlagener Fassung den *Praedestinatio*-Spruch »Pax tibi Marce, evangelista meus« zeigte, ersetzte die Gestalt und das ohnehin unbestimmte, austauschbare »Porträt« des Heiligen selbst. Viel imposanter veranschaulichte der König der Tiere gerade jene Züge des Markuskults, auf die es den Venezianern ankam: das stolze Auserwähltsein Venedigs und die zupackende Stärke seines imperialistischen Ausgreifens im Namen des Heiligen. Mit diesem Hoheitszeichen demonstrierte die Markusrepublik Macht, wollte sie unterworfene Städte und Territorien stets an die Herrin vom Rialto erinnern. Aber auch für Gerechtigkeit stand das Wappentier.

Einen der prächtigsten Markuslöwen hat M. Giambono im 15. Jahrhundert gemalt. Er gehört zu den Schätzen von Venedigs historischem Museum Correr.

Der Löwe ist ja nun in aller Welt ein herausragend beliebtes Wappentier – unbeschadet neuerer ethologischer Forschungen, die ihn nicht zuletzt als Aasfresser ausweisen. Der Markuslöwe freilich wurde unverwechselbar durch seine Flügel, die ihm zugleich Adlerqualitäten verliehen und – wenn man so will – die weitgespannte und schnelle Präsenz der venezianischen Flotte auf den Meeren symbolisierte, sowie sein Buch, das stets an die göttliche Vorherbestimmung der venezianischen Macht erinnerte.

Venedig wurde nun eine Stadt der Löwen. Zu den markantesten gehören der schon erwähnte Markuslöwe auf dem Portal des Arsenals, dem zwei weitere »ungeheure«, von Goethe bewunderte Marmorlöwen griechischer Abstammung vorgelagert sind, sowie »der Löwe, der wie ein Hund aussieht, an der Porta della Carta, von dem Dogen Foscari geehrt« (Mary McCarthy). Gerade in dieser Darstellung über dem Prachtportal des Dogenpalastes (auf das übrigens von oben der segnende Markus selbst herabblickt) wird sehr deutlich, wie der Markuslöwe nun als Symbol und anstelle des Staatspatrons die Huldigung des im Dogen verkörperten Staats entgegennimmt. Auch auf Münzen vertritt der Löwe bald den Evangelisten bei der Einsetzung des jeweiligen Dogen, und insbesondere wird aus dem Markusbanner mit dem Bildnis des Evangelisten ein Markus-Löwen-Banner: Golden prangte der Flügellöwe auf karmesinrotem Untergrund. Goethe ironisierte den Löwenkult in seinen »Venezianischen Epigrammen«: »... der neue geflügelte Kater schnurrt überall, und ihn nennet Venedig Patron.«

Es ist von vielen Besuchern spöttisch notiert worden und nicht zu leugnen, daß die um 1300 ausgebrochene Markuslöwen-Hausse in Venedig zu manchen leonischen Kuriositäten geführt hat und daß zahlreiche venezianische Löwen eher schweifwedelnden Hunden und Luchsen, brummigen Bären oder Jungstieren ähnlich sehen, manchmal auch ganz menschlich blicken. In der venezianischen Malerei wurde der Markuslöwe gern mit einem Heiligenschein versehen. Vor allem aber ist das doch nur christlich verbrämte Wappentier zum drohenden oder auch schützenden Hoheitszeichen im gesamten venezianischen Drei-Achtel-Besitz geworden, das in Istrien und Dalmatien, in Griechenland und der Ägäis, später auch im norditalienischen Festlandreich Venedigs davon zeugen sollte: hier herrscht die Republik von San Marco. »Der Markuslöwe der Dogenrepublik war zu seiner Zeit so bekannt wie heute etwa Hammer und Sichel«, schreibt Horst H. Kossatz. Durchweg unpopulär war er nicht.

14

Das Prinzip Mißtrauen: Venedigs Verfassung

Das exklusive Adelsparlament · Komplizierte Dogenwahl Die anonymen »Herren der Welt« · Die Balance der Gremien · Die dämonisierten Zehn · Die Scuole

Ein junger deutscher Historiker, der in Venedig an der Herausgabe von Quellen zur Geschichte der deutsch-venezianischen Handelsbeziehungen arbeitete, hat es in einem Gespräch mit dem Verfasser als besonders lästige Erschwernis seiner Editionsarbeit beklagt, daß die von ihm verfolgten Vorgänge oft abrupt in den Aktenkonvoluten einer der staatlichen Behörden Venedigs abbrechen, um dann – meist nur zufällig auffindbar – als Gegenstand einer anderen, neu eingeschalteten Institution wiederaufzutauchen. Altvenezianische Schlamperei? Indiz für eine systemlos wuchernde Bürokratie?

Der Quellenforscher war – ohne es hier vielleicht ganz zu realisieren – auf das Grundprinzip der venezianischen Verfassungs- und Verwaltungspolitik gestoßen: das Prinzip Mißtrauen. Auf die weit über ein halbes Jahrtausend lang sorgsam und erfolgreich praktizierte Grundregel, Kompetenzen ständig neu in Frage zu stellen, abzuzweigen, zu verlagern, sich teilweise überschneiden zu lassen. Auf die wohlkalkulierte Absicht, dadurch wechselseitige Kontrollen zu schaffen und bedenklichen politischen wie bürokratischen Machtanhäufungen vorzubeugen, routinemäßiges Erstarren auszuschließen. In der anscheinend kaum entwirrbaren Vielfalt der wechselnden Zuständigkeiten verbarg sich – sowohl bei den politischen Gremien als auch bei den Verwaltungsbehörden – eine meist kunstvoll ausbalancierte Regierungswirksamkeit. »Die venezianische Verfassung«, schreibt Kretschmayr, »wollte, indem sie die Macht in den Händen Weniger vereinigte, sie auf diese Weise sorglich verteilen, zugleich aber im Gegeneinanderspiel der errichteten Behörden ein Kontrollsystem schaffen, das im Sinne der später berühmt gewordenen Gewaltenteilung wirken sollte. Die Wirkungskreise wurden mit Absicht nicht abgegrenzt, sondern gesetzgebende, ausübende und richterliche Gewalt von jedem der großen Magistrate irgendwie geübt.«

Wir haben im achten Kapitel schon beschrieben, wie sich Venedigs Kaufmannsadel verstärkt seit der Mitte des 12. Jahrhunderts gegen die Dogenmacht und das Bürgertum durchsetzte und wie sich die Gremien der aristokratischen Machtausübung zu formen begannen. Im 13. und frühen 14. Jahrhundert hat sich nun der Entwicklungsprozeß fortgesetzt und im wesentlichen vollendet, dessen Ergebnis die trotz zahlreicher Parallelen zum übrigen Italien einzigartige Verfassung der Markusrepublik war: dieses verwickelte und flexible Gefüge der Machtverteilung und Machtkontrolle, in dem die *checks and balances* moderner Demokratie-Verfassungen schon vorweggenommen wurden. Nur daß es sich hier um die »Demokratie« bloß einer Klasse des »Volkes«, des

Der Saal des Großen Rats im Dogenpalast während einer Tagung des Adelsparlaments. Stich nach einem Gemälde von Canaletto.

Adels, handelte. Obwohl venezianische Staatstheoretiker – namentlich der berühmte Kardinal Gasparo Contarini, dessen Schrift »Der venezianische Staat und seine Einrichtungen« (1543) europaweit für die Weisheit des Systems warb – idealisierend behauptet haben, daß die Verfassung ihrer Republik neben den Elementen der Monarchie – im Dogat – und der Aristokratie – im Senat – auch die dritte Hauptverfassungsform, die Demokratie – im Großen Rat – einschließe, repräsentiert das venezianische Regierungssystem eindeutig die Macht einer Minderheit über die große Mehrheit des Volkes.

In diesen angeblich demokratischen Großen Rat nämlich, von dem sich alle Macht im Staate herleitete, wurden nun immer seltener »neue Männer«, Bürgerliche, aufgenommen. Schritt für Schritt schloß sich die Aristokratie gegen Ende des 13. Jahrhunderts in diesem Adelsparlament ab. Das Wahlgesetz des Jahres 1297, die sogenannte *Serrata* des Großen Rats, bestimmte die »Aussperrung« der Popolanen durch die Regelung, daß künftig beinahe ausnahmslos nur Mitglieder bereits als ratsfähig anerkannter Familien in das Gremium aufgenommen werden sollten. Dieser erste große Schritt zur aristokratischen Reform des Großen Rats unter dem Dogen Pietro Gradenigo (1289–1311) »fiel nicht zufällig in eine Zeit großer äußerer Bedrängnis des Staates, der gerade damals in dem neuerlich entbrannten Krieg mit Genua seine ganze Kraft zusammenzufassen genötigt war. Die Aristokratie brachte dem Staate die größten Opfer…«, bemerkt Hans v. Zwiedineck-Südenhorst, und so konnte sie unter dem Eindruck großer äußerer Leistungen relativ unbestritten ihre innere Dominanz auch verfassungsrechtlich verankern.

Die *Quarantia*, der politisch-richterliche Ausschuß der »vierzig Männer«, der selbst ausschließlich mit Nobili besetzt war, entschied über die Zusammensetzung des Großen Rats und entwikkelte die Mitgliedslisten zu einem Buch weiter, in das dann seit 1314 alle für den Rat qualifizierten Venezianer eingetragen wurden – qualifiziert durch Zugehörigkeit zu aristokratischen Familien. So war es zur Erblichkeit der Ratswürde nur noch ein Schritt, der 1323 endgültig vollzogen wurde: In Venedigs Großen Rat wurde man nicht mehr gewählt, sondern hineingeboren. Jeder mindestens 25jährige Sprößling einer ratsfähigen Familie war

Die Ca' d'Oro am Canal Grande mit Venedigs reichster Fassade, vollendet 1440, ist einer von 25 Palazzi, die die uralte Familie Contarini baute.

berechtigt, in das Gremium einzutreten, das nun einerseits streng exklusiv war, andererseits als numerisch stark anschwellendes Parlament zu einem Tummelplatz auch politisch unqualifizierter oder unerfahrener Aristokraten wurde: Junge Gecken gefielen sich nicht selten mit provokantem Gehabe.

Bezeichnenderweise hat man dem im 14. Jahrhundert bis zu 1212 Mitglieder umfassenden Großen Rat im Dogenpalast einen der größten (und schönsten) Innenräume Europas, die *Sala del Maggior Consiglio*, als Tagungsstätte errichtet. Denn die relativ kleine Gruppe der zugelassenen Familien brachte große Kopfzahlen auf, wie zum Beispiel im Jahre 1262 die Dandolo und Querini mit je 19, die Michiel und Morosini mit je 15; allen voran die verschiedenen Linien der Familie Contarini (die übrigens auch über die Jahrhunderte die meisten Dogen, nämlich 8, stellten) mit 20, im Jahre 1512 dann sogar mit einer »Fraktionsstärke« von 39.

Die wichtigste Aufgabe des Großen Rats war die Wahl des Dogen und aller höheren Staatsfunktionäre aus seinen eigenen Reihen. So viele Dauerhinterbänkler und Dandys in ihm auch vertreten waren, so groß ist offensichtlich über die Jahrhunderte das Reservoir politischer Talente und Aufsteiger gewesen, das er stets neu aufzubieten vermochte. Die ineinander verflochtenen Regierungsgremien der Republik sind praktisch ständige Ausschüsse des Großen Rats gewesen, und wenn er auch als schwerfällige und »durchlässige« Körperschaft mit den Interna der Politik nicht vertraut gemacht wurde, so entschied er doch in seinen Abstimmungen, bei denen Zufallsmehrheiten gesetzlich ausgeschlossen waren, auch über Krieg und Frieden.

Ein fast schon kurioses Beispiel für die argwöhnischen Vorbeugebemühungen der Venezianer ist der Modus der Dogenwahl seit dem späteren 13. Jahrhundert, über den Martino da Canale und Andrea Dandolo berichtet haben. Das »komplizierteste Wahlgesetz, das die Geschichte der politischen Wahlen kennt« (Maximilian Claar), sollte sicherstellen, daß niemand die endgültige Zusammensetzung des Wahlmännergremiums vor dem letzten Augenblick kennen und daß keine separate Clique eine fraktionsmäßig abgesprochene Wahl durchsetzen konnte.

Das ausgeklügelte Verfahren lief wie folgt ab: Im *ersten* Wahlgang wurden aus dem Kreis der über dreißig Jahre alten Mitglieder des Großen Rats durch *Ballotage* – ein Knabe, der *Ballotino del Doge*, zog aus einer Urne für jeden Wähler eine Kugel – dreißig Wahlmänner bestimmt, also ausgelost. Diese dreißig reduzierte im *zweiten* Wahlgang das Los auf neun verbleibende Wahlmänner. Diese neun bestimmten im *dritten* Wahlgang vierzig Wähler, die wiederum durch Ballotage auf zwölf verringert wurden. Die zwölf Ausgelosten wählten im *vierten* Wahlgang fünfundzwanzig Ratsmitglieder, von denen neun durch Losentscheid für den *fünften* Wahlgang übrigblieben. Neun Nobili erkoren jetzt fünfundvierzig Wahlmänner, aus denen eine weitere Ballotage elf machte. Dieses Zufallsteam mußte sich nun im *sechsten* Wahlgang mit einer Mindeststimmenzahl von jeweils neun auf einundvierzig

Wahlmänner einigen, die dann endgültig das Konsortium bildeten, das zum Abschluß des merkwürdigen Konklaves den Dogen mit einer qualifizierten Mehrheit von fünfundzwanzig Stimmen wählte.

Das so spannend gekürte Staatsoberhaupt, das trotz aller Ballotagen natürlich nie ein zufälliger Outsider, wenngleich öfter ein Kompromißkandidat war, wurde nach der Ratswahl der folgerichtig völlig entmachteten Volksversammlung, dem *Arrengo*, nur noch formal zur Akklamation vorgeführt: »Dies ist euer Doge, wenn es euch beliebt«, rief der Vorsteher des Wählerausschusses dem in der Markuskirche versammelten Volk zu, das mit einem mehr oder weniger enthusiastischen »*Sia, sia* – es sei« antwortete. Aufwendiger war das nun folgende, seit der berichteten Investitur von 1071 wesentlich weiterentwickelte Zeremoniell, mit dem der neue Doge gleichsam dem Patron des Staates, dem heiligen Markus, vorgestellt und anempfohlen wurde: Nachdem er auf der Kanzel einige Sätze der *Promissio* gesprochen hatte, kniete der Doge lange vor dem Hauptaltar, während die Geistlichen liturgische Texte sangen und deklamierten. Dann küßte der Doge den Markusaltar, er gelobte, die Kirche des Heiligen zu schützen, und empfing das Markusbanner (das seit dem frühen 14. Jahrhundert das Löwenbild zeigte) aus der Hand des Primicerius von San Marco. Später mittelbar aus der Hand des Admirals und Kommandanten des Arsenals: Das Löwenbanner wurde dann sehr bezeichnend kaum mehr als kirchliches, sondern als staatlich-maritimes Symbol begriffen.

Matrosen der Flotte trugen den Dogen auf einer Tragkanzel von San Marco zum Palazzo Ducale, wo er seinen vollständigen Amtseid ablegte und die eigentümliche Dogenkrone empfing, die sich im 14. Jahrhundert endgültig zu dem zipfelmützigen Birett entwickelt hatte, dem man auf nahezu allen Dogen-Darstellungen begegnet. »In der Promissio des Jahres 1328«, schreibt Schramm, »wird die *zoia*, das *corno ducale*, das nun bis zum Ende der Republik ein Kennzeichen Venedigs bleibt, ausdrücklich angeführt. Doch wurde die anfangs mit Edelsteinen verzierte und daher bei besonderen Anlässen aufgesetzte Haube 1367 vereinfacht; fortan war der Doge verpflichtet, sie ständig zu tragen.«

Es ist ungewiß, ob die Dogenmütze ihre Urform in der vorn

eingedrückten Schifferzipfelhaube oder Fischerkappe See-Venetiens gehabt hat; gewiß aber, daß es sich um die zivilste und volkstümlichste Fürstenkrone handelte, die man in Europa antreffen konnte. Goethe hat sie mitsamt dem ganzen Dogenornat, namentlich dem Hermelinmantel, behaglich beschrieben, als er 1786 in Venedig einer Dogenprozession zugesehen hatte: Paolo Renier, der vorletzte Doge, erschien ihm »gar hold und leutselig« und »wie der Großpapa des ganzen Geschlechts«.

Im 13. und 14. Jahrhundert war zwar als Doge durchaus nicht der Typ des harmlos freundlichen Greises gefordert, wohl aber wurde die Handlungsfähigkeit des Staatsoberhauptes weiter mißtrauisch eingeschränkt. Der Doge präsidierte zwar dem Großen Rat sowie allen weiteren Regierungsgremien und besaß wenig beschnittene Kompetenzen als Feldherr und Admiral im Kriege, durfte jedoch ohne seine Räte keine politischen Entscheidungen treffen, keine Ernennungen vornehmen, nicht über die Staatskasse verfügen, nicht einmal allein die politische Korrespondenz lesen oder ohne Zustimmung der Räte verreisen.

Dogensöhne, die früher oft als Vizedogen fungiert hatten, wurden besonders gezielten Beschränkungen unterworfen, und selbst die Frau des Dogen, die Dogaressa, war vom Argwohn der Nobilität nicht ausgenommen: Sie durfte beispielsweise keinerlei Geschenke annehmen und war quasi zur Unhöflichkeit verpflichtet, wenn sich ihr ein Staatsgast mit einem Präsent nahte. Eigens eingesetzte *Correctores* überwachten penibel den Dogen und seine Familie, und je weiter wir uns der Neuzeit nähern, desto beengter und entmachteter erscheint das Dogenamt, das gleichwohl kein Gewählter ablehnen durfte. Doch je mehr der Doge – in der Spätzeit der Republik – zu einer Art »Staatspensionär« degradiert wurde, desto aufwendiger und majestätischer ließ man ihn – etwa bei feierlichen Ausfahrten in seiner prunküberladenen Staatsgaleere, dem *Bucintoro* – den Staat repräsentieren.

Nächst dem Dogen in höchstem Ansehen, freilich außerhalb der politischen Hierarchie, stand das Amt eines Prokurators von San Marco. Die Prokuratoren, neun an der Zahl, verwalteten das immense Vermögen der Staatskirche Venedigs und waren schon früh weniger heilige Hüter als beamtete Bankiers. Umfang und Rang dieser Magistratur mit vielfältigen Verwaltungsaufgaben spiegelt sich eindrucksvoll in den Dimensionen ihrer Amtsgebäude, der Prokurazien, auf der Nordfront, später auch der Südseite des Markusplatzes.

Die Aristokraten, die das monarchische Element der venezianischen Verfassung ebenso beschränkt, ja ausgeschaltet hatten wie de facto das demokratische, regierten den Staat in den verschiedenen kollegialen Körperschaften unter dem Vorsitz des Dogen, *ohne* persönlich hervorzutreten. So bedeutend die Ämter der *Consiglieri*, *Savi* und *Dezemvirn*, auf die wir noch kommen, gewesen sind, so glanzlos blieb die Macht der Männer, die sie für eine meist sehr kurze Wahlperiode versahen. Der preußische Wahlspruch »Mehr sein als scheinen« ist in Venedig jahrhundertelang entschieden konsequenter praktiziert worden als später in Preußen selbst. Die zumeist sehr reichen, unternehmerisch erfahrenen und weitgereisten Staatsmänner aus namhaften Adelsfamilien verstanden sich gemeinsam als »Herren der Welt«, doch sie »mußten so hochmütigen Anspruch mit Arbeit, Zeit und Geld hart bis zur Beladenheit bezahlen« (Kretschmayr). Ihre Leistungen als Staatsdiener registrierten nur Eingeweihte. »Aber die grundsätzli-

In der prachtvollen Sala del Collegio des Dogenpalastes tagte und empfing der Doge mit der Signoria.

che Identität von ›Adel‹ als einer geschlossenen Gruppe und der Regierung verlieh Venedig bei den übrigen Republiken Italiens eine Art mystischen Rufes«, schreibt Denis Hay.

Die wichtigsten Regierungskörperschaften, die sich auf der Basis und als Ausschüsse des Großen Rats nach und nach herausgebildet haben, waren der Kleine Rat, der Senat, der Rat der Vierzig und schließlich der Rat der Zehn – miteinander verwobene Gremien, deren Funktionen sich immer nur für bestimmte Zeiträume genauer definieren lassen (bevor sie wieder in Fluß gerieten) und von denen man sagen könnte, daß sie »konzertant« gewirkt haben. Daß sie zeitweilig untereinander um die Oberstimme konkurrierten, ist kein Widerspruch dazu – und daß sie sich gegenseitig scharf kontrollierten, versteht sich nach dem Prinzip der venezianischen Verfassung.

Der Kleine Rat trägt am ehesten die Züge einer Staatsregierung im engeren Sinne. Er wurde, wie schon erwähnt, zu Anfang mit sechs *Consiglieri* aus den *Sestieri* Venedigs – den sechs Stadtbezirken Castello, Cannaregio, San Marco, San Polo, Santa Croce und Dorsoduro – besetzt und umgab und überwachte den Dogen bei allen seinen Amtshandlungen. Er war mithin auch am Vorsitz in den anderen Gremien beteiligt. Die Consiglieri koordinierten die Tätigkeit der Behörden, bereiteten die Gesetzesvorlagen vor und entschieden als oberste Instanz bei Konflikten zwischen den einzelnen Ausschüssen.

In den Kleinen Rat hineingewachsen sind im 13. Jahrhundert die drei Vorsteher des Vierzigergremiums *Quarantia,* und im 14. Jahrhundert verband sich die schließlich sechzehnköpfige Kommission der *Savi,* die Erbin der schon erwähnten *Sapientes,* mit dem Kleinen Rat zur *Signoria* (»Herrschaft«). Später wurde das Gremium *Collegio* genannt, während sich die Funktionen der *Savi Grandi* zu Ministerämtern umformten. Der *Savio Cassier* zum Beispiel kassierte als eine Art Finanziminister die Steuern.

Der Senat, dessen Mitglieder *Pregati* oder *Rogati* (»die Gebetenen«) genannt wurden, ist im 13. Jahrhundert als eine Delegation des Großen Rats zur Behandlung von Handels- und Marineangelegenheiten ins Leben gerufen worden und hat sich als rasch wachsende Körperschaft in erfolgreicher Konkurrenz zum Großen Rat als gleichsam *qualifizierter* Großer Rat etabliert. Seine bald dreihundert Mitglieder, zu denen führend auch der Doge, die Consiglieri und die Savi, daneben auch die Männer der Quarantia und die Dezemvirn zählten, debattierten und entschieden über nahezu alle Fragen der äußeren und inneren Politik.

Nicht anders als der Senat ist die eng mit ihm verbundene *Quarantia* ursprünglich eine Kommission des Großen Rats gewesen, die im 13. Jahrhundert bedeutende Kompetenzen besaß und sich im folgenden Säkulum zum obersten Gerichtshof Venedigs umbildete, zur Appellationsinstanz für Zivil- und Strafprozesse. Im 15. Jahrhundert in vier Abteilungen aufgespalten, von denen die *Quarantia criminale* die wichtigste war, büßte die Vierzig-Männer-Behörde im Kreis der großen Institutionen mehr und mehr an Einfluß ein. Wie auch in anderen Bereichen das Prinzip des Überlappens galt, so verfügte schon früher der Kleine Rat über das Recht, bestimmte wichtige Prozesse der Quarantia zu entziehen und selbst zu führen.

Und charakteristisch für die sich noch jahrhundertelang wandelnde Aufsplitterung von Wirkungsbereichen ist die Existenz von mehreren städtischen Gerichtshöfen *neben* der Quarantia, an denen – gestützt auf ziemlich bunt und verwirrend kodifizierte Gesetze und Vorschriften – die städtischen Anwälte, die *Avvogadori,* wirkten. Auch sie mit der Tendenz zu einer festen Behörde, die sich berufen fühlte, die Regierungsgremien juristisch zu kontrollieren. Eigens für Sicherheit und Sittlichkeit zuständig war beispielsweise der Strafgerichtshof der *Signori de notte,* der »Herren der Nacht«, die weniger dämonisch, als ihr Name vermuten läßt, nächtens die Gassen und Kanäle Venedigs polizeilich überwachten.

Im besonderen Maße dämonisiert hat man in der Venedig-Literatur die fünfte bedeutende und zuletzt – im Jahre 1310 – entstandene Regierungsbehörde neben Großem und Kleinem Rat, Senat und Quarantia: den Rat der Zehn, die Dezemvirn oder *Dieci.* Die düster schwarzgekleideten Zehn – Savi und Consiglieri trugen purpur- oder scharlachrote Gewänder – wurden aus wichtigem Anlaß, von dem noch zu erzählen ist, als Kommission vom Großen Rat bestellt, um befristet als Sicherheitsgerichtshof über gefährliche Rebellen zu urteilen. Als temporäre Einrichtung gegründet, hat sich gerade der *Consiglio dei Dieci* als ein Instrument

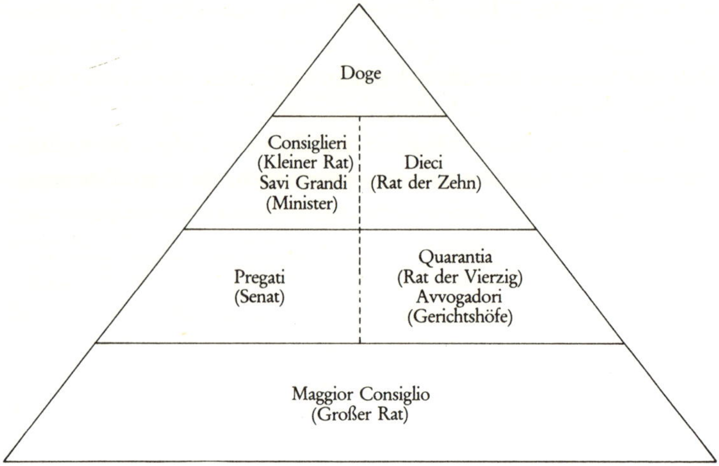

Die venezianische Verfassungspyramide, die das komplizierte Gefüge der Gremien nur grob veranschaulichen kann. Vom Verfasser nach einem Beispiel von F. C. Lane.

der aristokratischen Signoria bewährt, das im Geflecht der politischen und juristischen Gremien bald nicht mehr entbehrt werden konnte. Das Prinzip Mißtrauen, das die Verfassung Venedigs prägte, ist im Rat der Zehn geradezu institutionalisiert.

Im Jahre 1335 wurde er zur ständigen Einrichtung erklärt, als deren Aufgabe man vage die »Wahrung der Sicherheit von Land und Herrschaftsgebiet« nannte. Die Zehn und noch weitergehend ihre drei monatlich aus der eigenen Reihe neu gewählten *Capi*, Vorsteher, waren zu äußerst unauffälliger, zurückgezogener Amtsführung und zu strikter Verschwiegenheit verpflichtet und verfolgten alle Staatsverbrechen sowie Affären, die nach Verschwörung gegen die aristokratische Verfassung rochen. Daneben aber insbesondere auch Willkürakte der Aristokraten selbst.

Daß von allem Anfang an der Doge mit seinen sechs Consiglieri an ihren – öfter nächtlichen – Sitzungen teilnahm, macht deutlich, wie nahe die Zehn dem Zentrum der Macht standen. Als »hermetisches« Gremium eignete sich der Rat vorzüglich für die Beratung und Durchführung auch heikler außenpolitischer Missionen oder Anschläge, die rigorose Geheimhaltung erforderten.

So wuchsen die Zehn zeitweilig den eigentlich zuständigen Regierungsstellen über den Kopf – und erregten als Kommission des Mißtrauens selber das besondere Mißtrauen des Großen Rats und des Senats.

Die undurchsichtige Tätigkeit des Rats der Zehn, die nächtlichen Verhöre und mitunter auch Folterungen, die er im Dogenpalast durchführen ließ, das von ihm entwickelte Informations- und Erkundungssystem sowie die von ihm verwendeten – nur zum Teil finsteren – Kerker im Dogenpalast haben dieses Verfassungstribunal natürlich bald zum Gegenstand phantasievoller und abenteuerlicher Spekulationen im Volk, im Ausland und später besonders in der Literatur gemacht. Um so mehr, als im 16. Jahrhundert dann aus den Dieci die venezianische Staatsinquisition hervorging, der man besonders schreckliche Dinge nachsagte. Indessen ist völlig einwandfrei erwiesen, daß der Rat der Zehn trotz aller hinterhältigen Maßnahmen aus den Grauzonen besonders der Sicherheits- und Außenpolitik, wie sie allgemein zum zeitgenössischen Repertoire gehörten, seine Prozesse und Verfolgungen vergleichsweise korrekt und ohne auffallende Willkür betrieben hat. »Die Zehn wollten ein Hort des Rechtes in Wahrheit sein«, urteilt Kretschmayr freundlich, »unbotmäßigen Adligen ein schlimmerer Richter als den verschüchterten kleinen Leuten. Nicht das Volk hatte ein Interesse daran, daß die Macht dieses durch die Schnelligkeit und das Geheimnis seiner Rechtspflege gewiß furchtbaren Gerichtshofes... sich vermindere, sie durfte ihm vielmehr als Rechtsbollwerk gegen Patrizierwillkür gelten.«

So ist es also denkbar schief, die Dieci beispielsweise mit dem sowjetischen KGB zu vergleichen, wie es 1974 der britische Autor Philip Longworth effekthaschend getan hat; die neuere seriöse Venedig-Historiographie bestätigt Kretschmayrs Bild einhellig. Das kriminalnovellistische Gruselbild von diesem Tribunal und den späteren Inquisitoren wird sich freilich so lange nicht völlig ausrotten lassen, wie die Fremdenführer im Palazzo Ducale beim Vorführen der *Pozzi*, der Gefängnisse, und der *Bocca di Leone,* des »Löwenmauls« für den Einwurf auch anonymer Anschuldigungsbriefe, um eine Gänsehaut bei ihren Zuhörern bemüht sind.

Der Rat der Zehn hat seine politische Machtfülle im Streit mit dem Senat nicht dauerhaft zu behaupten vermocht, kann aber aufs ganze gesehen als eines der wirkungsvollsten Glieder des venezianischen Regierungssystems verstanden werden. Und nach der Art seines Entstehens und Handelns als das vielleicht charakteristischste.

Wenn wir von der Machtfülle des Rats der Zehn gesprochen haben, so darf sie wohlgemerkt nicht als die persönliche Machtfülle einzelner Staatsfunktionäre, sondern als kollegiale Macht einer Institution verstanden werden. Die Zusammensetzung dieses Gremiums, dessen drei Vorsteher ja sogar monatlich ausgetauscht wurden, änderte sich laufend, und allgemein waren in den wichtigen Staatsämtern außerordentlich kurze Dienstperioden die Regel. Während der sorgsam überwachte Repräsentant der Markusrepublik, der Doge, auf Lebenszeit gewählt wurde, aber abberufen werden konnte, und die quasi parlamentarischen Gremien, der Große Rat und der Senat, natürlich längerfristig durch die einander ablösenden Generationen der herrschenden Familien besetzt wurden, durften die Consiglieri, die Savi, die Mitglieder der Quarantia und anderer politischer und juristischer Körperschaften meist nur ein Jahr amtieren und waren zudem erst nach Ablauf einer Sperrfrist erneut in andere Ämter wählbar. »Nichts schien den venezianischen Staatsmännern unerträglicher, als wirkliche Macht auf längere Zeit zuzuteilen«, resümiert Kretschmayr.

Andererseits achteten sie sorgsam darauf, daß im Rhythmus des Ämterwechsels die Kontinuität der Arbeit in den Gremien gewährleistet bleib, daß Räte und Kommissionen nicht abrupt, sondern sukzessive umbesetzt wurden. Obwohl öfter wechselnde Mehrheiten in den führenden Behörden zu einem in Venedig gern bespöttelten – manchmal opportunistischen, manchmal sinnvoll flexiblen – Hin und Her innenpolitischer Regierungsbeschlüsse führten, war im ganzen die Stetigkeit der venezianischen Politik vor allem durch den ziemlich engen Kreis der maßgebenden Familien und ihrer führenden Köpfe garantiert: Im Karussell der bedeutenden Ämterbesetzungen begegneten periodisch immer wieder dieselben fünfzig, sechzig Männer – ohne daß eine moderne »Verfilzung« drohte.

Ebenso treffen wir unter den Statthaltern der beherrschten

Regionen und Städte in der Levante wie im Westen der Balkanhalbinsel stets Vertreter der führenden Familien als *Rectores, Comites* und *Podestà* sowie in den hochrangigen *Bailo*-Ämtern von Konstantinopel, Akkon und Euböa an. Viele venezianische Aristokraten haben sich in solchen halb innen-, halb außenpolitischen Funktionen die Erfahrungen für staatsmännische Karrieren hinauf bis zum Dogenamt erworben – in späteren Zeiten dann auch mehr und mehr als *Ambasciatori* (Gesandte) an den europäischen Fürstenhöfen.

Die Markusrepublik hat maßgebend die Frühformen der Diplomatie mitgeprägt, und zum Entzücken der Historiker seit Leopold v. Ranke sollten später die venezianischen *Relationen* werden, die klug analysierenden Gesandtenberichte, die sich bereits im 13. Jahrhundert zu einer eigenen venezianischen Literaturgattung entwickelten.

Die Verwaltung der Kolonien wurde vom Dogenpalast aus mit weiter wachsendem Fingerspitzengefühl für die spezifischen Erfordernisse der jeweiligen Gebiete gesteuert. Besonders in Istrien und Dalmatien ließ man Formen der Selbstverwaltung zu und bemühte sich, die regionale Oberschicht behutsam zu »venezianisieren«. Der Idealfall war erreicht, wenn die maßgebenden Einheimischen von sich aus Bildhauer mit der Schaffung von Markuslöwen für die Portale ihrer Palazzi beauftragten.

In Konstantinopel konnte man darauf freilich kaum hoffen. Hier kopierte die Venezianerkolonie unter der Führung des Bailo das venezianische Regierungssystem im kleinen durch die Schaffung eines Großen Rats – wie auch die wichtigeren Kommunen des Dogatsbereichs in der Lagune, später auch die Städte des venezianischen Festlands, ihre Verwaltungen bereitwillig dem Beispiel der großen Mutter anpaßten. Noch heute kann man sich in zahlreichen adrianahen Städten ein lebendiges Bild vom eifrigen Streben der Töchter machen, strukturell und baulich auf ihre Weise ein »Klein-Venedig« zu werden.

Während also auch das Netz der wichtigeren Verwaltungsämter in den auswärtigen Besitzungen der Republik im wesentlichen mit venezianischen Aristokraten bestückt wurde, blieben für die Bürgerschaft, die Popolanen, lediglich ein paar Alibifunktionen reserviert. Der prominenteste unter zahlreichen Verwaltungs- und

Sekretariatsposten war der des Chefs der dogalen Kanzlei, des seit 1268 amtierenden »Großkanzlers«. Der für unsere Begriffe sehr anspruchsvolle Titel bezeichnete freilich ein politisch nur bedingt einflußreiches hohes Verwaltungsamt, das man mit dem eines beamteten Staatssekretärs vergleichen mag. Daß als Großkanzler stets ein angesehener Mann des venezianischen Bürgertums diente, verhüllte nicht im mindesten die im 13. und frühen 14. Jahrhundert nun auch verfassungsrechtlich »aktenkundige« Ausschließung der Popolanen von der Politik. Während im übrigen Italien nach kommunalen Dauerstreitigkeiten die republikanischen Rechte auch der Oberschicht unter der »Tyrannis« einer einzigen herrschenden Familie, eines Fürsten, verlorengingen und Revolutionen und Gegenrevolutionen den Lauf der Stadtgeschichte prägten, hatte sich in Venedig die aristokratisch-republikanische Staatsform für ein halbes Jahrtausend endgültig geformt und durchgesetzt.

Sie ist nur noch unwesentlich verändert und »fortgeschrieben« worden: ein einzigartiger Fall der europäischen Verfassungsgeschichte. Kein Wunder, daß die Verfassung der Markusrepublik schon im späten Mittelalter als ein besonderes Faszinosum, als ein Wunderwerk beschrieben und bestaunt wurde. Ganz im Sinne hochmütiger venezianischer Selbstbespiegelung ist die Verfassung des Staates von nicht wenigen Staatsdenkern der Renaissance mit dem republikanischen Rom verglichen worden, und namentlich in der Geschichte des politischen Denkens der Florentiner hat Venedigs Konstitution eine große Rolle gespielt.

Niccolò Machiavelli, der sich freilich auch kritisch über Venedig geäußert hat, setzte in Parallele: In Rom regierte das Volk, beriet der Senat und exekutierten die Konsuln; in Venedig regiere der Rat, berate der Senat und führe die Signoria aus... Girolamo Savonarola erwog, die Grundzüge der venezianischen Verfassung auf seinen theokratisch-moralischen Staat in Florenz zu übertragen, und nicht selten sind die »Nachkommen« des Trojaners Antenor in der Lagune zu legitimen Erben der Nachkommen des Trojaners Aeneas am Tiber erklärt worden.

So vordergründig und unhistorisch derartige Analogien häufig gewesen sind, so wirkte ihre Verbreitung doch auch auf das gesamtvenezianische Selbstverständnis zurück: Was alle Welt als weises republikanisches System rühmte, konnte selbst von den – aufs Ganze gesehen wenigen – politisch unzufriedenen Popolanen nicht so ohne weiteres in Frage gestellt werden. Mußten nicht am Ende *alle* Venezianer stolz auf ihre Verfassung sein?

So kam es also, daß sich das venezianische Bürgertum, Kaufleute, Seefahrer, vor allem Gewerbetreibende und Handwerker, mit der ihm verordneten Machtlosigkeit abfand: überwiegend bereitwillig, manchmal nolens volens oder zähneknirschend. Für die Oberschicht der Popolanen, die sich wirtschaftlich im Laufe der Zeit oft beträchtlich über viele ärmere, nicht selten regelrecht proletarisierte Familien der Nobilität erhob, gab es nicht nur die erwähnten Beschwichtigungsämter, sondern einige Male auch Nobilitierungsschübe: Wirklich hervorstechender Reichtum hat Bürger am Ende noch zu allen Zeiten ratsfähig gemacht. Für die große Mehrzahl der venezianischen Bürger aber existierte die – schon erwähnte – besondere Kompensation der *Scuole*. In diesen sich nun weiter entfaltenden und schließlich ganz venezianisch eigentümlich ausgeformten Zunftbruderschaften haben sich sozusagen Spielwiesen für das öffentliche Betätigungsbedürfnis namentlich der Handwerker aufgetan. Wie selbstbewußt sie sich an Festtagen in farbenprächtigen Umzügen dem Dogen vorgeführt haben, ist von Martino da Canale detailfreudig beschrieben worden. In solchen Gilden, Wohltätigkeits- und Andachtsversammlungen, Bruderschaften und Vereinen, debattierten Bürger über gemeinsame Probleme ihrer Gewerbe und oblagen besonderen Frömmigkeitsübungen.

Longworth nennt sie die »demokratischsten Einrichtungen von Venedig«, und in der Tat schufen sich die Scuole ihre genossenschaftlichen Satzungen, wählten sie sich ihre Vorstände mit einem *Gastaldio* oder *Consul* an der Spitze, mit Prokuratoren, Schatzmeistern und Rechnungsprüfern. Ähnliche Formen praktizierten sogar die Arbeiter Venedigs in ihren Gilden. Besondere Verdienste erwarben sich einige Scuole durch die Gründung und Unterhaltung von Hospitälern und Herbergen für Arme. Die in Venedig früher als in anderen europäischen Staaten lebendige Idee sozialer, medizinischer und hygienischer Fürsorge ist von diesen Bruderschaften mitgetragen worden.

Man darf also die venezianischen Scuole, mindestens die

Die Scuola Grande di S. Marco mit der Frührenaissance-Fassade von 1485–1495. Sie diente den Andachtsübungen und Aktivitäten der Markus-Bruderschaft.

bedeutenden unter ihnen, die sechs *Scuole Grandi,* keinesfalls mit biederen, schützenvereinsähnlichen Klubs verwechseln: Wer die in Venedig heute noch zugänglichen Versammlungshäuser und Andachtsräume einiger Scuole aufsucht, wird in ihnen – vor allem in den Scuole di San Rocco, dei Carmine, San Giovanni Evangelista und San Giorgio degli Schiavoni – außerordentliche Zeugnisse für den Reichtum, das Niveau und das Mäzenatentum dieser Zunftorganisationen finden. Marco Polo, Venedigs später berühmtester Weltreisender, sowie viele große Künstler haben solchen Scuole angehört, und es ist kein Zufall, daß die prächtige Scuola Grande di San Rocco einen der imposantesten Gemäldezyklen der Welt präsentiert: Tintoretto malte für sie nicht weniger als sechsundfünfzig großformatige Auftragswerke.

Einen besonderen Akzent für unser Gesamtthema liefert die Scuola Grande di San Marco, die um 1260 gegründete Bruderschaft des heiligen Markus. Eben in der Zeit des vollständigen Verfassungstriumphs der Aristokratie haben sich venezianische Popolanen auf ihre Weise zur Verehrung des gemeinsamen Staatspatrons zusammengeschlossen. Mit einem karitativen Programm im Namen des Heiligen innerhalb Venedigs suchte man gleichsam die auswärtige Markus-Mission der aristokratischen Republik zu ergänzen, und wenn das politische Venedig den Heiligen auch längst zu einem militanten Schirmherrn verfremdet hatte, so besannen sich wenigstens die Laienbrüder noch auf die Botschaft des *Evangelisten* Markus. Seit 1437 an ihrem gegenwärtigen Platz ansässig, dem Campo Santi Giovanni e Paolo, hat sich diese venezianischste aller Scuole gegen Ende des 15. Jahrhunderts ein Zunftgebäude mit einer der schönsten Fassaden venezianischer Frührenaissance geschaffen, reich ausgestattet mit Markus- und Markuslöwenreliefs.

Mehr als bloß peripher, so finden wir, wird das vom Prinzip Mißtrauen der aristokratischen Verfassung geprägte öffentliche Leben Venedigs durch die Scuole mit einem Schuß vom Gegenteil durchdrungen. Und ohne die Scuole hätte die Kraft des venezianischen Bürgertums vermutlich andere, heiklere Ventile benötigt. Venedig, als Republik wie als Stadt, verdankt den Bruderschaften viel. »In der Praxis«, resümiert Frederic C. Lane unter der Überschrift »Das Einverständnis der Regierten«, »beruhte die langlebige Stabilität der venezianischen Regierung auf der Aufmerksamkeit, die ihre Führer sowohl den Spezialinteressen [der verschiedenen Bevölkerungsgruppen] als auch dem Allgemeinwohl ihrer geliebten Stadt schenkten.«

15
Verschwörer und Rivalen

Venedigs Ringen mit Genua · Die Tiepolo-Verschwörung
Der Doge Marino Falier · Der Staatsstreich – nur ein
Planspiel? · Eine venezianische Tragödie

Am frühen Morgen des 15. Juni 1310 wurde auf Venedigs Piazza, dem Markusplatz, heftig gefochten, und in den engen Gassen, die in den großen Platz einmünden, drängten sich die Bewaffneten, die von den Verschwörern für ihren Putsch gegen den Dogen und die Republik mobilisiert worden waren. »*Morte aí tiranni!* – Tod den Tyrannen«, hörte man schreien, und dazwischen krachte der Donner. Es regnete stark – aber nicht bloß Regen fiel von oben: In einem nur wenige Schritte von der Piazza entfernten Haus der Merceria, der meistbegangenen Gassenfolge zwischen Rialto und Markusplatz, riß eine vom Waffenlärm aufgeschreckte Bürgersfrau im zweiten oder dritten Stock ein Fenster auf und schubste erbost einen schweren Mörser hinunter, der justament den im Kampfgetümmel hierher abgedrängten Fahnenträger der Rebellen traf und auf der Stelle niederstreckte. Und als so das Feldzeichen in den Kot der Gasse sank und zertrampelt wurde, da löste sich auch der Widerstand der Verschwörer auf, und in überstürzter Flucht wichen sie vor den Soldaten des Dogen aus dem Sestiere San Marco über die Rialtobrücke zurück. Der Putsch war gescheitert.

Hat jene brave – oder bloß jähzornige – Bürgersfrau, Giustina Rosso mit Namen, durch ihren Wurf Venedig gerettet? Hat ihr Venedigs Adel den Fortbestand der gerade erst durchgesetzten aristokratischen Verfassung zu danken? So groß in der Geschichte mitunter die Wirkungen kleiner Ursachen sind und so gewiß auch die Story (an die heute ein kleines Relief in der Merceria hinter dem Durchgang des Uhrturms erinnert) historisch verbürgt ist –

die »Bombe« aus einem Merceria-Küchenarsenal ist sicher nicht die entscheidende Waffe bei der Abwehr der gefährlichen Tiepolo-Querini-Verschwörung gewesen. Denn obwohl der Handstreich sorgfältig geplant worden war, überraschte er den Dogen und seine Räte nicht. Das Regime des Mißtrauens hatte viele Ohren.

Wie aber war es zu der Konspiration gekommen? Wer waren die Verschwörer, und welche Ziele verfolgten sie? Innen- wie außenpolitische Motive mischten sich mit persönlichen und familiären Ambitionen. Wir müssen zur Erklärung ein bißchen zurückgreifen.

Venedig mußte in den letzten Jahrzehnten des 13. Jahrhunderts – eben der Phase des Verfassungsabschlusses – schwierige Behauptungskämpfe führen und beträchtliche Zerreißproben namentlich in Kriegen mit dem mächtig erstarkten Genua bestehen. Die ligurische Rivalin war erfolgreich in die venezianischen Interessensphären der Levante eingebrochen, und aus zugespitzter Handelskonkurrenz war zwangsläufig seit 1257 ein erbitterter Kampf erwachsen, der an vielen Fronten in den Kolonien und überall dort ausgefochten wurde, wo sich venezianische und genuesische Geschwader und Schiffe auf den Routen des Mittelmeers begegneten. Für mehr als hundert Jahre prägte nun das Ringen der beiden führenden Mächte die Geschichte des Mittelmeers, und so wechselhaft das Kriegsglück blieb, so vorübergehend nur hielten die Waffenstillstände und Friedensschlüsse, auf die sich die wechselseitig erschöpften Gegner zwischendurch einigten.

Unser Historiopoet Martino da Canale feierte zwar mit gewohntem Enthusiasmus die Seesiege, die venezianische Flotten beispielsweise 1262 und 1266 unter den Admirälen Giberto und Giacomo Dandolo im Geiste des großen Dogen und mit dem Schlachtruf »Gott mit uns und der heilige Markus!« erstritten hatten – aber keineswegs weniger Jubelanlässe boten sich Canales genuesischen Kollegen. Mehr noch: mit der endgültigen Überwindung des längst todkranken lateinischen Kaiserreichs von Venedigs Gnaden durch den griechischen Kaiser Michael VIII. Palaiologos, der 1261 die alte Residenz Konstantinopel zurückgewann, setzten sich die mit dem Kaiser verbündeten Genuesen am

Goldenen Horn und am Bosporus so fest und »meistbegünstigt« in den Sattel wie zuvor die Venezianer. Eine Schlüsselstellung des Handels war für die Markusrepublik verloren.

Trotz mancher Pläne zur Wiederherstellung des lateinischen Kaiserreichs, die Venedig zusammen mit dem Staufer-Nachfolger in Unteritalien, dem französischen Fremdherrscher Karl von Anjou, halbherzig erwog, und trotz bald folgender Verständigungen mit Michael Palaiologos, der die traditionelle byzantinische Schaukelpolitik betrieb, kehrte die alte Venezianer-Herrlichkeit in Konstantinopel nie mehr zurück. Nur noch Gesandter und Chef der San-Marco-Kolonie, nicht mehr heimlicher Kaiser war der venezianische Bailo von Konstantinopel. Und Genua beherrschte das Schwarze Meer.

Gegen Ende des Jahrhunderts kam es noch schlimmer: Genua vernichtete 1282 endgültig die See- und Handelsmacht seiner alten Rivalin Pisa und durfte sich nun mit seinem innerhalb weniger Jahrzehnte potenzierten Handelsvolumen und seiner Flottenmacht stark genug fühlen, auch das »venezianische Meer«, die Adria, ins Visier zu nehmen. Nachdem eine venezianische Flotte im Mai 1294 vor dem armenischen Lajazzo, nordöstlich von Zypern, vollständig geschlagen worden war – Martino da Canale hat's nicht mehr erleben müssen –, und nachdem wechselseitig brutale Piratenakte in der Levante die Feindseligkeiten weiter angeheizt hatten, drang die genuesische Armada 1298 in die Adria vor und besiegte die Venezianer bei der Insel Curzola erneut schwer. Das geringste Unglück dabei war die – möglicherweise hier erfolgte – Gefangennahme des damals noch gar nicht prominenten Venezianers Marco Polo, der in genuesischen Verliesen die Muße fand, seinen später berühmten Reisebericht über die exotische Welt des fernen Ostens zu diktieren. Neben der weltliterarischen Fußnote aber steht der Verlust Tausender von Marinesoldaten, steht der Untergang von über sechzig Galeeren und steht die Erschütterung des venezianischen Selbstvertrauens: Zorn über das Versagen der Flotte, Zorn auf die Regierung des ohnehin ungeliebten Dogen Pietro Gradenigo, der soeben – 1297 – die geschilderte folgenreiche *Serrata*, die exklusive Formierung der aristokratischen Macht, in Gang gesetzt hatte.

Es gärte am Rialto. Nicht so sehr die vom Großen Rat ausgeschlossenen Popolanen, aus deren Reihen nur das ungestüme Aufbegehren eines Zukurzgekommenen berichtet wird – ein gewisser Marino Bocconio wurde 1300 mitsamt einigen Mitverschwörern abgeurteilt und zwischen den Säulen der Piazzetta aufgehängt –, als vielmehr einige Familien des Adels selbst traten in Opposition zum Dogen Pietro Gradenigo und zu jener größeren Gruppe patrizischer Geschlechter, die um ihn herum die maßgebenden Regierungsämter besetzten – und die 1289 in einer »Kampfwahl« den harten, konservativen Gradenigo gegen einen Kandidaten aus der bürgerfreundlichen Dogenfamilie Tiepolo (deren Übergewicht man fürchtete) an die Spitze des Staates gebracht hatte.

Man könnte mit einer Anleihe bei der englischen Parteiengeschichte von venezianischen »Tories« um Pietro Gradenigo und »Whigs« um die verschwägerten Familien Tiepolo und Querini sprechen, wenn es sich um konstantere und politisch profiliertere Parteiungen gehandelt hätte. Nicht besonders tauglich ist auch die in der Literatur mitunter versuchte Zuordnung dieser Adelsgruppen zur »guelfischen«, papstgeneigten Richtung auf der oppositionellen Seite und »ghibellinischer« Staatsgewalt auf der anderen. Nur ein Hauch davon mag insofern gelten, als zu den Gründen des Aufstands der Tiepolo-Gruppe auch die Unzufriedenheit über eine heftige Kontroverse Venedigs mit dem Papst gehörte.

Die Markusrepublik unter Pietro Gradenigos Regierung hatte nach einem vergleichsweise günstigen Friedensschluß im Mai 1299 mit dem zur See zuletzt überlegenen, innenpolitisch aber ungefestigten Genua den Blick aufs Festland gerichtet und bei scheinbar guter Gelegenheit den Versuch unternommen, sich das wirtschaftlich bereits abhängige Ferrara auch politisch zu unterwerfen. Ferrara aber gehörte als Lehen theoretisch zum Kirchenstaat, und so war es nicht verwunderlich, daß der im französischen Avignon residierende Papst Clemens V. gegen die venezianischen Annexionsgelüste protestierte. Verwunderlich freilich, wie hektisch die päpstliche Reaktion ausfiel: Clemens machte sich zum Sprachrohr des schon skizzierten italienisch-französischen Venedig-Hasses dieser Jahrzehnte und verhängte 1309 mit geradezu wütenden Sentenzen den Kirchenbann über die Republik – ja rief sogar zum »Kreuzzug« gegen Venedig auf.

So gelassen die Venezianer unter dem beruhigenden Patronat ihres hauseigenen Apostels schon mitunter päpstlichen Zorn und Bann ertragen hatten, so ungewohnt und unerwartet kam ihnen nun das italienische »Kreuzheer« in die Quere, das der echauffierte *Pontifex maximus* tatsächlich auf die Beine gebracht und nach Ferrara gehetzt hatte. Die empfindliche Niederlage, die die Republik bei Ferrara erlitt, sowie die dadurch ermutigte Welle des Aufbegehrens gegen Venedig in Istrien und Dalmatien – selbstredend in Zara – haben die Position der regierenden Aristokraten um Pietro Gradenigo zeitweise merklich geschwächt. Und so mißbräuchlich, ja absurd der Papst zur Verteidigung vatikanischer Territorialansprüche die Kreuzzugsidee ausgerechnet gegen den Staat des Evangelisten Markus in die Waagschale warf, so schwer lasteten doch die von Clemens V. ausgesprochenen Kirchenstrafen – die Verweigerung der Sakramente und christlicher Begräbnisse – auf großen Teilen der venezianischen Bevölkerung.

Der Konflikt der regierenden Aristokratie mit dem Papst, so mußte es den gläubigen Bürgern vorkommen, gefährdete ihr privates Seelenheil: Durfte man unter diesem Dogen nicht einmal mehr kirchengetröstet sterben? Diese sorgenvolle, erregte Stimmung im Volk, verstärkt durch den Nachhall der *Serrata*-Spannungen, schien der Adelsopposition die besten Aussichten für einen Umsturzversuch zu bieten. Aus Opposition wurde jetzt Konspiration.

Die Köpfe der Verschwörung waren Bajamonte Tiepolo, der Urenkel des Dogen Lorenzo Tiepolo, ein noch junger, aber militärisch bereits erfahrener, hitzig ehrgeiziger Mann, dem eine größere Karriere im Staatsdienst bislang verwehrt worden war und den gleichermaßen Rachsucht gegen den Dogen wie persönliches Machtstreben in das Abenteuer eines bewaffneten Aufstands trieben – sowie sein Schwiegervater Marco Querini, in dessen Haus am Rialto die Fäden der Verschwörung zusammenliefen. Mit im Bunde waren Mitglieder der Familien Badoer, Barozzi, Baseggio, Doro und Orio, allesamt unzufriedene Nobili, die sich vom Sturz der Regierung Gradenigo gesteigerten Einfluß und persönliche Pfründen versprachen. Die Venedig-Historiker sind sich im wesentlichen einig in der Deutung, daß es den Verschwörern um die Aufhebung, mindestens eine drastische Veränderung der aristokratischen Verfassung Venedigs und die Errichtung einer Familiendiktatur gegangen ist, an deren Spitze als kaum beschränkt herrschender *Signore*, als »Tyrann«, Bajamonte Tiepolo treten sollte.

Beispiele für diese meist im bürgerlichen Geldadel sowie in den Zünften der Kommunen wurzelnde Herrschaftsform gab es seit dem 13. Jahrhundert in zahlreichen italienischen Stadtstaaten, und auch an markanten Vorbildern, durchaus nicht immer »tyrannisch« regierenden Signore-Persönlichkeiten, fehlte es nicht. Nach dem Willen der Verschwörer sollten die Tiepoli in Venedig das werden, was in Mailand und Verona die Visconti und die Scaligeri waren: eine bürgernahe, aber autokratische Dynastie.

Hochfliegende – und halsbrecherische Pläne. Die konspirativen Aktivitäten der Rebellen waren nicht geheim geblieben, wahrscheinlich verraten worden, und als Tiepolo und Querini mit ihren Soldaten an jenem 15. Juni 1310 zum Markusplatz vordrangen, um den Dogenpalast zu stürmen, sahen sie sich starken republikanischen Truppen unter dem persönlichen Kommando des Dogen gegenüber. Marco Querini fiel im Gefecht, die Rebellen wurden zurückgeschlagen und blieben ohne die erwartete Hilfe eines Kontingents unter Badoero Badoer (das der Doge hatte abfangen lassen), auch ohne spontane Unterstützung der Bevölkerung. Und als dann ganz im Gegenteil die Bürgersfrau in der Merceria... Wir haben es erzählt.

Der Rest der Rebellen rettete sich über die Rialto-Brücke auf die andere Seite des Canal Grande und leistete verbarrikadiert noch einige Stunden Widerstand, was den vorsichtigen Dogen bewog, Bajamonte Tiepolo freien Abzug zu gewähren – in die Verbannung. Die Mehrzahl der Verschwörer aber wurde gefangengenommen und abgeurteilt, Badoer hingerichtet. In Venedig schlug nicht die Stunde einer autokratischen Signorie, sondern die Stunde des Zehn-Männer-Tribunals, des Rats der Zehn. Die aristokratisch-republikanische Verfassung war gerettet, die *Dieci* wachten künftig über sie. Was immer für »demokratisch« glitzernde Medaillen dem Rebellen Bajamonte Tiepolo später umgehängt worden sind – v. Pölnitz beispielsweise nennt ihn einen »Volksführer«, für dessen Pläne das Volk von Venedig noch zu »unreif« gewesen sei –, es erscheint kaum fraglich, daß ein Erfolg der Tiepolo-Querini-Verschwörung Venedig wenigstens zeitweilig in den Kreis der verfassungspolitisch labilen Signorien Italiens eingereiht und die Kontinuität der venezianischen Geschichte – vielleicht verhängnisvoll – unterbrochen hätte. Wie gut also, daß man nicht an einen Tyrannen Tiepolo denken muß, wenn dieser klangvolle venezianische Name fällt, sondern vor allem an die beschwingten Bilder des Giovanni Battista Tiepolo erinnert wird, des letzten ganz Großen der venezianischen Malerei.

Und was schließlich unsere Giustina Rosso aus der Merceria betrifft: Die Republik garantierte ihr zum Dank, daß der Mietzins ihrer Wohnung von den Hausbesitzern, den Prokuratoren von San Marco, niemals erhöht werden dürfe, und erlaubte ihr wunschgemäß, an Feiertagen aus dem »historischen« Fenster eine Markusfahne zu hängen.

Das Löwenbanner des Evangelisten, das der Papst (mit dem sich die Republik nun bald wieder arrangierte) in Ferrara nicht dulden woillte, wurde in den folgenden Jahrzehnten freilich doch auf die *Terra ferma*, das feste Hinterland der Lagunenstadt, getragen. In dem Maße nämlich, wie überseeische Positionen – manche nur zeitweilig – aufgegeben werden mußten, wuchs im Palazzo Ducale die Neigung, Kompensationen vor der Haustür zu suchen und von der traditionellen, allerdings schon längst nicht mehr bedingungslosen Festland-Abstinenz planmäßiger abzurükken. »Braucht man nicht nachgerade wirtschaftliches Hinterland, das Lebensmittel und Rohstoffe ausreichend gewährt, gesicherte Wegfreiheit nach Deutschland und nach dem Westen, politische Sicherstellung gegen übelgesinnte festländische Nachbarn?« fragt Kretschmayr. Venedig begann nun mehr und mehr auch eine »italienische« Macht zu werden, was es in der Epoche seines Aufstiegs kaum gewesen war; nivellierte Italiener freilich sind die Venezianer im eigenen wie im italienischen Verständnis auch in den letzten Jahrhunderten der Republik-Geschichte nie ganz geworden.

In den Jahren 1336 bis 1339 führte die Markusrepublik, verbündet mit Florenz, Krieg gegen die immer selbstherrlicher auftretende Dynastie der Scaligeri, die Verona, Vicenza und Padua beherrschte und damals noch weiter zu expandieren versuchte. Nach erfolgreicher Belagerung von Verona mußte der Signore

Mastino I. (»der Bluthund«) della Scala vor dem Löwen kuschen und Venedig den Besitz der wichtigen Stadt Treviso mit dem Umland zugestehen. Padua, wo die Familie Carrara den Ton angab, kam zeitweilig unter die Kontrolle venezianischer Podestà. Aber eine systematische Fortsetzung der Terra-ferma-Politik wurde den Venezianern fürs erste verwehrt. Im ständigen Wandel der Mächtekonstellation traten wiedererstarkte alte Rivalen – das Königreich Ungarn – oder neue Gegner – die habsburgischen Herzöge von Österreich – gegen die Republik auf, die um die Mitte des 14. Jahrhunderts um ihre Besitzungen und Einflußsphären in Dalmatien und Istrien kämpfen mußte und dabei beträchtliche Einbußen erlitt. Chronisten notierten die sechste, die siebente und die achte Rebellion von Zara.

Und während sich in Kleinasien der kriegerische Türkenstamm der Osmanen, Venedigs schicksalhafter Halbmond, mächtig ausbreitet und mit seinen Piratengeschwadern das östliche Mittelmeer in Schrecken zu versetzen beginnt, wird 1350 ein neuer Krieg mit dem Schicksalsgegner des Westens, mit Genua, unausweichlich. Die Handelsinteressen der beiden führenden Wirtschaftsmächte des Mittelmeerraumes forderten ihn – und zogen diesmal so viele andere Staaten als Bündnispartner beider Seiten in den Konflikt, daß mit einigem Recht von einem frühen »Weltkrieg« gesprochen werden kann. Byzanz, das spanische Königreich Aragon, später die oberitalienischen Mächte Verona, Ferrara, Padua und Mantua sowie zeitweilig sogar der deutsche Kaiser Karl IV. traten – wenngleich selten mit nennenswerten Hilfskontingenten – auf die Seite der Markusrepublik, während Genua sich vor allem mit König Ludwig von Ungarn »zum Untergang von Stadt und Doge von Venedig« verbündete und bei einer – unentschiedenen – Seeschlacht vor Konstantinopel 1352 selbst die Hilfe der mohammedanischen Osmanen nicht verschmähte. Wirtschaftspolitische Interessen rangierten auch in Genua weit vor christlicher Solidarität.

1353 siegten Venezianer und Aragonier vor der Westküste Sardiniens über Genua, 1354 triumphierten die Genuesen bei Modon. Francesco Petrarca, der große Dichter, erschien als Vermittler in Venedig und appellierte an den Dogen Andrea Dandolo (1343–1354), als ein »neuer Trajan« den Frieden im gesamtitalienischen Interesse zu suchen. Aber Dandolo, unser oft zitierter Staatschronist, hatte seinem humanistischen Gesinnungsfreund hier – vielleicht schweren Herzens – in einer anderen Rolle gegenüberzutreten. Obwohl genuesische Kriegsschiffe bis zum Lido di Venezia vordrangen und Venedigs Bevölkerung in Angst und Schrecken versetzten, führte die Republik den Krieg fort und war erst auf Drängen Kaiser Karls IV. im Juni 1355 zum Friedensschluß von Mailand bereit. Es war ein Kompromißfrieden, der beiden Seiten im wesentlichen das zubilligte, was sie schon vor Kriegsausbruch besessen hatten – und der den Keim eines neuen Krieges deutlich in sich trug.

Aber hatte nicht gerade Andrea Dandolo, der im September 1354 plötzlich gestorben war, beschwörend versichert, daß der heilige Markus (dessen Wundertaten soeben Paolo Veneziano in der Basilika ausmalte) wohlbehütet und schutzbringend mitten unter seinen Venezianern weile? Und mußte nicht sein Patronat am Ende, irgendwann, der Markusrepublik den Triumph über die Genuesen bescheren, die einen auch nur annähernd so herrlichen Schirmherrn nicht vorweisen konnten?

Dem kultivierten und charaktervollen, staatsmännisch aber glücklosen Andrea Dandolo war im September 1354 ein Politiker im Dogenamt gefolgt, den viele Venezianer für eine Gestalt vom Schlage *Enrico* Dandolos hielten: Marino Falier. Haupt einer altadligen Kaufmannsfamilie und bereits in den Siebzigern, hatte Falier seit Jahrzehnten zahlreiche bedeutende Aufgaben im Staatsdienst versehen und sich ebenso in zivilen Kolonialämtern als Podestà und Gouverneur, als Mitglied des Rats der Zehn, als Diplomat und Gesandter in schwierigen Missionen bei Kaiser und Papst wie militärisch als Admiral und Heerführer hervorragend bewährt. Marino Falier wird von den Chronisten seiner Zeit als sehr stolz, energisch, gebildet und – noch im hohen Alter – auffallend temperamentvoll geschildert; den Bischof von Treviso hatte er vor Jahren in dessen Kathedrale kurzerhand geohrfeigt, als der Kleriker ihn, den Gouverneur der Stadt, unziemlich lange hatte warten lassen.

Würde das der zupackende Mann sein, der das erschütterte Venedig aus der Krise dieser Jahre – die Flotte war soeben schlimm geschlagen worden, das Staatsbudget überzogen, der

Handel ins Stocken geraten, die Bevölkerung besonders durch nicht weit zurückliegende Katastrophen wie das Erdbeben und die verheerende Pest von 1348 geschockt und erregt – heraus, zum Frieden, zu neuem Aufschwung führen könnte?

Es kam ganz anders. Der Doge, den der englische Dichter Lord Byron in den Anmerkungen zu seiner Falier-Tragödie eine Gestalt »mit allen Eigenschaften, aber ohne den Erfolg eines Helden« nennt, ist in dieser Krisensituation, die insbesondere als eine Krise der akut so glücklos und unflexibel regierenden Aristokratie erschien, auf den fatalen Abweg geraten oder getrieben worden, den viereinhalb Jahrzehnte zuvor Bajamonte Tiepolo beschritten hatte – der Rebell, den Marino Falier selber als Mann der *Dieci* noch im Exil hatte verfolgen lassen.

Von allem Anfang an scheint der Doge auf einen Friedensschluß mit Genua hingearbeitet zu haben, wobei er die große Mehrheit Venedigs hinter sich, eine dominante Fraktion der ihn umgebenden regierenden Aristokraten vermutlich gegen sich wußte. Immerhin setzte Falier im Januar 1355 ein Waffenstillstandsabkommen durch. Die äußere Beruhigung aber entspannte die innere Lage noch keineswegs entscheidend.

Trotz mancher Rekonstruktionsversuche und scharfsinniger Hypothesen ist nie ganz eindeutig geklärt worden, auf welche Weise Marino Falier an die Spitze einer Verschwörergruppe gelangt und wie definitiv – oder nur tastend – sein Plan, sein Versuch gewesen ist, das Adelsregime durch eine Dogendiktatur zu ersetzen. Die viel später ausgesponnene Falier-Legende hat das Geschehen zu einer Art Schicksalstragödie zurechtgestutzt. Sie beginnt mit unheilverkündenden Zeichen – der Doge habe nach seiner Wahl die Piazzetta vor dem Palazzo Ducale im Nebel versehentlich über die ominöse Richtstätte zwischen den beiden Säulen betreten – und erhebt persönliche Rachegefühle des in seiner Ehre gekränkten Marino Falier zum Hauptmotiv seines Staatsstreichs. Der junge, arrogante Nobile Michele Steno habe durch Spottverse die eheliche Treue der Dogaressa in Zweifel gezogen und den greisen Dogen zum Hahnrei erklärt, ohne für diese Beleidigung nennenswert bestraft zu werden. Woraufhin sich Falier im Bunde mit einigen ebenfalls von Aristokraten gekränkten bürgerlichen Marineoffizieren zum Umsturz entschlossen habe. In E. T. A. Hoffmanns spannender Novelle »Doge und Dogaresse« kann man's so ähnlich nachlesen.

Nun ist dieser Michele Steno, der übrigens ein halbes Jahrhundert später selbst das Dogenamt bekleidete, wegen flegelhaften Benehmens gegenüber dem Dogen tatsächlich zu einem Monat Kerker verurteilt worden. Die Dogaressa aber, eine Frau um die fünfzig, war nicht im Spiele, und auch die verbürgten handgreiflichen Kränkungen einiger bürgerlicher Offiziere durch hochfahrend auftretende Nobili waren bloß Symptome der bestehenden Spannungen, kaum jedoch die direkte Ursache der Verschwörung. Stenos Provokation machte aus Falier noch keinen Usurpator.

Eine gewisse Selbstherrlichkeit der Aristokratie im ganzen freilich und ihre Ignoranz gegenüber verbreiteter Kritik, gegenüber den Ansprüchen einiger Popolanen auf mehr Anteil an militärischer oder administrativer Verantwortung in der damaligen Krisensituation, haben in Venedig wohl eine etwas breitere Opposition der Unzufriedenen entstehen lassen als zur Zeit der Tiepolo-Querini-Verschwörung. Klare Fronten aber, deutlich umgrenzte Parteien – hier Popolanen, dort Aristokraten – lassen sich im gärenden Venedig dieser Monate keinesfalls ausmachen.

Frederic C. Lane hebt hervor, daß es in diesem »Zeitalter der Despoten« schwelende monarchische Tendenzen auch im venezianischen Adel und mithin wohl eine Bewegung gegeben habe, die sich von einem mit mehr Macht versehenen Dogen eine straffere, erfolgreichere Politik im Ringen mit autokratischen Mächten, namentlich dem zu dieser Zeit ebenfalls von einem Signore geführten Genua, erhoffte. Wie immer auch: Marino Falier hat sich – herrschsüchtig, von aristokratischen Räten aber eingeengt und nach seinen pro-bürgerlichen Entscheidungen bei der Besetzung einiger Kapitänsstellen von Adligen provoziert – an die Spitze einer despotischen Tendenz vorgewagt oder drängen lassen. Vermutlich hat er dabei ihre Stärke, ihre Verzahnung mit dem Friedenswillen und der Unruhe im Volk überschätzt, den tiefsitzenden Respekt vor dem Aristokratenregime und die Furcht vor einem harten Strafgericht aber unterschätzt.

Zusammen mit dem Marinekapitän Bertuccio Isarello und dem am Ausbau des Dogenpalastes wirkenden Baumeister Filippo Calendario, zwei Bürgerlichen, sowie seinem Neffen Bertuccio

Die »Scala dei Giganti« im Innenhof
des Dogenpalasts: Auf dem Vorläuferbau der Prachttreppe
wurde Marino Falier exekutiert,
und hier empfingen die Dogen die Dogenkrone.
Gemälde von Canaletto (1756).

Falier, dem möglichen Erben einer monarchischen Dogenmacht, und weiteren Offizieren der Marine und des Arsenals plante der Doge, wie später bekanntgegeben wurde, für die Nacht vom 15. zum 16. April 1355 einen Handstreich, der zur Überwältigung der maßgebenden Aristokraten und zur Ausrufung Faliers als Alleinherrscher, als Signore von Venedig, führen sollte.

Möglicherweise ist dieser Staatsstreichplan sogar nur ein Planspiel gewesen, von dem Falier bereits wieder abgerückt war, als zuvor einkalkulierte Unterstützung aus Popolanenkreisen ausblieb. Vor allem aber waren die von Isarello und Calendario betriebenen Putschvorbereitungen von Spitzeln beobachtet und den Aristokraten Giacomo und Giovanni Contarini sowie Niccolò Lion gemeldet worden, die nicht zögerten, vorsorglich verläßliche Truppen vor dem Dogenpalast zusammenziehen zu lassen. Isarello, Calendario, Bertuccio Falier und rund drei Dutzend weitere Verdächtige wurden kampflos verhaftet, verhört, gefoltert. Noch nicht begonnen, fast nur gedacht, war der Staatsstreichversuch schon gescheitert.

Die Regierungsgremien, voran der erweiterte Rat der Zehn, tagten in Permanenz. Man hatte es eilig, dem sich auf Piazza und Piazzetta aufgeregt und neugierig – aber keinesfalls bedrohlich – drängenden Volk die harte Entschlossenheit der Adelsrepublik zu demonstrieren. Bereits am 16. April wurden zehn verurteilte Verschwörer, unter ihnen Isarello und Calendario, zwischen den Säulen der Piazzetta-Front des Dogenpalastes aufgeknüpft – geknebelt, wie es heißt, damit sie keine Parolen in die Menge hinunterschreien konnten. Weitere Exekutionen folgten; Bertuccio Falier wurde in die Verbannung geschickt. Die Rolle des Dogen selbst in der Verschwörung schien nicht auf den ersten und zweiten Blick durchsichtig zu sein, aber zu viele Spuren wiesen wohl auf ihn als das Haupt, vielleicht auch nur als den mitwissenden potentiellen Nutznießer des Staatsstreichs.

Da die Protokolle und Akten des gegen Marino Falier geführten Prozesses nicht überliefert, wahrscheinlich bewußt vernichtet worden sind, wissen wir nicht, wie das Tribunal ihn seiner Schuld überführte. Der Doge wurde seines Amtes enthoben und zum Tode verurteilt. Lange vor den Engländern und Franzosen entschlossen sich die Venezianer, ein gekröntes Staatsoberhaupt offiziell hinzurichten. Im Hof des Palazzo Ducale, genau an jener Stelle der Marmortreppe, an der der Doge wenige Monate zuvor seinen Amtseid geschworen hatte, wurde Marino Falier am 17. April 1355 geköpft. Ein Sprecher der *Dieci* wies das blutige Schwert des Henkers ostentativ der Menge vor: »Seht her, dem Verräter ist Gerechtigkeit widerfahren.«

Den Leichnam mit dem Kopf zwischen den Füßen stellte man einen Tag und eine Nacht lang aus, bevor man ihn ohne jedes Geleit in einer Barke zur Gruft der Falier in der Kirche Santi Giovanni e Paolo transportierte. Und mit ausgeprägtem Sinn für Symbolik entfernte man aus der Sterbeglocke des Dogen den Klöppel und hängte sie zu dauerndem Schweigen in den Campanile von San Marco. Das Porträt des 55. Dogen wurde aus dem großen Ratssaal des Dogenpalastes entfernt und ist später durch einen gemalten schwarzen Vorhang mit einer Inschrift ersetzt worden: »Hic est locus Marini Faletri decapitati pro criminibus – Dies ist der Platz des wegen seines Verbrechens enthaupteten Marino Falier.«

Petrarca aber, der auch Falier persönlich gut gekannt hat, berichtete betroffen in einem Brief vom April 1355 nach Genua: »Stärker war sein Temperament als seine Einsicht, sein Herz vermochte nicht in höchster Würde Genüge zu finden... Alle glauben, er habe an der von den Vätern überkommenen Verfassung etwas ändern wollen. Er ersann, was niemand je ersonnen, und erlitt, was niemand je erlitten... Den Dogen, die nach ihm kommen, sei es gesagt, sie mögen wissen, daß Dogen keine Herren sind, ja nicht einmal Herzöge, sondern mit Ehren angetane Sklaven der Republik.«

Eine venezianische Tragödie, Stoff für die Volksphantasie und viele Literaten – und das schaurigste Exempel für die »Einebnung« starker, ambitionierter Persönlichkeiten in Venedig. Wieder aber auch ein – notwendiger – Sieg der republikanischen Staatsräson. Falls Giustina Rosso aus der Merceria, die Jahrzehnte zuvor Tiepolos Fahnenträger bombardiert hatte, den Tag der Hinrichtung Faliers, der nun zum Staatsfeiertag erklärt wurde, noch erlebt hat, wird sie sich über die zusätzliche Gelegenheit gefreut haben, ihre offizielle Markusfahne aus dem Fenster zu hängen. Dem Volk von Venedig stand nicht der Sinn nach einem absoluten Herrn.

16
Das neue Neu-Rom

Der »Chioggia-Krieg« gegen Genua
Zügel für die Pferde von San Marco? · Pisani, Zeno
und die Rettung · Petrarcas »römisches« Venedig
Markus und die Humanisten

Besiegelt war für den Rest der staatlichen Geschichte Venedigs der Bestand der aristokratisch-republikanischen Verfassung; offen das über hundertjährige Ringen mit Genua um die »Freiheit der Meere«, die beide Seiten als die unbeschränkte Handelsfreiheit des Siegers verstanden. Der Friede von 1355, den Marino Falier vorbereitet hatte und der unter seinem Nachfolger Giovanni Gradenigo (1355–1356) zustande kam, ist nicht mehr als ein Aktschluß in diesem Drama gewesen, dem ein vierter und letzter Akt folgen mußte. Eine Vorentscheidung aber – freilich nur im späteren Verständnis der Historiker – war gegen Ende des dritten Akts eben mit dem Ausgang der Falier-Verschwörung bereits gefallen: Während das zeitweilig fast übermächtige Genua innenpolitisch zwischen oligarchischen, republikanischen und diktatorischen Verfassungsformen hin und her schwankte, hatte Venedig seine Regierungskontinuität sichern können. »Nichts hat der Lagunenstadt mehr zum Endsieg, den sie im späten 14. Jahrhundert über die ligurische Rivalin erringen wird, verholfen, als die von allen übrigen Städten so scharf abstechende Ruhe und Gleichmäßigkeit der inneren Verfassung«, urteilt Michael Seidlmayer. Ein »Endsieg« allerdings, der am seidenen Faden hängen wird.

Im Krieg gegen Ungarn verlor die Markusrepublik 1358 Dalmatien, und in den sechziger Jahren setzte ihr ein Aufstand der Kolonie Kreta erheblich zu, während sich die Genuesen auf Kosten der Venezianer in der Ägäis immer breiter machten. Im christlichen Königreich Zypern konkurrierten Venezianer und Genuesen zunehmend giftiger um die handelspolitische Vormachtstellung, und als bei den Feierlichkeiten zur Krönung des zyprischen Königs Peter II. im Oktober 1372 der venezianische Bailo demonstrativ protokollarischen Vorrang für sich in Anspruch nahm, störten die Genuesen das Krönungsbankett zu Famagusta, indem sie die Venezianer mit Brotkügelchen bombardierten.

Nicht lange begnügten sich die Rivalen mit so harmlosen Geschossen. Der Streit wurde hitziger, und nachdem Zyprioten und Venezianer die Provokateure aus dem Fenster geworfen hatten, kam es in Famagusta zu regelrechten Gefechten und zur Plünderung des Genuesenquartiers durch die Venezianer. Zwei Jahre danach setzte eine vor Famagusta erscheinende genuesische Flotte Genuas Vorherrschaft auch auf Zypern durch, und als 1378 die Genuesen Venedig den Besitz der Insel Tenedos, des »Schlüssels zu den Dardanellen«, streitig machten, sah sich die Republik zur offiziellen Kriegserklärung gezwungen.

Während sich Genua diesmal mit Ungarn, Österreich und dem Signore Francesco Carrara I. von Padua, einem erbitterten Venedig-Hasser, verbündete, stand der Lagunenstaat nahezu allein. Mailands Unterstützung zählte kaum. Im Sommer 1378 errang die venezianische Flotte unter dem Generalkapitän Vettore Pisani eine Reihe von Siegen über die Genuesen, im Frühjahr des folgenden Jahres aber schloß sich der Ring der Einkreisung um Venedig. Die verheerende Niederlage, die der bei seinen Matrosen und Soldaten ungewöhnlich populäre Pisani im Mai 1379 gegen eine überlegene Flotte des Feindes vor dem istrischen Pola erlitt – ganze sechs Galeeren entkamen dem Desaster –, versetzte Venedig in Schrecken und Krisenstimmung. Denn eine zweite venezianische Flottille unter dem Admiral Carlo Zeno war im April fatalerweise ins Mittelmeer ausgelaufen, und die Stadt lag nun zur See fast ungeschützt vor den starken genuesischen Verbänden, die in Sichtweite des Lidos auftauchten, während auf dem Festland paduanische, ungarische und österreichische Truppen vorrückten und die meisten Versorgungswege Venedigs blockierten.

Die Regierung des alten, tapferen Dogen Andrea Contarini (1368–1382) reagierte mit rigorosen, aber auch nervösen Notmaßnahmen. So wurde der unglücklich geschlagene Generalkapitän Vettore Pisani vor Gericht gestellt und zu einem halben Jahr

Kerkerhaft verurteilt, nachdem die *Avvogadori* sogar für seinen Tod plädiert hatten. Die Zugänge zur Lagune, besonders der Porto S. Niccolò di Lido, wurden durch Ketten und Schiffe abgeriegelt sowie befestigt, alle Venezianer zwischen achtzehn und fünfzig Jahren einberufen, gefährdete Ortschaften am Rand des Lagunengebiets in Forts verwandelt oder evakuiert. Die Bevölkerung hatte alle nur erdenklichen Kriegsbeiträge und Zwangsanleihen zu leisten. Und in höchster Eile waren Kuriere aufgebrochen, um Carlo Zeno mit seinem Geschwader zum Entsatz nach Venedig zurückzubeordern.

Die Genuesen griffen an, eroberten und brandschatzten Grado und Caorle, beschossen mit Kanonen Malamocco und andere Lagunenorte und nahmen am 16. August im Zusammenwirken mit den Landtruppen Paduas die Stadt Chioggia im Süden der Lagune. Hier schlug Pietro Doria, der genuesische Admiral aus der berühmten Seeheldenfamilie, sein Hauptquartier auf, und hier in Chioggia sollte sich der »Chioggia-Krieg«, wie er später genannt wurde, entscheiden. Von Chioggia aus wollte Doria nach Rialto vordringen, um den »Pferden von San Marco Zügel anzulegen«. Das eingeschlossene Venedig war in höchster Gefahr – und uneinig. Pisanis Nachfolger Taddeo Giustiniani genoß zwar das Vertrauen des Senats, nicht aber das der Truppen und des Volkes. Auf einer in die Markuskirche einberufenen Volksversammlung – ein äußerst ungewöhnlicher Akt – wurde bedingungsloser Widerstand gegen die Belagerer und die Wiedereinsetzung Pisanis vielstimmig gefordert.

Da entschloß sich Contarinis Regierung am 13. September 1379, Vettore Pisani zu rehabilitieren und ihn gemeinsam mit Giustiniani an die Spitze der Kriegsmarine zu stellen. Nicht nur in militärischer Hinsicht war es ein entscheidender Akt: Nun endlich fanden die erbitterten Streitigkeiten im Innern ein Ende, konnte die in der Hektik entstandene plötzliche Kluft zwischen Adel und Bürgertum überbrückt, konnte mehr und mehr die überparteiliche Gesinnung wachgerufen werden, die die Notlage so dringend erforderte. Der Beschluß des Großen Rats, nach Kriegsende dreißig um die Verteidigung Venedigs besonders verdiente Popolanenfamilien in seine Reihen, also in den Adel, aufzunehmen und auch vielen Zugewanderten zur Belohnung für ihren couragierten

Einsatz das venezianische Bürgerrecht zu verleihen, verstärkte den neuen Zusammenhalt. Und als der wiederberufene Vettore Pisani über die Piazza schritt, nachdem er in der Markuskirche die Kommunion empfangen hatte, umdrängte ihn die hoffende Menge und ließ ihn mit »Vettore«-Rufen hochleben. Der Kriegsheld aber – so die Chronisten – winkte ab und rief den Venezianern zu: »Nein, nicht meinen Namen – sondern ruft den heiligen Markus an!« Selten hat das »Viva San Marco!« mehr gezündet. Venedig schloß sich hinter seinem Patron zusammen.

Im Arsenal wurde mit größter Intensität an neuen Kriegsschiffen gearbeitet, und alle halbwegs einsatzfähigen Schiffe, Lastkähne und Boote hatten den Streitkräften zur Verfügung zu stehen. Immerhin 34 Galeeren, dazu 400 weitere Seefahrzeuge umfaßte die zusammengestoppelte Not-Armada, mit der im Dezember 1379 die aktive Verteidigung Venedigs eingeleitet wurde. Chioggia, der Hauptstützpunkt der Genuesen, konnte eingeschlossen und zeitweilig sowohl von der Flotte als auch von den verbündeten feindlichen Landheeren abgeschnitten werden. Aus den Belagerern wurden Belagerte.

Aber noch waren Pisanis Streitkräfte zu schwach, genuesische Gegenoffensiven drohten – und Venedig hoffte auf Carlo Zeno und sein Geschwader. Nie hat es am Rialto einen freudigeren Neujahrstag als den des Jahres 1380 gegeben: Ausguckposten auf dem Lido machten am Horizont Schiffe aus – genuesische? – und dann das Markusbanner an ihren Masten. Zenos Galeeren kehrten nach acht Monaten erfolgreicher, aber vergleichsweise nutzloser Operationen im Mittelmeer nach Venedig zurück und brachten die entscheidende Verstärkung. Markus, so empfand man am Rialto, hatte viele Tausend Gebete erhört. Das genuesisch besetzte Chioggia konnte nun stärker unter Druck gesetzt werden, Pietro Doria fiel, ohne die Bronzepferde von San Marco gezügelt zu haben, und trotz des Aufkreuzens auch einer genuesischen Entsatzflotte mußte der Feind schließlich, am 21. Juni 1380, in Chioggia kapitulieren.

Es war die Wende des Krieges. Noch ein Jahr lang dauerten die Kämpfe zur See und zu Lande, Venedig trauerte über den plötzlichen Tod Vettore Pisanis – Gerüchte über eine eifersüchtige Vergiftung des Volkshelden, eine weitere »Einebnung«, hielten sich hartnäckig – und feierte am Ende den Turiner Friedensschluß vom 8. August 1381, den die Markusrepublik »nicht als Besiegter, sondern als Sieger« gefordert hatte. Viele Konzessionen freilich waren unumgänglich: Dalmatien, die venezianische *Terra ferma,* die Position der Republik auf Zypern mußten aufgegeben werden. Vorerst – denn so mächtig auf dem Pergament der Friedensurkunden Genua noch erscheinen mochte, so entscheidend war Venedigs Rivalin tatsächlich getroffen worden. Noch vor dem Ende des Jahrhunderts, in dem Genua Venedig zweimal ganz nah an den Abgrund gedrängt hatte, ist die ligurische Seestadt endgültig aus dem Kreis der großen mediterranen Mächte ausgeschieden: Innere Instabilität brachte sie abwechselnd unter französische und mailändische Oberhoheit. Genua hatte lange Zeit mehr Handelsstützpunkte und Kriegsschiffe besessen als Venedig, aber es hatte sich weder eine haltbare Verfassung zu geben noch ein Äquivalent zu Venedigs Markus-Selbstverständnis zu entwickeln vermocht.

Das siegreiche Venedig aber, das sich relativ schnell von den Wunden des »Chioggia-Krieges« erholte, stattete dem Schutzheiligen seinen Dank ab, indem es bereits wenige Jahre nach Kriegsende, um 1385, daran ging, die Markusbasilika noch weiter zu vervollkommnen, ihren Ausbau nun vor allem durch »moderne« gotische Elemente – turmartige Figurentabernakel, Ziergiebel und Statuen – zu verschönern und im Innern die Bildausstattung zu vollenden. Eine neue Bauphase begann, die sich ebenso über viele Jahrzehnte erstreckte wie der Umbau des Dogenpalastes, der seit der Mitte des 14. Jahrhunderts Zug um Zug aus dem ursprünglichen Kastell in einen weiträumigen und zivileren Regierungspalast verwandelt wurde: in ein Wunderwerk der venezianischen Gotik.

Daß einer der maßgebenden Baumeister, Faliers Mitverschworener Filippo Calendario, zwischen seinen Säulen hat hängen müssen, bleibt eine makabre Episode in der Baugeschichte des Palazzo Ducale. In den Jahrzehnten um 1400 nahm auch der Markusplatz, dessen architektonisch zunehmend geschlossene Großzügigkeit ebenso wie die Pracht der Markuskirche das venezianische San-Marco-Sendungsbewußtsein spiegelt, mehr und mehr seine endgültige Form an, und Petrarca, der in den sechziger

Markusplatz und Piazzetta als »Forum Romanum« des »neuen Roms« Venedig? Der Markuslöwe als Erbe der Wölfin? Hier die weltläufige Piazzetta (von Canaletto) mit Blick auf S. Giorgio Maggiore.

Jahren des *Trecento* in Venedig gelebt hat, rühmte ihn als unvergleichlich in aller Welt. So konnte für ihn ein neues Forum Romanum aussehen.

Francesco Petrarca, der »Vater des Humanismus« und Wiederentdecker des klassischen Altertums, eine europäische Berühmtheit schon zu Lebzeiten, hat in seiner Neigung zu hochgreifenden politischen Appellen und Vergleichen den Staat seiner dogalen Gastgeber als »groß an Macht, aber noch größer an Tugend«, als »wahre Zuflucht der Menschheit und einzige Heimstatt von Freiheit, Gerechtigkeit und Frieden« gefeiert. Von Venedig erhoffte sich Petrarca sowohl Initiativen für eine national-italienische Einigung als auch ein noch weitergehendes imperiales Expandieren nach dem Vorbild des antiken Rom – und wie flammend hätte er wohl erst geredet, wenn er Venedigs Sieg über Genua noch erlebt hätte! (Die wertvolle Bibliothek allerdings, die der Dichter der Republik hinterließ, haben die Venezianer jahrelang nicht einmal gesichtet. Kontobücher waren ihnen wichtiger.)

Im Geiste Petrarcas wird die Markusrepublik im nun folgenden Jahrhundert des *Rinascimento*, der Renaissance, und der Rom-Nostalgie von humanistischen Autoren oft und bereitwillig mit dem republikanischen und kaiserlichen Rom verglichen; im Kapitel über die venezianische Verfassung haben wir schon kurz davon gesprochen. Neben die Bewunderung des so kunstvollen, wirksamen und haltbaren Geflechts der republikanischen Verfassung aber trat im 15. Jahrhundert im besonderen Maße auch das Staunen über Venedigs beispiellos dauerhaften, ja noch wachsenden politischen und wirtschaftlichen Erfolg. Neid und Haß freilich – das muß stets eingeschoben werden – haben dieses Staunen hartnäckig begleitet.

Während jedenfalls andere italienische Mächte, Republiken oder Signorien, vergleichsweise kurzfristig aufstiegen und wieder verblaßten, behauptete sich der eigenartige Lagunenstaat über die Jahrhunderte als Großmacht und ließ auch deshalb Assoziationen an das »ewige Rom« zu: Die siebenhundert Jahre der römischen *Republik* zumindest, so rechnete man, habe die Markusrepublik schon längst überboten. Und als nun wie in einer modernen Folge »punischer« Kriege die zähe Rivalin Genua – gleich »Karthago« – überwunden worden war und Venedig in eine neue Phase weiteren Machtanstiegs eintrat, jetzt besonders in Italien selbst, da drängten sich für die Rom-Romantiker der frühen Renaissance die Parallelen zum alten Rom förmlich auf. Der Markuslöwe erschien vielen immer deutlicher als der Erbe der römischen Wölfin und durfte dabei noch für sich in Anspruch nehmen, ein apostolisches Tier zu sein, »würdiger« noch als die heidnische Wölfin.

Bei einfältig beflissenen Vergleichen dieser Art hat sich der eine oder andere Gelehrte selbst zu Thesen von der Überlegenheit des »neuen Roms« Venedig gegenüber dem antiken Rom verstiegen: So Marcantonio Sabellico, der im späten 15. Jahrhundert von den *Rerum Venetarum* handelte und zu den nun offiziell bestellten Staatschronisten Venedigs gehörte. In dieses Horn blies auch Marino Sanudo, der bei seinem Tode 1536 achtundfünfzig Bände mit *Diarien*, Tagebüchern zur venezianischen Geschichte seiner Zeit, hinterließ: ebenso aufschlußreiche wie mit ihren vielen Skandalhistörchen unterhaltsame Aufzeichnungen, die der Rat der Zehn übrigens als zu heikel empfand und jahrhundertelang unter Verschluß hielt. Auf den Report vom Tage verstand sich Sanudo jedenfalls besser als auf das Schweifen durch die Zeitalter: Venedigs Ursprung etwa erschien ihm in seiner Dogengeschichte durchaus nobler als die Gründung Roms durch die »Hirten« Romulus und Remus! Und sah nicht auch das Rom seiner Zeit im Vergleich zu Venedig eher ländlich aus?

Um einiges realistischer sind dagegen die Theorien jener Staatsdenker der Renaissance, die nach der Eroberung Konstantinopels 1453 durch die Türken Venedigs Rom-Nachfolge mittelbar in der Erbschaft begründet sahen, die die Markusrepublik nun endgültig vom byzantinischen *Neu*-Rom übernommen habe – und tatsächlich zu einem gewissen Teil übernommen hatte. Zahlreiche griechische Künstler und Gelehrte flohen damals vom Bosporus zum Canal Grande und veranschaulichten hier die politische und ideelle Nachfolge in bildlichen und literarischen Beiträgen. Venedig als neues Neu-Rom – das entspricht, wenn man denn das schwache spätmittelalterliche Byzanz noch als »Neu-Rom« begreifen mag, den eingetretenen Gewichtsverlagerungen im Mittelmeerraum immerhin eher als die Phantasien von einer direkten Übersiedlung der römischen Staatsidee vom Kapitol zur Piazza San Marco.

Die hochtrabenden Parallelen zur Antike, nicht zuletzt die – übrigens keineswegs auf Venedig beschränkten – deklamatorischen Vergleiche zwischen zeitgenössischen Fürsten und großen Herrschergestalten des Altertums kamen sehr in Mode und machten für manche Schriftsteller schon das halbe Salär aus. Venedigs Dogen ging es um so eher ins Ohr, als »neuer Augustus«, »neuer Scipio«, »neuer Cato« oder – mit besonders republikanischem Akzent – »neuer Brutus« gefeiert zu werden, als sie ja tatsächlich über ziemlich wenig Macht verfügten. Zu den verbalen Huldigungen kamen plastische: Seit dem späteren 15. Jahrhundert sind manche Gräber der Dogen als skulpturenreiche Triumphbögen an die Mauern venezianischer Kirchen, namentlich der Basilika Santi Giovanni e Paolo, gebaut und mit Genien, Statuen römischer Krieger sowie Kriegstrophäen verziert worden. Postume Kompensationen präsidialer Machtbeschränkung im Geist der Renaissance; die Porträtstelle des einzigen Beinahe-Cäsars Marino Falier hingegen wurde in dieser Zeit schwarz überpinselt.

Der neue Zeitgeist, der sich an der ruhmvollen Vergangenheit orientierte, in seinem Glauben an die diesseitige Würde und Kraft der Persönlichkeit aber zugleich einen starken Schuß Säkularisation auch in die Vorstellungswelt vieler Venezianer trug, hat nun einen spürbaren Bruch in die bisher so bedingungslose Markus-Gläubigkeit am Rialto gebracht. Es ist bezeichnend, daß es der humanistische Historiker Sabellico – 1487 – im offiziellen Auftrag der Republik wagen konnte, die Rolle des Staatspatrons in der Geschichte Venedigs jetzt nur sehr beiläufig zu würdigen. Andere antikisch orientierte Chronisten taten es ihm nach: Allzu wundergläubig erschienen ihnen manche Partien der in Venedig kanonisierten Markuslegende, und wo ihre Vorgänger Venedigs weltgeschichtliche Sendung von der *San-Marco-Praedestinatio* abgeleitet hatten, da fanden manche Humanisten nun die Mission der Republik vor allem in der Rom-Nachfolge begründet. Sakrale Legenden und Rom-Romantik stießen sich, Markuslöwe und kapitolinische Wölfin paßten nicht so leicht zusammen in ein Gehege.

Indessen handelte es sich noch keineswegs um den Sturz des Evangelisten von seinem hohen Sockel. Peyer verdeutlicht die – zunächst nur gestörte – Kontinuität der venezianischen Markus-

Ideologie im ersten Jahrhundert der Renaissance: »Die Reaktion auf diese gefährliche Unterlassung [bei Sabellico] und auf die aus ihr sprechende Gesinnung erfolgte fast gleichzeitig. Bernardo Giustiniani... schloß an seine meisterhaften, weit über dem Durchschnitt der damaligen italienischen Historiographie stehenden Bücher von der Entstehung Venedigs, die bis zum Beginn des 9. Jahrhunderts führen, eine nahezu ebenso lange Abhandlung über den Evangelisten an. Er begründete diese Abhandlung ausdrücklich damit, daß die Ereignisse um Markus in Vergessenheit gerieten und mancher verwerflicherweise daran zweifelte...« Die Abkopplung der Anfänge Venedigs von der Vita des Evangelisten, die man stets mehr proto-venezianisch als im Dienst des Evangeliums begriffen hatte, rechtfertigte Giustiniani mit der Feststellung, daß Markus erst mit der Translatio von 828 als »Neugründer« in die Geschichte Venedig eingetreten sei. »Tiefer läßt jedoch die mit dieser Beobachtung zusammenhängende Tatsache blikken«, so weiter Peyer, »daß Giustiniani bei aller Treue gegenüber dem Herkommen die bisher so wichtige, aber offenbar seiner Kritik nicht mehr standhaltende Erzählung von der ›praedestinatio S. Marci‹ stillschweigend fallen ließ.«

Konzessionen an das »aufgeklärte« Geschichtsbild der Humanisten also hat selbst dieser Giustiniani (1408–1489) machen müssen, der die hohe Stellung eines Prokurators von San Marco bekleidete und qua Amt nicht nur über den immensen Schatz der Markusbasilika, sondern auch über die rechte Geltung seines Kirchen- und Staatspatrons zu wachen hatte.

Die Renaissance bekam dem heiligen Markus nicht gut, aber die Renaissance kam nur langsam nach Venedig. Die beginnende San-Marco-Ignoranz wirkte – in der Frühzeit der Gutenberg-Ära – noch nicht in die Breite, noch kaum ins Volk, und auch die von Giustiniani unterdrückte Vorherbestimmung durch den Engel ließ man sich in Venedig nicht so schnell weghumanisieren. Sollte man auf einmal nicht mehr glauben, was die Steinmetzen immer wieder und immer weiter in das steinerne Buch des Markuslöwen ritzten: das Wort des Engels zum Evangelisten »Pax tibi Marce, evangelista meus«? Es brauchte seit den Markus-Sakrilegen Sabellicos und seiner Gesinnungsfreunde, seit dem ausgehenden 15. Jahrhundert also, noch viele Jahrzehnte, bis Markus in seiner

*Die Renaissance beschädigte den Markuskult,
aber bereicherte Venedigs Stadtbild:
Hier der elegante Treppenturm
des Palazzo Contarini del Bovolo.*

Rolle wirklich zu schrumpfen begann, bis dann im späteren 16. und 17. Jahrhundert sein Patronat über Venedig zur Routine erstarrte und die Markus-Ideologie ihre einstige Inspiration einbüßte. Als Markusstaat allerdings hat sich die Republik Venedig bis an ihr Ende begriffen. Markus blieb der traditionelle Schirmherr, doch sein Name längst nicht mehr in der früheren Weise Programm.

Aber wir haben weit vorausgegriffen; denn nach dem entscheidenden Sieg im letzten »punischen Krieg« gegen Genua trat Venedig in eine neue, die abschließende Phase seines Aufstiegs zu ökonomischer und politischer Weltmachtgeltung ein – eine Phase, die der britische Historiker David S. Chambers erst als das eigentliche »Imperial Age« Venedigs begreift und die zunächst noch durchaus im Zeichen des Markus-Staatskults steht. In schlimmer Notlage und bei Chioggia hatte der Evangelist ja so herrlich wie eh und je geholfen, und seine Schirmherrschaft priesen die Poeten weiter, wann immer sie Venedig huldigten. Kretschmayr zitiert einen charakteristischen Hymnus des Florentiners Jacopo d'Albizotto aus dem frühen *Quattrocento*:

»Sie heißt sich anderer Länder Königin,
Venedig, schön, mit Ehren überglänzt,
Die sich San Marco hat zur Frau erkoren,
Dem als Verlobte sie sich hat empfohlen,
Daß er beim Herrn des Himmels für sie bete
Und sie verteidige gegen Feindeshaß.«

An »Feindeshaß« mangelte es den Venezianern auch künftig nicht, als sie in den letzten Jahren des alten bewegten Jahrhunderts und dann im neuen, im 15. Jahrhundert daran gingen, das Markusbanner nun endgültig fest auf der *Terra ferma* einzupflanzen. Das ehrbare Gewerbe der Steinmetzen bekam Konjunktur, denn viele neue Markuslöwen wurden für die Simse oberitalienischer Stadttore gebraucht.

17
Das januskopfige Venedig

Liquidierung der Carrara · Die Republik auf der Höhe ihrer Macht · Foscaris Wahl – die falsche Weichenstellung?
Helden gegen Höchstgebot: die Condottieri
Das Menetekel im Osten

Zugegeben, der *Signore* Francesco II. Carrara von Padua hatte einem venezianischen Herold Nase und Ohren abschneiden lassen und sich seit Jahren als ein intriganter, böswilliger, stets expansionslüsterner Potentat vor Venedigs Haustür aufgespielt, als ein »machiavellistischer« Fürst lange vor Machiavelli. Keine Frage auch, daß die Republik gerade den Herren von Padua, die den Lagunenstaat schon so oft in antivenezianischen Allianzen bekriegt, abgeschnürt und wassertechnisch – modern zu sprechen: ökologisch – bedroht hatten, ganz besonders kritisch auf die Finger schauen mußte. Immer nur vorübergehend war es Venedig gelungen, Padua seiner direkten Kontrolle zu unterwerfen, und namentlich die Fürstenfamilie Carrara hatte kaum eine Gelegenheit ausgelassen, die bislang meist nur mit halber Kraft betriebene *Terra-ferma*-Politik der Republik zu durchkreuzen. Zugegeben, das Problem Padua-Carrara mußte gelöst werden. *Wie* es aber gelöst wurde – das gehört zu den schaurigen Kapiteln des rigorosen venezianischen *egoismo*, der hier kaum *sacro* war, und trug Venedig diesmal ganz andersartige »römische« Vergleiche ein: mit der Willkür des Kaisers Nero.

Was war geschehen? Unter dem Dogat Michele Stenos (1400–1413), des Mannes, der als junger Geck Marino Falier beleidigt hatte und nach einer umstrittenen Karriere nun als der herrische, rücksichtslose Exponent der venezianischen Festland-Politik galt, entschloß sich die Republik, dem langjährigen Geplänkel des Koalierens und Taktierens auf der Terra ferma – viele Mächte operierten hier landhungrig in wechselnden Frontstellungen – ein erstes Ende und den Carrara den Garaus zu machen. Als sich Francesco Carrara entgegen venezianischen Warnungen in Vicenza und Verona festzusetzen suchte, mobilisierte Venedig eine starke Landstreitmacht und eroberte Verona, Vicenza und schließlich auch Padua selbst, wo sich der alte Signore in seinem Kastell zäh verteidigte. Francesco Carrara und zwei seiner Söhne wurden gefangengenommen und in die Kerker des Dogenpalastes geschleppt.

Michele Steno und sein Staatsschutzkollegium betrachteten sie nicht als Kriegsgefangene, sondern wiesen ihnen – anhand mysteriöser Dossiers – Umtriebe zur Bedrohung der venezianischen Sicherheit nach. Im Januar 1406 fällte der hier offenkundig unzuständige Rat der Zehn das nicht öffentliche Todesurteil und ließ den Signore Carrara und seine beiden Söhne im Gefängnis erdrosseln. An einer »Lungenentzündung« sei der alte Fürst gestorben, ließ man ohne erkennbare Mühe um Glaubwürdigkeit am Rialto ausstreuen. Ob sich die Söhne, deren »Schuld« allein darin bestand, Carrara zu heißen, womöglich zuvor noch beim Vater todbringend infiziert hatten, das blieb der Phantasie der Leute überlassen. Ebenso die Todesursache des dritten Carrara-Sohns, der im Dezember 1407 in Florenz umkam: Die Zehn verfügten über Agenten.

Das Ende eines vierten und letzten Carrara-Sprosses freilich schloß jegliche Spekulationen aus. Die Republik ließ ihn im März 1435 zwischen den Säulen der Piazzetta enthaupten, nachdem er einen Handstreich auf Padua versucht hatte. »Ein toter Mann führt keinen Krieg mehr«, lautete die venezianische Devise. Es war der Abschluß der gnadenlosen Liquidation eines für Venedig unbequemen Fürstengeschlechts. Brutale Willkürakte aus dem Repertoire der Tyrannen scheute mitunter auch die Republik nicht.

Die Eroberung Paduas hatte dem von Michele Steno auf das Festland abgerichteten Markuslöwen Appetit und Mut gemacht. Gegen die Besorgnis der Traditionalisten im venezianischen Adel, die ein janusköpfiges Venedig – das sich gleichermaßen in Italien wie in der Levante engagierte – auf die Dauer überfordert glaubten und auf der Terra ferma nur das Notwendigste unternehmen mochten, setzten der Doge und einer seiner wichtigsten Räte, Francesco Foscari, an der Spitze einer expansionistischen

Partei weitere Aktivitäten auf dem nordostitalienischen Festland durch.

Zu weit auch war die Republik im ersten Jahrzehnt des 15. Jahrhunderts schon in die italienischen Macht-, Anspruchs- und Bündnisrangeleien verstrickt, zu gewichtig längst der wirtschaftspolitische Zwang geworden, als daß man ganz zur Festlandsabstinenz früherer Jahrhunderte hätte zurückkehren können. Und der Erfolg gab der Terra-ferma-Partei zunächst recht: Innerhalb nur zweier Jahrzehnte – bis etwa 1423 – eroberte Venedig in Kriegen gegen den deutsch-römischen König Sigismund, der zugleich die ungarische Krone trug, das Patriarchatsgebiet von Aquileja mit Istrien, das gesamte nordostitalienische Friaul mit Udine und Cividale – und dazu das vorübergehend eingebüßte Dalmatien mit allen Inseln sowie Albanien. Zara, wir schauen auf unsere Strichliste, wurde zum neunten Male und nun endgültig gewonnen, die wichtige Insel Korfu käuflich erworben. Ein von den Venezianern nachweislich erwogener Giftanschlag auf Sigismund, der sich unter anderem an einer Wirtschaftsblockade gegen Venedig versucht hatte, erübrigte sich nun.

Die Markusrepublik beherrschte jetzt das nordöstliche Italien zwischen den Flüssen Etsch im Südwesten und Isonzo im Nordosten sowie den Alpen, sie kontrollierte die Adria und verfügte nahezu über die gesamte Westküste der Balkanhalbinsel. Frappanterweise gingen diese westlichen und adriatischen Erfolge Hand in Hand mit neuem Zugewinn im Osten: Venedig brachte unter anderem die griechischen Städte Athen, Lepanto und für kürzere Zeit Thessalonike (heute Saloniki) in seinen Besitz und rundete – jetzt nicht mehr in Konkurrenz zu Genua, sondern in Frontstellung zu den Osmanen – sein Stützpunktnetz in der Ägäis ab.

»Vom Südrande der Lagunen bis hinüber nach Thessalonike umschlang im Jahre 1423 ein dichter oder dünner gewebtes, aber nirgends abreißendes Band von geschlossenem Besitz und von Warttürmen ... die Küsten des adriatischen und ägäischen Meeres«, schreibt Kretschmayr. »Auch der Nachlebende gewinnt den bei den Zeitgenossen wohl noch viel mehr vorwaltenden Eindruck, als ob das venezianische Großreich auch in den Osten hinein immer weiterwüchse und immer organischer ... sich zusammenfüge, als ob Venedig des ›Testamentes Enrico Dandolos‹ voll und nachdrücklich eingedenk sei.«

Aber im Osten stieg auch der türkische Halbmond immer höher. Die Osmanen hatten sich auf Kosten des dahinsiechenden Byzanz aggressiv und zügig ausgebreitet, und überall in der Ägäis wie auf dem Balkan sahen sich die Venezianer den Piraten und Soldaten des Sultans gegenüber. Dennoch scheint das erfolgsverwöhnte Venedig das ganze historische Ausmaß der türkischen Bedrohung erst nach und nach realisiert zu haben: So unmißverständlich verteidigungsbereit man nach den ersten Türkengefechten zur See im Jahre 1416 alle wichtigen östlichen Vorposten machte, so zögernd nur ließ sich die Republik gelegentlich als christliche Vorhut gegen die neue islamische Flut einspannen.

Schließlich waren es keine »abendländischen«, sondern merkantile Interessen, die Venedig im Ostmittelmeer verfolgte; nicht für die Belange des Glaubens, sondern für das, was an europäischen Tafeln dem Tischgebet folgte – orientalisch gewürzte Gaumenfreuden –, fühlten sich die Venezianer auf ihren Mittelmeerrouten zuständig. Wie früher mit den arabischen Staaten suchte man sich also auch mit den Türken zu arrangieren. Heikle Balanceakte zwischen Krieg und Kommerz, die zeitweilig und später dann immer seltener gutgingen.

Als Nachfolger Michele Stenos war im Januar 1414 Tommaso Mocenigo in den Dogenpalast eingezogen, ein Siebziger, der als fromm, von Sanudo sogar als »heilig«, besonnen und weise gepriesen wird, den man jedoch nicht allein im Lichte der vielzitierten Bilanz- und Friedensrede sehen darf, die der Doge vor seinem Tode diktiert oder gehalten hat. Der »friedsame« Mocenigo, der immerhin venezianischer Generalkapitän gewesen war, hat keinen Bruch in die Expansionspolitik des militanten Vorgängers gebracht, und gerade in seine Amtszeit fielen zahlreiche der skizzierten neuen Erwerbungen Venedigs. Daneben, zur Illustration, die Einführung einer der ersten venezianischen Triumph-Zeremonien, die nichts mit dem Meer zu tun hatten: Die Eroberung des an Kastellen reichen Friaul wurde dadurch symbolisiert, daß der Doge in der Sala del Maggior Consiglio aufgebaute Spielzeugburgen feierlich umzustoßen hatte. So einfältig dieser Einfall der venezianischen Zeremonienmeister erscheint – beim

Inszenieren »historischer« Regatten waren sie besser –, so hochgemut registrierte die Republik den bedeutenden Gebietszuwachs auf der Terra ferma, der die »Herrin der Meere« nun auch zu einer starken Festlandsmacht erhob.

Venedig hatte während des Dogats von Tommaso Mocenigo den Gipfel erreicht, so empfand man am Rialto wie in vielen europäischen Residenzen. *Einen* Gipfel nur, so dachten indessen die Männer um Francesco Foscari, die Venedig noch längst nicht für »saturiert« hielten und eine konsequente und nicht bloß defensive Fortsetzung der Terra-ferma-Politik vertraten. Vor ihnen, besonders vor dem »Falken« Foscari, hat der alte Doge Tommaso Mocenigo leidenschaftlich gewarnt, als er im April 1423 auf dem Totenbett sein Vermächtnis formulierte. Nach

Der große, umstrittene Doge Francesco Foscari, der Venedigs Expansion auf dem Festland betrieb. Porträt von Lazzaro Bastiani (15. Jahrhundert).

allem, was Venedig so herrlich erreicht habe, mahnte Mocenigo, müsse nun Selbstbescheidung das Prinzip der Politik sein; maßvolles Bewahren habe an die Stelle weiterer und gefährlicher Kriegsbereitschaft zu treten. Vier Millionen Dukaten Staatsschulden habe die Republik schon zurückzahlen können, die restlichen sechs seien, wenn kein weiterer Krieg heraufbeschworen würde, kein Problem für das reiche Venedig. Und was könne denn ein Krieg gegen Mailand, den großen Rivalen in Norditalien, der Republik bringen außer Lasten und Not? Zog nicht Venedigs Handel gerade aus den Umsätzen in der Lombardei den schönsten Gewinn?

»Wir haben«, so bilanzierte der Doge, »ein Handelskapital von zehn Millionen Dukaten im Umlauf und gewinnen derer vier, zwei aus der Ausfuhr, zwei aus der Einfuhr. Wir verfügen über dreitausend kleine Handelsschiffe mit siebzehntausend Matrosen darauf, dreihundert große *Naves* mit achttausend und fünfzig Galeeren mit elftausend Matrosen, dazu über sechstausend Schiffbauarbeiter. Wir zählen unter uns sechzehntausend Weber für Seide, Leinen und Baumwolle. Unsere Häuser sind sieben Millionen Dukaten wert, und wir gewinnen eine halbe Million Miete daraus. Tausend Adlige haben ein Einkommen zwischen siebenhundert und viertausend Dukaten... Doch wenn Ihr Foscari zum Dogen macht, was Gott verhindern möge, dann werdet Ihr binnen kurzem im Kriege sein, und wer zehntausend Dukaten besitzt, der wird sich dann mit tausend wiederfinden; wer zwei Häuser hat, der wird noch eines haben... Aus den Herren der Welt werdet Ihr zu den Vasallen Eurer Kapitäne werden...«

Haben Maßhalteappelle je zum Verzicht auf greifbare Expansionschancen geführt? Unter dem Eindruck der großen, teilweise leicht errungenen Erfolge der jüngsten Zeit und in einem seit langem kaum mehr irritierten Bewußtsein der eigenen Stärke neigte eine Mehrheit der venezianischen Aristokratie zur »Landpartei«, die der politisch besonders agile, tatkräftige und gewinnend argumentierende Francesco Foscari um sich gesammelt hatte.

Zweifellos hat es hinter den Kulissen einen erbitterten Wahlkampf mit der »Fraktion Mocenigo« gegeben, deren Hauptkandidat der Admiral Pietro Loredan gewesen ist. Foscari siegte: Im

April 1423 entschieden sich 26 von 41 Wählern im letzten Wahlgang für den Mann, den der alte Doge für das Unglück Venedigs gehalten hatte – und für einen politischen Kurs, der die Zukunft der Republik nicht vorrangig in der Bewahrung des Gewonnenen und in der Seeherrschaft, sondern mindestens gleichgewichtig im Ausbau seiner Festlandspolitik sah. Die Alternativen, um die es bei dieser folgenreichen, viel umstrittenen und viel interpretierten Wahl gegangen ist, sind also nicht schlichtweg Krieg und Landpolitik auf der einen und Frieden und Mittelmeerpolitik auf der anderen Seite gewesen. Der »Falke« Foscari war kein hemmungsloser Kriegstreiber, und Venedigs »Tauben« wollten den Markuslöwen nicht für alle Zeit auf Fischdiät setzen.

Die herausragenden Venedig-Historiker Kretschmayr, Lane und neuerdings Zorzi vertreten sogar die Ansicht, daß Venedig eine Wahl zwischen den Mahnungen Mocenigos und den Ambitionen Foscaris im Grunde gar nicht gehabt habe, daß es vielmehr unabweisbare politische und wirtschaftliche Notwendigkeiten gewesen seien, denen die Republik nun auch bei der Fortsetzung einer offensiven Festlandpolitik zu folgen hatte. »Sollten sich die Venezianer aus der italienischen Politik heraushalten, bis ein starker norditalienischer Staat ihre Versorgung störte und ihnen die Handelsstraßen streitig machte?« fragt Lane, und Kretschmayr urteilt: »Es ist nicht Francesco Foscaris Schuld, es ist sein Ruhm, daß der vielvermaledeite Festlandspolitiker die gebieterische Notwendigkeit der Stunde verstand und den leise wankenden Bau seines Staates statt auf die halbgeborstene Levantesäule auf den massiven Pfeilern der Terra ferma zu stützen unternahm... Die Not des politischen Lebens... war es, die Venedig auf einen Weg drängte, der unsicher war, steinig und voll Gefahr, aber der einzig gangbare Weg.«

Ob wirklich »einzig gangbar« – das ist nun eine jener reizvollen Was-wäre-wenn-Fragen, die man lange, aber unfehlbar ergebnislos diskutieren kann. Nicht wenig spricht dafür, daß der alte Tommaso Mocenigo in seinem »Vermächtnis«, das ja durchaus keine Abkehr von einer *maßvollen* Terra-ferma-Politik predigte, der »gebieterischen Notwendigkeit der Stunde« eher näher gekommen ist als Foscari in seinem risikobereiten Streben nach greifbaren neuen Erfolgen. Und Anlaß, Venedigs »Levantesäule« für

»halbgeborsten« zu halten, hatte im Jahre 1423 noch keine Seele rechts und links des großen Kanals. Es ist charakteristisch, daß man noch immer Genua, das nun von Mailand beherrscht wurde, für den Hauptkontrahenten zur See hielt – und nicht die Türken. Vielleicht – aber das ist fast schon zuviel Spekulation – hätte der Markuslöwe ein gesünderes Alter erlebt, wenn man ihn im Sinne Mocenigos nicht alles hätte fressen lassen, was sich als Beute darbot. Und wenn das östliche Gesicht des venezianischen Januskopfes statt dessen den Blick viel konsequenter für die säkulare Türkengefahr geschärft hätte.

Tommaso Mocenigos Voraussage, daß die Wahl Foscaris zum Dogen neuen Krieg bringen werde, erfüllte sich bald, wenn auch nicht als Folge venezianischen Säbelrasselns. Erst nach einigem Zögern entschloß sich die Regierung Foscari, dem seit Jahrzehnten andauernden Expansionsdrang der Visconti-Herzöge von Mailand in einer besonders von Florenz betriebenen Koalition entgegenzutreten. Mailand, das unter dem »neuen Cäsar« Gian Galeazzo Visconti den größten Teil Norditaliens erobert hatte und Neigungen zur Errichtung eines Königreichs Italien entwikkelte, drohte unter Filippo Maria Visconti (1412–1447) auch Florenz zu annektieren – und diesen Rubikon, so fand man im Palazzo Ducale, sollte der Sohn des neuen Cäsar nicht überschreiten.

Im Bündnis mit Florenz, Savoyen und kleineren Mächten, die sich ebenfalls von den aggressiven Ambrosius-Feldzeichen der Mailänder bedroht sahen, führte Venedig in den Jahren 1426 bis 1428 den ersten Mailändischen Krieg. Vielmehr ließ ihn führen; denn nicht ein venezianischer General trat an die Spitze des gemeinsamen Landheers, sondern einer jener *Condottieri*, die man anheuern, mitsamt ihren eigenen Söldnerverbänden unter Vertrag nehmen konnte und die als zumeist geldgierige und skrupellose, freilich oft auch populäre Kriegsunternehmer den Charakter der Landkriege dieser Epoche wesentlich geprägt haben. Einige dieser Söldnerfeldherren erwarben sich als Bronzestandbilder der Renaissance unverdient dauerhaften Nachruhm oder schwangen sich aus ihren Sätteln selber auf Fürstenthrone, die meisten aber wurden letztlich zwischen den Interessen ihrer wechselnden Auftraggeber zerrieben.

Condottieri betrieben riskante Geschäfte, und gerade das Schicksal des Mannes, dem Venedig nun – 1425 – eine *Condotta*, einen Kriegsführungsauftrag, erteilte, ist exemplarisch für seine Zunft: Francesco Bussoni, ein Bauernsohn aus Piemont, hatte sich im Kriegsdienst Filippo Maria Viscontis zielstrebig zum Feldherrn hochgedient und nach großen Erfolgen den Titel eines Grafen Carmagnola (sowie natürlich beträchtliche Güter) erworben. Was ihm wohl zu Kopfe gestiegen war, denn als er noch höher hinauswollte, kam es zum Bruch mit dem Visconti: Carmagnola war nun für den Meistbietenden zu haben, und Venedig mochte sich den erfolgreichen Heerführer nicht entgehen lassen. So zog also der Condottiere mit Markusbanner und fürstlichem Gehalt gegen seinen früheren Herrn und den heiligen Ambrosius ins Feld, und für den Anfang machte sich sein Engagement durchaus bezahlt. Carmagnolas Siege brachten die Städte Brescia und Bergamo an Venedig, sicherten den Florentinern ihre territorialen Interessen und dem Feldherrn reiche Beute. Foscari war stolz auf seinen Günstling.

Ein Krieg freilich reichte längst nicht, um die Rivalität zwischen Mailand und Venedig um die dominierende Rolle in Norditalien zu entscheiden; drei weitere sollten folgen. Im zweiten war es, daß Carmagnola durch wiederholte Anträge, ihm selber im Falle eines Sieges das Fürstentum Mailand zu übertragen, den Argwohn der venezianischen Signoria erregte: Würde der Condottiere, dessen Frau übrigens eine Visconti war, mit diesen persönlichen Ambitionen noch wirklich konsequent auf die Zerschlagung der mailändischen Macht hinarbeiten? Verfocht er überhaupt noch die Interessen der Markusrepublik?

Er tat es sichtlich halbherzig, ließ seine militärischen Aufträge schleifen und geriet – wohl auch durch seine fortdauernden Kontakte zu Visconti – immer mehr ins Zwielicht. Zu »Vasallen« ihres Generalkapitäns aber, wie Mocenigo prophezeit hatte, wollten sich die mißtrauischen Aristokraten nicht machen lassen: Carmagnola wurde zu einem Fall für den Rat der Zehn. Da man diesen frühen italienischen Wallenstein (der in Alessandro Manzoni auch seinen italienischen Schiller gefunden hat) nicht inmitten seiner Soldaten zu arretieren wagte, bat man Carmagnola zu »strategischen Besprechungen« nach Venedig. Im April 1432 wurde der arglose Condottiere mit allen Ehren im Dogenpalast empfangen – aber nicht zur Audienz beim Dogen, sondern in den Kerker geführt. Das Tribunal sprach ihn des Hochverrats schuldig, und am 5. Mai mußte der berühmte Feldherr seinen stiernackigen Kopf auf den Block der öffentlichen Richtstätte zwischen den Piazzetta-Säulen legen. Ein vermessener, undurchsichtiger Mann gewiß, ein aktiver Verräter wahrscheinlich nicht. Aber die Vermessenheit reichte.

Im dritten Mailändischen Krieg (1437–1441), den das Remis des zweiten in der Sicht der Expansionisten auf beiden Seiten »notwendig« gemacht hatte, diente der Markusrepublik der verschlagene Condottiere Erasmo de Narni, genannt *Gattamelata*, »die gestreifte Tigerkatze«, dessen Feldherrngröße man durchaus nicht nach der plastischen Würde des Reiterstandbildes beurteilen darf, das der große Renaissance-Bildhauer Donatello diesem Söldnerchef 1453 in Padua errichtet hat. Nicht Gattamelata, sondern der am Ende erfolgreichste aller Condottieri, Francesco Sforza – damals Feldherr der päpstlichen Truppen – schlug die entscheidenden Schlachten gegen Mailand und im venezianischen Interesse, bevor er dann als Schwiegersohn und Erbe Filippo Maria Viscontis selbst zum Herzog von Mailand avancierte – und Venedig mächtig zusetzte.

Frontenwechsler und Hasardeure waren sie alle, nicht zuletzt der Condottiere Bartolomeo Colleoni, der im vierten und letzten Mailändischen Krieg (1448–1454) zeitweilig Venedigs Truppen führte und es später, als kunstmäzenatischer Ruheständler, fertigbrachte, dem venezianischen Senat die Errichtung eines Denkmals abzuhandeln, das »vor San Marco« für alle Zeiten an den Strategen erinnern sollte. Hinter Gattamelata mochte er nicht zurückstehen. Mit seiner selbst für das venezianische Staatsbudget sehr beträchtlichen Hinterlassenschaft finanzierte der Condottiere seinen Nachruhm, und wie der römische Kriegsgott persönlich reitet nun Colleoni seit 1496 in Bronze für Venedig. Das von dem Florentiner Andrea Verrocchio entworfene Standbild mit dem prachtvollen Roß – »Il Cavallo« nennen die Venezianer bezeichnenderweise das Colleoni-Denkmal – ist freilich nicht vor der Kirche des Staatspatrons, sondern bei der *Scuola* San Marco aufgestellt worden: Der käufliche Krieger vor dem Staatsheiligtum – das wäre denn doch ein bißchen genierlich gewesen.

Der fast dreißigjährige Krieg gegen Mailand mit zahllosen Feldzügen, Schlachten und Gefechten, Siegen und Rückschlägen, intrigant gesponnenen Koalitionen und hinterhältigen Anschlägen hat die Markusrepublik in manche Krisen gestürzt und in vieler Hinsicht schwer belastet. Mocenigo hatte es kommen sehen. Francesco Foscari selbst, der Venedig auf diesen Kurs gebracht hatte und ihn eisern durchstand, sah sich in den dreieinhalb Jahrzehnten seines Dogats einer unerbittlich feindseligen Opposition um die Familie Loredan gegenüber. Er entkam knapp einem Attentat und mußte zermürbende Demütigungen erleben, als die Zehn seinen Sohn Jacopo in sehr zweifelhaften Prozessen der Korruption, später eines Mordanschlags »überführten« und ihn ins Gefängnis, später in die Verbannung schickten. Wie sein Freund Carmagnola, dessen Hinrichtung auch als ein Schlag gegen die Politik des Dogen gedeutet wurde, ist Francesco Foscari zum tragischen Helden nicht weniger Dramatiker, namentlich Byrons, geworden. Am 22. Oktober 1457 vom Rat der Zehn als regierungsunfähig schimpflich abgesetzt, ist der alles in allem bedeutende Doge, ein hoher Achtziger inzwischen, wenige Tage später – am 1. November – gestorben. Die Signoria, nun schlechten Gewissens, inszenierte ein pompöses Staatsbegräbnis und ließ ihm in der Frarikirche ein schönes gotisches Denkmal errichten, dessen Aufschrift seine Taten rühmt: Den Demütigungen folgte der späte, sehr venezianische Dank des Vaterlandes.

Aus dem Ringen mit Mailand war die Markusrepublik erschöpft und staatsverschuldet, aber siegreich hervorgegangen. Die Städte Brescia, Bergamo, Crema sowie Ravenna waren zu Venedig gekommen, und weit nach Westen, bis zum Fluß Adda und nahezu vor die Haustür Mailands reichte nun die venezianische Terra ferma. Der Friedensvertrag, den Venedig und Mailand im April 1454 in der lombardischen Stadt Lodi abschlossen und dem später der Kirchenstaat, Neapel-Sizilien und Florenz beitraten, besiegelte den neuen Status Venedigs als der norditalienischen Vormacht – und damit nun auch einer europäischen, nicht mehr allein mediterranen Großmacht. Das westliche Janusgesicht der Republik war endgültig konturiert. Dem östlichen aber

*Die Porta della Carta,
Haupteingang zum Dogenpalast, zeigt den Dogen Foscari
kniend vor dem Markuslöwen.
Markus selbst blickt aus dem Tondo herab.*

erschien ein knappes Jahr vor dem Ende des Expansionskriegs im Westen ein Menetekel: Am 29. Mai 1453 erstürmten die Türken Konstantinopel. Das oströmische Byzanz, das einst Venedigs Herr und Partner, Feind und Vasall und nicht zuletzt sein kultureller Pate gewesen war, erlosch, und Sultan Mohammed II. zog im Triumph zur Hagia Sophia. Die fast zweihundertfünfzig Jahre alte Grabstätte Enrico Dandolos, des ersten Eroberers von Konstantinopel, wurde in der nun islamisierten Kirche nicht mehr geduldet.

Die Markusrepublik war fatalerweise so weitgehend von ihren Mailändischen Kriegen beansprucht, daß sie dem bedrohten Konstantinopel keine nennenswerte Hilfe hatte senden können. Die venezianische Kolonie nahm zwar tapfer am Todeskampf der Kaiserstadt teil, und zahlreiche Venezianer fielen oder wurden, wie der *Bailo*, von den Osmanen geköpft. Gleichwohl beeilte sich die Republik, dem Sultan diplomatische Botschaften zu schicken und im Interesse ihres Levantehandels einen neuen Vertrag mit den Türken abzuschließen – ein Vorgang, der im christlichen Abendland beinahe noch mehr Zorn hervorrief als der Untergang Konstantinopels selbst.

Zu antitürkischen Taten aber war im Grunde niemand bereit: Der Markuslöwe, der sich im Osten jahrhundertelang gemästet hatte, so fanden die lautstarken Venedig-Kritiker in Europa, habe nun im Osten gefälligst auch christlich zu kämpfen. Venedig stand allein und suchte tastend einen Mittelweg zwischen Türken-Appeasement und Türken-Eindämmung. Auf die Dauer wird er sich nicht finden lassen. »So ballte sich das Ungewitter im Osten immer dunkler zusammen«, schreibt Kretschmayr, »und unheilverkündend begann es auch von Westen her zu wettern. Wird zwischen den so heranwachsenden großen Mächten Platz bleiben für den bei aller Stattlichkeit doch immer zierlichen Bau des venezianischen Reiches?«

Noch aber, im Ausklang des dramatischen 15. Jahrhunderts, spiegelte sich Venedig reich und selbstzufrieden in der Bewunderung, die ihm immer neu zuteil wurde: »Es ist die glorreichste Stadt, die ich je gesehen habe; sie erweist allen Botschaftern und Fremden höchste Ehren und regiert sich selbst mit größter Klugheit«, das schrieb der *Serenissima* kein Geringerer als der weltläufige Franzose Philippe de Commynes (1495) ins Stammbuch.

Und ihren geflügelten Löwen ließen venezianische Maler seit der Ära der Festlanderoberungen besonders symbolträchtig mit den Vorderpranken auf dem Land und mit den Hinterpranken im Wasser stehen – während die Mosaikkünstler von San Marco auf ihre Art die im ganzen treffende Deutung der venezianischen Geschichte lieferten: Von den beiden in den Fußboden der Basilika eingearbeiteten Markuslöwen ist der festländische etwas anämisch und der zur See groß und kraftvoll ausgefallen.

18
Die Serenissima – und der Pfefferpreis von Lissabon

Das milde Joch der Republik · Herrin der Meere und Märkte Der Fondaco dei Tedeschi · Der Sultan siegt und läßt sich malen · Venezianische Schicksalswende

»Die Römer krankten daran, daß sie durch innere Bürgerzwiste und Kriege oft gelähmt wurden. Die Venezianer dagegen bewiesen stets solche Tüchtigkeit, daß in vielen Jahrhunderten bei ihnen niemals Hochmut aufkam, der es vermocht hätte, ihren Staat zu erschüttern, geschweige denn ihn zu Fall zu bringen«, schrieb der Humanist Francesco Barbaro zur Zeit der Mailändischen Kriege, in denen er als venezianischer Offizier selbst mitgekämpft hat.

»Ihr glaubt«, so schimpfte dagegen Papst Pius II. gerade über den neurömischen Hochmut der Venezianer, »eure Republik wird ewig dauern, aber sie wird nicht mehr lange bestehen. Euer Volk wird bald in alle Winde zerstreut sein, und dieser Abschaum von Fischern wird ausgerottet werden.«

La Serenissima Repubblica, die »durchlauchtigste« Republik, hatte es gelernt, mit päpstlicher Wut zu leben – ja sie durfte sich jetzt, nach dem Siegfrieden von Lodi, von Staatsdenkern sogar die kühne Idee vortragen lassen, ganz Italien unter venezianischer Ägide zu einigen und den Papst – cum grano salis – zum »Kaplan von San Marco« zu machen. So weit freilich mochte Venedig weder den Traum des heiligen Markus noch die vielberufene Rom-Nachfolge auslegen. Nationalitalienische Vorstellungen waren kein Maß seiner Politik. Ein italienisches Preußen gleichsam, das einen Nationalstaat vom Nordosten her schaffen könnte, war in diesem 15. Jahrhundert noch nicht eigentlich denkbar, und lieber ließen die Venezianer gegen gute Kompensation das Heer des landgierigen französischen Königs ungehindert in das nichtvenezianische Italien einfallen als eine Schwadron Janitscharen in eine ihrer griechischen Besitzungen.

Venedig hatte um die Mitte des 15. Jahrhunderts den Zenit seiner Macht erreicht. Die Signoria herrschte über rund 150000 Rialto-Venezianer und über mehrere Millionen »Kolonial-Venezianer« zwischen der Adda und Zypern – jenem lange umstrittenen, wirtschaftlich lukrativen Inselreich, das die Republik 1489 durch einen heiratspolitischen Coup gewann. Die junge Venezianerin Caterina Cornaro aus alter, vornehmer Familie wurde als vom Staat adoptierte »Tochter der Republik« mit dem zyprischen König Jakob verheiratet, und als dieser – überaus passend – früh verschied, wurde Caterina von der Signoria überzeugt, daß es nicht gut sei, so fern von Rialto als alleinstehende Königinwitwe zu regieren. Die Republik nahm ihr diese Last mitsamt des schönen Erbes väterlich ab.

Und so wie die Venezianer auf der neuen Terra ferma durch eine maßvolle Herrschaft die wünschenswerte San-Marco-Loyalität der annektierten Städte und Kommunen förderten, so friedsam konnten sie den Markuslöwen auf Zypern schnurren lassen. Aufstände wie früher auf Kreta gab es hier nicht.

Überhaupt haben einige hundert Jahre Praxis als Kolonialmacht die Republik zu einer klugen, meist sanften, wenn auch mißtrauisch wachsamen Herrin gemacht, die wo immer möglich Formen der Selbstverwaltung zugestand. Auch im Interesse der Staatskasse, die stets nur ein beschränktes Heer von zivilen und militärischen Kolonialbeamten zu besolden vermochte. Zustatten kam der venezianischen Kolonialpolitik seit dem 14. Jahrhundert nicht zuletzt die Neigung vieler Städte und Regionen im Westen wie im Osten, sich lieber dem milden Joch des Markuslöwen als der wechselhaften Tyrannei italienischer Fürsten oder der despotischen Türkenherrschaft zu unterwerfen. Durchaus im Unterschied zum römischen Imperium ist das – natürlich viel unkolossalere – venezianische Reich selten durch Unruhen und Aufstände in den unterworfenen Gebieten erschüttert worden. Der am Ende übermächtige Druck kam von außen, allein von außen.

Man hat das 14. Jahrhundert Venedigs »goldenes« Jahrhundert genannt. Mit diesem Attribut ist es freilich immer so eine Sache – man denke etwa an die heillos wirren »goldenen Zwanziger« in

Deutschland –, und vermutlich wäre der zeitgenössischen Bevölkerung nach der Pestepidemie und den jahrzehntelangen leidvollen und existenzbedrohenden Genua-Kriegen das Prädikat »golden« eher absurd vorgekommen. Aber das kleine Glück des Durchschnittsbürgers verschwindet ja in Historiker-Sicht meist hinter dem großen Glück des Staates, so viele Opfer dies auch bedingt haben mag. Richtig ist, daß die Markusrepublik in diesem 14. Jahrhundert entscheidende Erfolge erzielte: bei der Behauptung der inneren Verfassung, der Adriaherrschaft und des Levantereichs. »In Wirtschaft und Kultur waren verheißungsvolle Anfänge und Vorarbeiten im Sinne eines nationalvenezianischen Ausbaues zum Ende zu führen«, schreibt Kretschmayr: Die »stattlich emporwachsende Industrie« konnte ausgebaut, der »venezianische Dialekt zu einer Sprache« entwickelt, die »bildenden Künste der byzantinischen Vormundschaft« durch die Entfaltung der eigentümlichen venezianischen Gotik entzogen werden.

Diskutieren hingegen läßt sich die Feststellung des großen Venedig-Historikers, daß sich die Republik erst im 14. Jahrhundert »vollends auf sich selbst« besonnen habe und daß Venedig »niemals so ganz Venedig gewesen« sei »wie in diesem seinem goldenen Jahrhundert«. Kretschmayr scheint dabei etwas zu sehr auf die zivilisatorische Eigenständigkeit Venedigs fixiert und übersieht, wie »nationalvenezianisch« bereits in den beiden Jahrhunderten zuvor der Markuskult die Republik und ihr Selbstverständnis geprägt hat. Unverwechselbar »ganz« Venedig ist die Republik – nicht die Stadt – schon in den entscheidenden Phasen ihres Aufstiegs im Namen des Patrons gewesen, selbst wenn damals ihre Kultur, ihre Institutionen noch nicht das komplette Venedig der spätmittelalterlichen Glanzzeit repräsentiert haben. Schon die »geizige und filzige Bande«, die – nach Salimbene – die Adria zu einer »Räuberhöhle« machte und sich bei der Durchsetzung ihrer Handelsinteressen als Vollstrecker des vom Markusengel kundgetanen göttlichen Willens fühlte, ist im politischen Sinne das eigentliche Venedig gewesen; nicht erst die reife *Serenissima* – finden wir.

Freilich, das 14. und viel mehr noch das 15. Jahrhundert, in dem unsere Darstellung ja schon angelangt ist, zeigen das imperiale Venedig in seiner vollen, großen Entfaltung: wirtschaftlich, politisch und kulturell. Die Republik machte sich mit dem Gewinn der Kornkammern, der Wälder, der Bergwerke und der Weinbaugebiete der Terra ferma wirtschaftlich autark; patrizische Handelsherren erwarben Landgüter und lernten die Idyllik des ländlichen Lebens schätzen. Die Einnahmen der Republik waren mindestens so hoch wie die der Nationalstaaten Frankreich und England. Venezianische Kunsttischler, Holzschnitzer, Gold- und Waffenschmiede, Medailleure, Buchdrucker und Baumeister, ganz besonders Woll- und Seidenweber, Glasbläser, Spiegelmacher und Spitzenklöppler erlangten europäische Geltung.

Die Gewerbe der Bürger und Kleinbürger blühten, und immer stärker trat der Export eigener Produkte neben das Import-Export-Geschäft mit den Gütern der Levante. Der Rialto-Markt, die dort gelegene Börse und die nahen Bankhäuser waren die Wallstreet, der venezianische Dukaten der Dollar dieser Zeit. Venedigs Handelsflotten dominierten auf den Meeren so wie später die englischen, als »Britannia ruled the waves«, und bis ins 15. Jahrhundert stieg die Kurve der venezianischen Warenumsätze steil an. Im ägyptischen Alexandria, das noch immer die Weltbörse für die Waren des Orients – voran den indischen Pfeffer – war, gab das Venezianische den Ton an, und noch dichter wurde das Netz der venezianischen *Muduae*, der großen Handelsrouten in alle Welt: sie führten über Kreta nach Alexandria, über Konstantinopel zur Krim, über Zypern nach Syrien und – sehr verstärkt seit der Überwindung Genuas – nach dem Westen, über Nordafrika nach Spanien, teils auch nach Frankreich, England und Flandern.

Nicht nach Deutschland. Venedigs besonders umfangreicher Handel mit dem deutschen Reich, namentlich mit den süddeutschen Handelsstädten, die ihm weitgehend ihre Blüte verdankten, war auf ganz eigene Weise organisiert und konzentrierte sich in einem Punkt: dem *Fondaco dei Tedeschi.* Dieser »Handelshof der Deutschen«, der seit dem frühen 13. Jahrhundert in der Rialto-Gegend, nahe dem späteren Ponte di Rialto, bestand und heute das Hauptpostamt beherbergt, ist ein ungewöhnliches Monument deutscher Wirtschaftsgeschichte im Ausland wie zugleich ein steinernes Exempel für die ausgeprägt protektionistische Handelspolitik der Republik.

Der Fondaco diente in strenger venezianischer Regie als

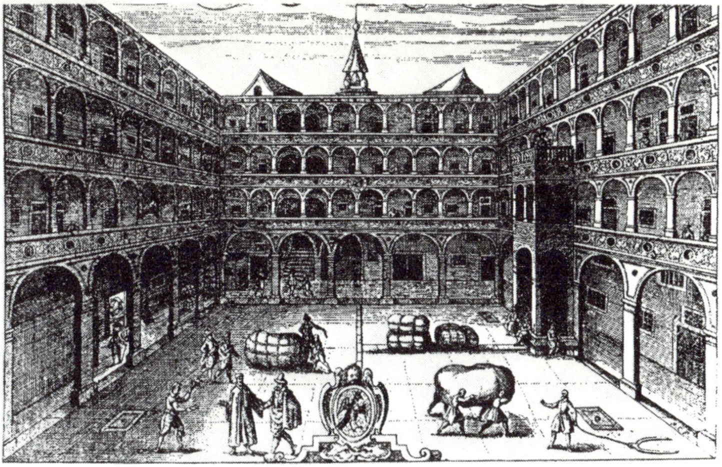

Innenhof des Fondaco dei Tedeschi, des Brennpunkts venezianischen Handels mit Deutschland. Hier waren die deutschen Handelshäuser ständig präsent.

Zwangsherberge aller deutschen Kaufleute, die zum Rialto kamen, als Dauerniederlassung und Agentur großer deutscher Handelshäuser, als Warendepot und Warenbörse sowie – nicht zuletzt – als venezianische Zollstation. Kein deutscher Kaufmann, auch wenn er Fugger oder Welser hieß, durfte seine mühsam über die Alpenpässe transportierten und in der Lagune auf Barken verladenen Warenballen mit Pelzen und Häuten, Metallen und Tuchen, Hölzern und Pökelfleisch unverzollt in die Magazinräume der Faktorei hieven lassen. Ebensowenig gestatteten es ihm die vom Senat bestellten *Visdomini*, die Verwalter des merkwürdigen Handelshotels, seine Artikel unkontrolliert und unvermakelt an Rialto-Geschäftspartner zu veräußern.

Staatliche *Sensale*, die von den Deutschen »Unterkäuffel« genannt wurden, hatten nach präzisen Anordnungen des Senats sämtliche Geschäftsabschlüsse im Fondaco zu vermitteln und zu registrieren – besonders natürlich die im Volumen weit überwiegenden Einkäufe, die die Herren aus Augsburg, Nürnberg und Frankfurt, Regensburg, Wien und Basel, ja aus Köln, Lübeck und Danzig für ihre heimischen Märkte in Venedig tätigten. Kein

Pfund Pfeffer, Zucker oder Kümmel, kein Liter griechischen Weins, kein Meter Samt oder Seide und kein Stück Murano-Glas waren ohne »Akzise«, ohne Zollaufschläge zu haben.

»Die Bedeutung des *Fondaco* für Venedig«, schreibt Henry Simonsfeld in seinem Dokumentarwerk über den Kauffahrerhof, »lag nicht nur darin, daß er ein willkommenes Absatzgebiet für die von den Venezianern selbst aus dem Orient eingeführten Produkte und für die Erzeugnisse des heimischen Gewerbefleißes war, sondern ... in noch höherem Grade in seiner Eigenschaft als Zollinstitut. Jene hätten ja die Venezianer zur Not selbst zu Wasser und zu Land weiter nach Deutschland führen können; allein die Gebühren, Abgaben und Zölle, welche die Deutschen im Fondaco zahlen mußten, wären damit dem Staatsschatze entgangen, und sie bildeten geradezu eine Haupteinnahmequelle für den Staat.«

Kein Wunder also, daß die Republik das Haus des *Fonticum Theutonicorum*, diese teutonische Goldgrube, nach zwei verheerenden Bränden 1308 und 1505 jeweils schleunigst und großzügiger als zuvor wiederaufbauen, daß sie das am Ende sehr mächtige dreistöckige Gebäude mit dem weiten Innenhof von Tizian und Giorgione mit Fresken schmücken ließ – und daß sie ebenso geduldig die mitunter »blutigen Händel« schlichtete, die rivalisierende Deutsche bevorzugt in der Weinschenke des Fondaco austrugen. Später ist der Senat auch bereitwillig den Wünschen deutscher Dauermieter im Hause nach Selbstverwaltung entgegengekommen.

Daß Albrecht Dürer 1506 in Venedig im Auftrag der deutschen Handelsherren eines seiner schönsten Gemälde, das *Rosenkranzfest*, geschaffen hat, das sogar der Doge Leonardo Loredan im Atelier des Malers besichtigte, signalisiert, wie der Fondaco auch zu einem kulturellen Mittelpunkt der deutschen Kolonie am Rialto geworden ist. Und daß der venezianische Senat später sogenannte *Sansarie*, Maklerstellen im Fondaco, ehrenhalber als Pfründen an verdiente Bürger Venedigs, unter ihnen große Maler wie die Brüder Bellini und Tizian, verlieh, beleuchtet den dauerhaft guten Gang der Geschäfte. Wer hier makeln oder makeln lassen durfte, konnte guter Profite sicher sein, und trotz aller Zölle war das Fondaco-Geschäft auch für die Gäste lukrativ. Die Deutschen sammelten hier Informationen und Eindrücke vom wirtschaftlichen Weltgeschehen und lernten am Rialto nicht zuletzt die doppelte Buchführung. Prominentester Volontär ist Jakob Fugger »der Reiche« gewesen.

Man volontierte und studierte, man handelte und wandelte gern am Rialto. Noch ungleich zahlreicher als in früheren Jahrhunderten die Wallfahrer in das Reliquien-Eldorado strömten im 15. Jahrhundert Kaufleute und Handwerker, Künstler, Gelehrte und Studenten – die sich an der venezianischen Universität von Padua immatrikulierten –, Diplomaten, Edelleute und Geistliche aus aller Herren Länder in die Stadt des Welthandels, der baulichen Wunderwerke, der Kunst und des kultivierten Gesellschaftslebens. »Hier bin ich ein Herr, daheim ein Schmarotzer...«, schrieb Dürer im Vergleich mit Nürnbergs Enge aus Venedig an seinen Freund Willibald Pirckheimer – nicht ohne freilich auch anzufügen, daß die Straßenhändler an der Riva »bescheißen Vieh und Leut«.

Venedig ist damals die Hauptstadt des Abendlandes gewesen, Maßstab mondäner Urbanität und Zentrum europäischer Diplomatie, erst im 17. Jahrhundert erreicht und übertroffen von Paris. Es war nicht zu eitel, wenn die Venezianer ihre Stadt für den »inneren Hof im Hause der Welt« hielten.

Das *Quattrocento* hat Venedig vollends das gotische Gesicht gegeben, das noch heute zum guten Teil das Bild der Stadt bestimmt: Mächtige und zierliche gotische Kirchen, anmutig schlanke und herrschaftlich prunkvolle gotische Adelspaläste wurden vollendet oder entstanden, und das halbe Jahrtausend Baugeschichte des Palazzo Ducale brachte nun fast schon endgültig den durch seine unteren Arkaden und Loggiengeschosse so unglaublich eleganten Riesenkasten hervor, dessen architektonische Harmonie frappanterweise kein Baumeistergenie geschaffen hat, sondern die das Werk vieler Baumeistergenerationen ist. Und neben ihm leuchtete die Basilika von San Marco immer üppiger.

Aber nicht nur Piazza und Piazzetta, die hundert Kirchen und die herrlichen Palastfronten am Canal Grande waren als bauliche Leistungen der Venezianer zu bestaunen. Das gesamte Gefüge der Großstadt Venedig, wie es seit dem 14. Jahrhundert praktisch als »ein einziges Bauwerk, in dem Häuser, Kanäle und Gassen

Die Geschlossenheit des Stadtbilds – hier der Distrikt S. Marco – war in Europa beispielhaft.

untrennbar miteinander verzahnt« sind, zusammenwuchs, diese »Rationalisierung und Technifizierung des Bauens« waren »im italienischen und europäischen Mittelalter beispiellos und deshalb noch bis ins 17. Jahrhundert Vorbild für das Bauen in den großen europäischen Städten« (Hubala). Die Fugger zum Beispiel haben die Idee für ihre Augsburger Sozialsiedlung, die »Fuggerei«, aus Venedig mitgebracht, wo der Staat die ersten gemeinnützigen Wohnbauten Europas, namentlich für verdiente Seeleute, errichten ließ.

Im letzten Drittel des 15. Jahrhunderts kam nun der neue Bau- und Kunststil der Frührenaissance nach Venedig – so wie das schon beschriebene humanistische Umdenken und Neubewerten in die Köpfe der Gelehrten, der Geschichtsschreiber und Poeten. Der neue Stil hat sich, anders als in Florenz, hier nicht leicht und erst im 16. Jahrhundert voll durchgesetzt, aber er hat schließlich, wiederum in spezifisch venezianischer Ausprägung, nicht weniger Herrlichkeiten der Architektur und Skulptur zum Bild Venedigs beigesteuert als die Gotik. Das spätere *Quattrocento* ist es auch, in dem die venezianische Malerei im Geist der Renaissance ihren großen Aufschwung zum Weltruhm beginnt. Eine Blütezeit, die sich seltsam überlappt, beinahe deckt mit der historischen Phase, in der sich die große Wende im Schicksal des Staates Venedig vollzogen hat.

Als Gentile und Giovanni Bellini, die ersten beiden Großmeister, geboren wurden – 1429 und 1430 –, dehnte Venedig seinen Festlandbesitz weit nach Westen in die Lombardei aus, und als Giovanni, der berühmte »Giambellin«, 1516 starb, schied die Republik eben aus dem Kreis der europäischen Großmächte aus und verstopften die Osmanen mit der Einnahme Alexandrias eine Hauptquelle ihres Orienthandels. Und das rund hundertjährige Leben Tizians (ca. 1477–1576), des venezianischen Malerfürsten, umspannt fast exakt die Epoche, in der die Markusrepublik Stück um Stück ihr Levantereich an die Türken verlor. Der Geist Venedigs hatte, wenn das Bild erlaubt ist, umzusatteln begonnen. Er lebte immer seltener in den adligen Kolonisatoren und Wegbereitern des Handels und immer öfter in den Talenten und Genies bürgerlicher Künstler: Enrico Dandolos Venedig sank, und Tizians Venedig stieg auf. Der Ruhm des heiligen Markus wurde von nun an häufiger auf Leinwand gebracht als über Meer und Land getragen.

Im Jahre 1463 wurde die *Serenissima* in den ersten großen Türkenkrieg gezogen. Sultan Mohammed II., genannt *Fatih*, »der Eroberer«, der zehn Jahre zuvor Konstantinopel genommen hatte, ließ seine Heere auf dem Peloponnes, nach Dalmatien, Albanien und Kroatien, ja bis ins venezianische Friaul vorrücken, und seine unerwartet mächtige Flotte verwandelte das Meer vor Venedigs wichtigstem Ägäis-Stützpunkt Negroponte auf Euböa in »einen Wald« von Masten. Im Juli 1470 fiel das Bollwerk.

Vergeblich bemühte sich die Republik um die Hilfe einer christlichen Macht, nur der Schah von Persien ließ sich gegen die Türken mobilisieren. Umsonst: die Perser wurden geschlagen, und Venedigs Flotte wagte keine entscheidende Seeschlacht gegen die Türken. Negroponte, ein »zweites Konstantinopel«, und weitere östliche, sogar adriatische Besitzungen blieben oder wurden türkisch, als die Republik nach fast siebzehn nicht sonderlich rühmlichen Kriegsjahren im Januar 1479 mit dem Sultan Frieden schloß. Es war der Anfang vom Ende des venezianischen Levantereichs.

Eine hübsche Arabeske auf diesem weltgeschichtlichen Konflikt ist die Bitte des siegreichen Sultans an die Republik gewesen, ihren besten Porträtmaler an seinen Hof zu senden – ein Wunsch, den die nach dem Friedensschluß um Neutralität und gutes Wetter für ihren angeschlagenen Levantehandel bemühte Signoria bereitwilligst erfüllte. Gentile Bellini wurde die aparte Ehre zuteil, im September 1479 nach Konstantinopel zu reisen und den despotischen Großtürken zu porträtieren: bleich, spitznasig und zynisch unter seinem weißen Turban und über einem granatrot leuchtenden Mantel. Mohammed II. fand sich, was für ihn spricht, gut getroffen und erbat sich von Gentile noch eine Reihe von lasziv erotischen Gemälden für seinen Harem, bevor er den Maler mit dem Titel eines *Bey* belohnte und huldvoll entließ. In Venedig malte Gentile Bellini dann als ein echter Venezianer ohne erkennbare Umstellungsschwierigkeiten wieder sehr andächtige Bilder: vor allem die großartige *Prozession auf der Piazza San Marco* von 1496, die die erste authentische Ansicht dieses Herzstücks von Venedig vermittelt (siehe Abb. S. 83), sowie die *Predigt des heiligen Markus* in einem sehr venezianisch anmutenden »Alexandria«. Als Dekan der Scuola San Marco huldigte der Maler seinem Gilden- und Staatspatron.

Während im Osten die Türken auch nach dem Tod Mohammeds II. aggressiv blieben, vollzogen sich auf der europäischen Szene bedeutende Änderungen, die von der Republik trotz ihrer diplomatischen Geschäftigkeit nicht immer richtig eingeschätzt wurden. Frankreich, England und Spanien entwickelten sich aus feudalen Monarchien zu starken Nationalstaaten, und die Habsburger Kaisermacht dehnte sich mit ihrer erfolgreichen Heiratspolitik immer weiter aus. In wechselnden Bündnissen stritten die Mächte um Territorien und die europäische Vormachtstellung, sie blickten beutegierig auf die unsichere Staatenkonstellation Italiens – und ließen den Sultan einen guten Mann und eine Angelegenheit Venedigs sein.

Die Signoria im Dogenpalast taktierte, zögerte und beriet über die Berichte ihrer Gesandten, der *Ambasciatori* und *Residenti*, die sie als erste Regierung systematisch zu ständigen Aufenthalten an die bedeutenden Höfe Rom, Wien, Paris, Madrid und Konstantinopel sowie auch nach Mailand, Turin, Neapel und London schickte.

Aktuelle Informationen durch raffiniert chiffrierte *Dispacci*, Depeschen, und grundsätzliche Analysen in den schon erwähnten *Relationen* gelangten laufend oder periodisch von den Botschaften an den venezianischen Senat, der für die Außenpolitik zuständig war.

»Die Betrachtung des Auslandes, wie sie die Ambasciatori üben, hatte sich entwickelt in der allgemeinen Aufgeschlossenheit für die umgebende Welt«, schreibt Willy Andreas. »Auf diesem Boden vollends der strengen staatsmännischen Erziehung reifte sie... zur objektiven Beobachtung des großen Weltgeschehens heran. Daß der Geist nicht eigentlich mehr einem wirklich tatkräftigen Wollen diente, gab ihm jene Beweglichkeit, die es verstand, eine Zeitlang von sich abzusehen und die Ereignisse gleichsam von einem anderen Mittelpunkt aus nachzuleben.«

Auf diese Weise einfühlsam unterrichtet über die Bestrebungen des französischen Königs Karl VIII., aber unentschlossen sah die Republik im Jahre 1494 zu, wie der abenteuerlustige Fürst mit einem starken, artilleriebewehrten Heer nach Italien marschierte, um seine fadenscheinigen Ansprüche auf Mailand und Neapel durchzusetzen, und erst als Karl VIII. bereits Neapel eingenommen hatte, ließ sich Venedig zu einem antifranzösischen Bündnis drängen, das den Glücksritter aus Paris zur Umkehr zwang. Nun schien der Signoria die Gelegenheit günstig, um selber erneut die Hand auszustrecken und den venezianischen Territorialbesitz in Italien zu vergrößern. Ausgerechnet mit Frankreich kam man überein, sich das Herzogtum Mailand zu teilen – ein Komplott, das den Venezianern nicht nur mißlang, sondern der Republik erneut das feindselige Mißtrauen der italienischen und der meisten europäischen Mächte einbrachte. Gegen Ende des glorreichen Jahrhunderts kam es noch schlimmer. Die Türken brachen den Frieden und besiegten die uncouragiert kämpfende venezianische Flotte vor Modon und Lepanto, zwei führende Bankhäuser am Rialto gingen folgenschwer in Konkurs – und schließlich gelangten erste Nachrichten von der Entdeckung des Seeweges um Afrika herum nach Indien durch Vasco da Gama nach Venedig. Die Portugiesen, die im Mai 1498 Kalkutta erreicht hatten, seien besonders bemüht gewesen, so wurde am Rialto kolportiert, die Bezugsquellen für den indischen Pfeffer kennenzulernen...

Da schlugen sich nun die venezianischen Schiffe, glücklos obendrein, im Mittelmeer mit den Türken herum, und portugiesische Entdecker fanden unterdessen die fabulöse *Via delle spezie*, die direkte, unbeschränkte und billigere »Gewürzstraße« in das Wunderland, das Jahre zuvor bereits Christoph Kolumbus auf dem westlichen Seeweg berührt zu haben glaubte. Welche Chancen würden nun noch dem ägyptisch-venezianischen Zwischenhandel mit Gewürzen bleiben?

»Wenn diese Nachricht stimmt«, notierte der venezianische Kaufmann und Bankier Girolamo Priuli beim Eintreffen der ersten Meldungen in seinem Tagebuch, »dann scheint sie mir von größter Bedeutung zu sein. Aber ich glaube nicht, daß sie authentisch ist.« Anderthalb Jahre später, im Sommer 1501, blieb kein Raum für Wunschdenken mehr, und Priuli schrieb: »Ob auch viele sich die Sorgen von der Seele reden und nicht sehen wollen, was da kommt, so bedeutet doch diese Nachricht mehr als der ganze Türkenkrieg und ist die schlimmste, die man nach dem Verlust der Freiheit selbst hören kann, und aller Krieg und Mühsal sind ein Spiel dagegen. Denn wie ein Kind nicht ohne Milch, so kann unsere Stadt nicht ohne Handel sein.«

Auch der zweite Türkenkrieg endete im Jahre 1503 mit großen Einbußen: Venedig verlor unter anderem Modon und Koron, seine »beiden Augen im Mittelmeer«, und so erblindet schrumpfte das östliche Janusgesicht der Republik bald immer weiter zusammen. Besonders seit der größte der Osmanen-Sultane, Suleiman II., »der Prächtige«, vor dem dann ganz Europa zittern mußte, nach 1520 zu seinen großen Invasionszügen nordwestwärts aufbrach. Im beinahe ständig an beiden großen Fronten herausgeforderten und überforderten Venedig zitierte man bitter die alten Warnungen des Dogen Tommaso Mocenigo. Priuli klagte in seinen *Diarien:* »Wir hätten nicht aufs Land gehen sollen«, und Machiavelli analysierte in seinen *Discorsi:* »Keiner kann Kräfte gewinnen, der im Krieg verarmt, mag der Krieg auch siegreich sein; denn der Krieg nimmt dann mehr weg, als er gibt. So ging es Venedig und Florenz, als jenes die Lombardei, dieses Toskana gewann. Sie waren beide besser dran, als sich die eine mit dem Meere, die andere mit sechs Meilen Landumkreis beschied.« Das Nachleben des Dogen Foscari, auf den diese

Weichenstellung zurückging, hatte am Rialto keine guten Kurswerte.

Aber es waren ja nicht nur die beiden Fronten im Osten und Westen, die dem klugen und würdevollen Dogen Leonardo Loredan (1501–1521), der uns im schönsten aller Dogenporträts von Giambellin vor Augen steht, und seinen Räten Sorge machten. Fast mehr noch drängte diese dritte fatale Gefahr, die sich nicht mit Galeeren und Heeren, kaum auch – wie sich bald zeigte – durch diplomatische und politische Störmanöver eindämmen ließ: der unvermittelt mächtig aufblühende Gewürzhandel der Portugiesen. Nach Vasco da Gamas Pionierfahrt waren in den ersten Jahren des neuen Jahrhunderts zwei weitere portugiesische Geschwader nach Indien gelangt und reich beladen zurückgekehrt, und als dann Vasco im Herbst 1503 von seiner zweiten Indienreise fünftausend Körbe Pfeffer heimbrachte, da sank der Preis für diesen venezianischen Hauptartikel in Lissabon auf ein Fünftel der Summe, die am Rialto noch immer – selbst bei knapper Kalkulation – für den aus Alexandria importierten Landweg-Pfeffer verlangt werden mußte. Venedigs Pfefferhandel war nicht mehr konkurrenzfähig, französische und deutsche Importeure deckten ihren Bedarf nun in Lissabon.

Die Signoria setzte eine eigene Gewürz-Kommission zur Beratung des Problems ein, suchte nach einem Arrangement mit Portugal, das freilich jegliche venezianische Beteiligung an seinen indischen Konvois ablehnte, und erwog sogar – 350 Jahre vor seiner Realisierung – den Bau eines Suezkanals. Ein Projekt, das die politische Lage in Ägypten freilich kaum zuzulassen schien und das deshalb über Diskussionen in den Räten nicht hinauskam. Oder war man nicht doch einfach zu risikoscheu geworden? Fehlte gerade jetzt nicht vor allem der alte San-Marco-Pioniergeist?

Der deutsche Pilgerreisende Felix Faber, der in den achtziger Jahren des 15. Jahrhunderts nach Venedig kam, konstatierte bei aller Bewunderung diesen Zug zum Wohlleben, den die humanistische Sublimierung der venezianischen Zivilisation mit sich brachte: »Sie wollen sich die Erde zum Lustgarten machen. So sagen denn die Türken und andere Ungläubige, wenn sie diese schimmernden Paläste sehen, die Christen, die derlei bauten, könnten vom Leben im Jenseits nichts halten und nichts hoffen.«

Die Renaissance, so meint auch Kretschmayr, sei zur »Verderberin von Altvenedig« geworden. »Altvenedig« – das ist der von des »Gedankens Blässe« nicht »angekränkelte« Glaube an den Patron und an die eigene Stärke und Berufung gewesen.

Der Pfefferpreis von Lissabon hat Venedig geschockt. Denn wenn auch der portugiesische Vorsprung und das enorme Preisgefälle im weiteren Verlauf des Jahrhunderts keineswegs so kraß bestehen blieben und der venezianische Gewürzhandel wieder einigen Boden gutmachen konnte – in anderen Handelsbranchen behauptete sich Venedig ja durchaus noch an der Spitze –, so markiert Vasco da Gamas Expedition doch eine mächtige Zäsur für die venezianische Geschichte. Mit ihr begann die Neuorientierung des europäischen Handels auf Südasien, und die Meere öffneten sich – nicht weniger durch Kolumbus – für portugiesische, spanische, niederländische, englische Kauffahrer und Kolonisatoren. Nicht mehr für venezianische. Der Welthandel verlagerte sich, und auch das Mittelmeer wurde der Republik nicht allein von den Türken streitig gemacht; es schrumpfte zudem im neuen Globalmaßstab zum Binnenmeer. Mit ihm schrumpfte die alte »Herrin der Meere«. In Europa begann man über das traditionelle *Sensa*-Ritual zu spotten, bei dem sich der Doge unbeirrt auch weiterhin einmal jährlich »zum Zeichen der Herrschaft« mit dem Meer vermählte, daß der Doge wohl noch der Ehemann, der Sultan aber der Hausfreund sei, der ihn längst zum Hahnrei gemacht habe.

Strafe und Untergang gar prophezeite der ewig streitbare und schimpfgewandte deutsche Humanist Ulrich von Hutten dem Fischfänger- und Krämervolk der Venezianer (obwohl er in Venedig die liebenswürdigste Gastfreundschaft genossen hatte):

»Venedig sieh dich eben für,
dann dir die Straf liegt vor der Tür
durch Kaiser Maximilian.
... Etwan [einst] Venedig was [tat]
besitzen land leut wassers flut,
nun ligt es nider unbehut,
ein Fischerhüttlein ellendlich,
Venedig, des versieh du dich.«

19
Das Siechtum des Patrons

Der Cambrai-Krieg: Europa gegen Venedig
Lepanto, Triumph ohne Folgen · Venedigs »Fin de siècle«
Vom Markusstaat zur Stadt der Künstler
San Marco und die Maler

Auf einem Stier, den Schild mit den Wappen der verbündeten europäischen Mächte hochreckend, reitet »Europa« gegen den Dogen Leonardo Loredan an, der unerschrocken und majestätisch die Arme ausbreitet, während zu seiner Rechten eine venezianische Justitia das Schwert gegen die Angreiferin schwingt und zu seinen Füßen der Markuslöwe hochschnellt, um dem Stier an die Gurgel zu fahren. Im Hintergrund erkennt man die Terra ferma mit Padua, und über dem Dogen schweben zwei Engel, die sich anschicken, ihm einen Lorbeerkranz auf sein *Corno ducale* zu drücken: kein Zweifel, der Markuslöwe wird den Stier überwältigen. Dies der Inhalt des allegorischen Gemäldes *Die Liga von Cambrai,* das Jacopo Palma il Giovane 1585 – unter anderen – zum Triumphdekor des Dogenpalastes beigesteuert hat. Was war der historische Kern dieses allegorischen Überschwangs?

Er war bröselig genug. Besiegt von den Türken, handelspolitisch von den iberischen Mächten überspielt, suchte Venedig Kompensationen in Italien und trat eine unsicher forcierte Flucht nach vorn an. In den ersten Jahren des 16. Jahrhunderts schien im verworrenen Ringen der europäischen Staaten ein zeitweiliges Machtvakuum die Ausdehnung Venedigs auf die Romagna und andere italienische Regionen möglich zu machen. Doch als die Republik entgegen allen Warnungen zugriff, brachte sie den Papst (in seiner vornehmsten Eigenschaft als Territorialherr), Spanien und das spanische Neapel-Sizilien, Frankreich sowie vor allem Kaiser Maximilian I. von Habsburg gegen sich auf. Von den italienischen Kleinstaaten gar nicht zu reden.

Die Mutter der modernen Diplomatie, beneidet und beargwöhnt ohnehin, kreiste sich selber geradezu schulmäßig ein. Von vielen Seiten schlug ihr neuer Haß entgegen: Die Venezianer seien, so schrieb der französische Ritter Claude de Seyssel, »aus allerhand Volk gehäuft, in ihre Sümpfe verkrochen, als ob sie das Meer so wenig wollte wie das Land; herrschend nicht durch Waffen und Klugheit wie die Römer, deren Nachfolger sie sich nennen, sondern durch Diebstahl und Betrug, hungrig wie ihr Wappenlöwe, gierig nach Land, Geld und Blut«. Genau in dieser Stimmung und ihrerseits gierig nach den venezianischen Besitzungen verbündeten sich Frankreich, das deutsche Kaiserreich, Spanien und Neapel sowie der Papst und mehrere italienische Staaten im Juli 1508 in der Schelde-Stadt Cambrai zur »Liga von Cambrai«: Tout l'Europe gegen Venedig. Kaiser Maximilian, der immer umtriebige und populäre »letzte Ritter«, wollte nicht nur das venezianische Reich vollständig zerschlagen, sondern die Stadt selbst erobern und in vier Sektoren aufteilen – für jeden der großen Fürsten einen. Die Fugger finanzierten den Kaiser – und machten weiterhin ihre Geschäfte im Fondaco dei Tedeschi.

Im April 1509 begann ein mehr als siebenjähriger Krieg, der beinahe die Geschichte der Markusrepublik um ein Vierteljahrtausend abgekürzt hätte. Bei der lombardischen Ortschaft Agnadello wurden die Venezianer im Mai 1509 von einem französischen Heer total geschlagen, »europäische« Truppen besetzten nahezu die gesamte Terra ferma, Panik griff am Rialto um sich, und Verseschmiede in Italien höhnten, daß Venedig sich nun anstelle von San Marco wohl Mohammed zum Patron erküren müsse.

Die Lage schien lange Zeit hoffnungslos. Aber sie war es doch in dem Maße nicht, wie sich die Verbündeten in ihren Kriegszielen uneinig blieben. Zäher Widerstandswille, fast wie in den Tagen des »Chioggia-Krieges«, wuchs in Venedig um den standhaften Leonardo Loredan, und als unter dem Feldherrn und späteren Dogen Andrea Gritti Padua zurückerobert und danach gegen 30000 Kaiserliche unter Maximilian selbst tapfer verteidigt werden konnte, war das Schlimmste abgewendet. »All unsere Völker sehnen sich nach San Marco«, so appellierte Loredan im Großen Rat an die finanzielle Opferbereitschaft des Adels, »und wenn sie

Das Porträt des Dogen Leonardo Loredan von Giambellin steht für die Würde des Amts schlechthin.

ein wenig Unterstützung bekommen, werden sie alle Franzosen und Deutsche in Stücke hauen.« Und in der Tat, auf den Mauern Paduas schrien Venezianer und Veneto-Italiener so laut »Viva San Marco!« wie einst vor den Bollwerken Konstantinopels.

Der venezianischen Diplomatie gelang es in der Folge, dem Zerbröckeln der im Grunde unnatürlichen Koalition von Cambrai wesentlich nachzuhelfen und selbst wieder – wechselnde – Bündnispartner zu gewinnen. Nicht zuletzt aber die sich nun erweisende San Marco-Loyalität der Bevölkerung half der Republik über die weiteren schlimmen Kriegsnöte und Krisen der kommenden Jahre hinweg. »Die Edelleute [der Terra ferma] lieben Venedig nicht und neigen zu den Alliierten«, kommentierte Machiavelli, »doch das Volk, die Plebs, die Bauern sind allesamt

Andrea Gritti, der Held von Padua und Doge (1523–38). Tizians Porträt signalisiert, wie stark das Amt noch immer ausgefüllt werden konnte.

Markesken« – Anhänger der Markusrepublik. In diesem »Plebiszit« ohne Stimmzettel lag der eigentliche, der moralische Sieg des vielgeschmähten Staates.

Am Ende, im Januar 1517, konnte der Doge Leonardo Loredan einen Friedensvertrag unterschreiben, der Venedig den Bestand des größten Teils seiner Terra ferma garantierte und der sich oberflächlich betrachtet so triumphal allegorisieren ließ, wie Palma il Giovane es Jahrzehnte später in seinem Wandgemälde getan hat. Schließlich hatte Venedig Europa widerstanden. Tatsächlich aber ist die Republik aus diesem europäischen Krieg stark mitgenommen und keuchend, wirtschaftlich ausgelaugt und finanziell überstrapaziert hervorgegangen. Es hatte im wesentlichen seine italienischen Grenzen, nicht aber seine Stellung im Konzert der großen Mächte wahren können: Mit dem volkreichen spanisch-österreichischen Weltreich der Habsburger, mit den mächtigen Nationalstaaten Frankreich und England, mit dem expansiven Osmanen-Imperium, ja sogar mit dem kolonienreichen Portugal konnte die Republik nun nicht länger mithalten.

Die Lücken im Gebiß des Markuslöwen waren sichtbar geworden und vergrößerten sich weiter, wenn ihm auch noch lange die Fähigkeit zu Drohgebärden blieb. Aus dem Cambrai-Krieg »stand das alte Venedig nicht wieder auf«, folgert Kretschmayr. »Es war durchaus als europäische Großmacht in den Kampf eingetreten, im besten Falle als Mittelmacht ging es daraus hervor... Nach Osten und nach Westen waren ihm die Wege in die Welt hinaus versperrt... Für die Kolonialstaaten mit so schmaler vaterländischer Unterlage wie Venedig kommt einmal die Stunde, in der ihre Tragfähigkeit versagt.«

Wenn man durch den Palazzo Ducale schlendert und sich die zahlreichen großformatigen Allegorien- und Historiengemälde – mitunter wäre das Wort »Schinken« nicht zu despektierlich – anschaut, die hier Tintoretto, Veronese und viele andere venezianische Malergrößen mit ihren Werkstatt-Assistenten haben abliefern müssen, so könnte man, nur reiseführerisch belesen, den Eindruck gewinnen, daß die Serenissima Repubblica auch in der Neuzeit, noch im 18. Jahrhundert, Triumph um Triumph an das Banner des heiligen Markus geheftet hätte, daß Venezia bis zu ihrem unbegreiflichen Ende Herrin der Meere geblieben sei.

Gewiß hat es all diese malerisch glorifizierten Siege noch gegeben, und es wäre nicht nur weltfremd, im Gemäldeprogramm des Regierungspalastes gleichermaßen Darstellungen der venezianischen Niederlagen zu erwarten, sondern auch zu einfach, das prätentiöse Dekor als lächerliche Überkompensation zu deuten. Die venezianische Selbstvergötterung in der Phase des Rückzugs der Republik aus den großen Positionen erlaubt Ironie, ist aber doch mehr als bodenlose Renommisterei. Sie spiegelt das Ansehen, das Venedig als die »erste Tochter der Kirche«, als von Markus im Auftrag Petri gegründeter Uralt-Staat des christlichen Europas noch immer genoß. Die Markuslegende trug noch im 17. Jahrhundert allerorten wesentlich zum Kredit der venezianischen Ambasciatori und Kaufherren bei.

Venedig blieb noch länger eine durchaus respektable Größe, und es trieb im 16. und 17. Jahrhundert mit viel bewunderten diplomatischem Geschick eine Politik der *Bilancia*, des Gleichgewichts, des Ausbalancierens der Mächtekonstellationen: Eine zu schwere Waagschale auf der einen führte Venedig auf die andere Seite, und gern verharrte es in abwartender Neutralität, wenn die großen Mächte sich bekriegten. Auf diplomatischem Parkett – beobachtend, vermittelnd, die Rivalen gegeneinander ausspielend – und seltener auf dem Schlachtfeld zu Lande und zu Wasser suchten die Venezianer den politischen Erfolg und die Sicherung der ihnen verbliebenen Märkte. Bündnis- und Friedenspolitik also im Westen: ein Cambrai war schon zuviel gewesen. Und Friedensbemühungen im Interesse des gestörten, jedoch längst noch nicht verdorrten Orienthandels bestimmten auch die weitere venezianische Mittelmeer- und Türkenpolitik. Alvise Zorzi hat herausgearbeitet, daß Venedig in den Jahrzehnten um 1560 sogar eine beträchtliche Nachblüte seines Gewürzhandels erlebte.

Doch *ein* »Eroberer«-Sultan blieb nicht allein. Die Osmanen ließen sich weniger von Bilancia-Diplomatie als von Kriegsflotten beeindrucken – und die brachte Venedig längst nicht mehr in der früheren Stärke und Geschlossenheit auf.

Es ist bezeichnend, daß der gefeiertste Seesieg der gesamten venezianischen Geschichte, der Sieg bei Lepanto am 7. Oktober 1571 über die Türken, durchaus nicht von venezianischen Geschwadern allein, sondern im Verbund mit starken spanischen und anderen Einheiten einer christlichen Liga unter dem Oberkommando Don Juans d'Austria, eines unehelichen Sohns Kaiser Karls V., errungen wurde. In dieser gewaltigen, auf beiden Seiten erbittert und – nicht zuletzt von den Venezianern – sehr tapfer und verlustreich geführten Schlacht standen sich im Golf von Korinth insgesamt rund fünfhundert Kriegsschiffe mit 75000 Mann Besatzung gegenüber, und nach fünfstündigem Kampf mit Artillerieduellen, einander rammenden, enternden Galeeren und blutigen Nahkämpfen Bord an Bord hatten die Türken etwa zweihundert Schiffe und 20000 Krieger verloren.

Es war ein großer Sieg der »heiligen Liga« und ein opfervoller Triumph Venedigs, das überschwengliche Jubelfeiern, aber auch Trauergottesdienste zum Gedenken an viertausend Gefallene veranstaltete. Jacopo Tintoretto unterbrach seine laufenden Arbeiten, um spontan und *ohne* Honorar den Sieg von Lepanto zu

Markus, rechts heranschwebend, empfiehlt den Dogen – hier Pietro Loredan – Maria und den himmlischen Mächten. Gemälde von Tintoretto (Dogenpalast).

malen – Bilder, die leider verbrannt sind. Und so wie er stellten zahllose Maler und Literaten – Tizian gegen *gutes* Honorar vom spanischen König – das Ereignis als welthistorische Wende dar: Venedig und Europa hatten den Nimbus der türkischen Unbesiegbarkeit gebrochen.

Krasser und ernüchternder aber hat selten ein Friedensvertrag zu einem großen Schlachtensieg kontrastiert als der Türkenfriede zum Tag von Lepanto: Während sich die uneinige Flotte der Liga auflöste, anstatt nachzusetzen, behaupteten sich die Türken in allen Positionen des östlichen Mittelmeers. Besonders auch auf

Zypern, das sie der Markusrepublik im August 1571 endgültig weggenommen hatten. Dem in Famagusta mit seinen Männern bis zuletzt mit dem Heldenmut der Verzweiflung kämpfenden venezianischen Kommandanten Marcantonio Bragadin hatten sie die Haut bei lebendigem Leibe abgezogen und zur Belustigung der Janitscharen ausgestopft durch die Straßen geschleift, dann an einem Schiffsmast »gehißt«.

Der bittere Friede besiegelte den Verlust Zyperns, und der türkische Großwesir bemerkte zum venezianischen Bailo süffisant, Venedig habe dem Sultan bei Lepanto doch nur den Bart versengt, die Osmanen der Republik mit Zypern aber einen Arm abgehackt. Der Bart wachse nach...

In der Tat konnte Lepanto den Zusammenbruch des venezianischen Kolonialreichs im Mittelmeer nicht aufhalten, nur unwesentlich verzögern. Stück um Stück ging an die Türken verloren, 1669 nach 25jährigem heroischen Abwehrkampf auch die letzte große Bastion Kreta. Die nicht wenigen, niemals aber nachwirkenden Siege, die dazwischenlagen, haben immer mal wieder Anlaß zu Volks- und Staatsfesten gegeben, den venezianischen Karneval noch turbulenter gemacht und den Historienmalern Aufträge verschafft – aber sie wurden nur mehr gewonnen, »um ein politisches Sterben zu verklären« (Kretschmayr). Der Wunsch, mit dem Venedigs originellster Denker, der Historiker und standhaft antipäpstliche Theologe Paolo Sarpi, 1623 auf dem Totenbett das künftige Glück seiner geliebten Republik beschwor: »*Esto perpetua* – sei ohne Ende!«, war zu dieser Zeit schon euphemistisch.

Und selbst als eine letzte große Levanteoffensive Venedigs, begünstigt durch die Niederlagen der Türken vor Wien und in Ungarn, zu »abendländischen« Siegen und zur Wiedergewinnung des Peloponnes führte, haben am Rialto nur zeitweilig Illusionen über eine dauernde Renaissance der Großmacht Venedig bestanden. Der erfolgreiche Generalkapitän Francesco Morosini, hochberühmt als *Il Peloponnesiacus* und 1688 dankbar zum Dogen gewählt, konnte kein neuer Enrico Dandolo sein – nur der Held einer glorreichen Episode, des letzten Ausflugs der Markusrepublik in die Weltgeschichte. Nach knapp drei Jahrzehnten, mit dem Frieden von Passarowitz 1718, ging sie zu Ende.

Napoleon Bonaparte schließlich, von dessen jakobinischem Diktatoren-Naturell sich das aristokratische Venedig nicht den geringsten Funken Sympathie für die Eigenart seiner Verfassung und Geschichte erhoffen durfte, hat die Serenissima Repubblica 1797 rigoros zerschlagen. Zum erstenmal in ihrer tausendjährigen Geschichte besetzten am 15. Mai 1797 feindliche Truppen die Stadt in der Lagune, ruhmlos verließ der letzte Doge, Ludovico Manin, den Dogenpalast, der Große Rat dankte ab, und die revolutionäre »Munizipal«-Regierung ließ alle greifbaren Markusbanner zum Zeichen der Überwindung in der Markuskirche feierlich niederlegen.

Die Bronzepferde von San Marco, die schon andere Feldherren hatten zügeln wollen, wurden nun von der Fassade der Staatskirche abgeseilt und nach Paris verschleppt. Da sich die Dauer der napoleonischen Herrlichkeit auf ein Fünfzigstel der venezianischen Staatsgeschichte beschränkte, blieb es gottlob nur ein kurzer Ausritt der Rosse.

Der Niedergang Venedigs, der unser Thema nur noch zur Arrondierung ist, hatte viele Gründe, differenziertere, als wir hier skizzieren können. Wie der Aufstieg hat er sich nicht geradlinig, nicht rapide, sondern als ein jahrhundertelanger Prozeß vollzogen, dem stolze Phasen und Ereignisse so wenig mangeln wie schwere Rückschläge dem historischen Prozeß des Weges nach oben.

Vor allem aber ist das Verblassen der politischen und ökonomischen Macht des Staates Venedig sehr trostreich eingehüllt in die immer vielfältigere Attraktivität der Weltstadt Venedig, die nun, im 18. Jahrhundert, ihre weltweite Reputation viel stärker ihrer baulichen Einzigartigkeit und ihren Künstlern verdankte als jener erklärten Senatspolitik der *Riputazione*, des zunehmend verkrampften ostentativen Bewahrens alter Geltung. Nicht der Botschafter des Dogen am Hof von St. James, sondern der Maler Canaletto, um dessen herrliche Venedig-Veduten sich die Engländer rissen, repräsentierte im 18. Jahrhundert für London das eigentliche Venedig, und Goethe kam in die Stadt, um ihre unverwechselbare Atmosphäre, insbesondere die Renaissance-Bauten des »himmlischen« Palladio – und doch nur am Rande die leicht angestaubten Merkwürdigkeiten ihrer staatlichen Administration kennenzulernen. Als »ein herrliches Monument, nicht eines Gebieters, sondern eines Volkes« erschien ihm die Stadt und als »ehrwürdig« trotz geschwächten Handels und gesunkener Macht »die ganze Anlage der Republik«. In einer Gondel fand Goethe am 26. September 1786 mit Melancholie: »Sie unterliegt der Zeit, wie alles, was ein erscheinendes Dasein hat.«

Während im Mittelalter vor allem Markus, seine Kirche und seine illustre Reliquiengesellschaft die nicht-merkantilen Besucher aus ganz Europa angezogen hatten, wurden sie in der Endzeit der Republik vom maskenfreudigen Karneval und den eleganten Kurtisanen, von Goldonis Komödien und von Kasinos, von Malerateliers und Modegeschäften, von Murano-Glas und Merceria-Spezialitäten, von literarischen Salons und Opernhäusern, von Regatten und Gondelserenaden angelockt. Venedigs vieldämonisierte Staatsinquisition schreckte nur wenige ab, und man mußte schon ein schillernder Abenteurer vom Schlage Casanovas, dieses merkwürdigsten Endzeit-Venezianers, sein, um Gefahr zu laufen, mit den »Bleikammern« des Dogenpalastes Bekanntschaft zu machen. Venedig erlebte sein *Fin de siècle.* Markus war damals nur noch ein ehrwürdiges venezianisches Fossil.

Alle Staatspatrone altern einmal, »unterliegen der Zeit«. Der heilige Markus der Venezianer war gleichsam als ein Jüngling nach Rialto gekommen, er hatte seine frühen Mannesjahre mit Pietro Orseolos Adria-Expedition und seine besten Jahre zur Zeit Enrico Dandolos erreicht. Im 13. und 14. Jahrhundert auf der Höhe seines Patronatsruhms, ergraute er im 15. Jahrhundert deutlich. Seine Krankheit hieß Renaissance, und seine Todesursache war die Aufklärung. In dem Maße, wie Venedig aus einer Republik wagemutiger und sendungsbewußter Handelspioniere zu einem Staat humanistisch geschulter, reicher, risikoscheuer Patrizier und Bürger wurde, versank die alte Markus-Ideologie.

Als eher naive Reliquien- und Patronatsgläubigkeit paßte sie immer weniger ins erneuerte, ja revolutionierte Weltbild der Gebildeten, der gesellschaftlichen Elite. Sie verlor ihren gemeinschaftsbildenden Schwung, ihren Biß, ihren unbekümmerten Egoismus. Im mehr und mehr säkularisierten Denken der Renaissance und später der europäischen Aufklärung konnte der Markuskult mit seiner nun als einfältig empfundenen Legendengrundlage nur als feierlicher alter Traditionsbrauch der Stadt, nicht mehr

Des verblassenden Markuskults nahm sich im 16. Jahrhundert besonders noch Tintoretto an: Hier die packende Entführung aus Alexandria. Stich nach dem Gemälde.

als Idee des Staates überleben. Er gehörte dem Mittelalter an und war ein Kind der Kirche – obwohl er ja, wie wir gesehen haben, zumeist nichts weniger als christlich begriffen und benutzt worden ist. Im Grunde war der Patronatskult mit dem aggressiven Löwensymbol, das sich von seinem apostolischen Ursprung ziemlich weit entfernt hatte, eine beinahe ebenso »heidnische« Ideologie wie die Ideen von der Rom-Nachfolge, die ihn in Venedig seit dem späten 15. Jahrhundert zu überdecken begannen.

Beinahe, denn natürlich hatte die Markusgläubigkeit in Venedig viele Schichten. Sie reichten vom »Viva San Marco«-Gebrüll venezianischer Marinesoldaten beim Stürmen levantinischer Städte bis zum andächtigen Gebet venezianischer Mütter in der Markuskirche für ihre Söhne auf See.

Stärker als im Staatsverständnis des bis zum Ende der Republik oligarchisch herrschenden Adels blieb der Markusglaube noch im

Empfinden des venezianischen Volks, der Handwerker, Gewerbetreibenden und Seeleute, verankert. Die alten Heiligenscharen um San Marco blieben ihnen vertrauter als das neumodische Antiken-Pantheon. Die gelehrten humanistischen Schriften und Staatschroniken, in denen der Evangelist immer beiläufiger erwähnt wurde, erreichten sie ja kaum – so schön sie der weltberühmte venezianische Verleger Aldo Manuzio und seine Nachfolger auch setzten und druckten –, und die neuen Ideen vom Neu-Rom Venedig fanden beim Durchschnittsbürger kein starkes Echo.

Daß eben diese breiteren Bevölkerungsschichten, die ja überwiegend in bescheidener Weise teilhatten am wirtschaftlichen Erfolg Venedigs, seit der Ära der *Condottieri* und der Söldnertruppen nicht mehr wie früher den Kern der venezianischen Heere und Schiffsmannschaften bildeten, das hat nicht zuletzt zum Erlahmen des alten San-Marco-Schwungs beigetragen. Machiavelli hat als Zeitgenosse der venezianischen Schicksalswende um das Jahr 1500 diese Schwäche in seinem berühmt-berüchtigten Buch *Il Principe* (»Der Fürst«) kritisch beschrieben: »Verfolgt man die Entwicklung der venezianischen Angelegenheiten genau, wird man erkennen, daß die Venezianer im Kriege mit größerer Sicherheit und ehrenvoller abschnitten, solange sie selbst die Waffen führten, das heißt solange sie mit ihren eigenen Edelleuten und ihrem gut ausgerüsteten, tapfer kämpfenden Volk zur See fochten; als sie aber mit ihren Unternehmungen aufs Festland gingen und Landkriege anfingen, nahmen sie italienische Gewohnheiten an – und bald wich alles Glück von ihnen. Zunächst hatten sie damit wohl Erfolg, besaßen auf dem Festland auch nicht sehr viel, aber desto größeres Ansehen ... Mit Söldnertruppen sind aber eben nur langsame Eroberungen möglich, die auf sich warten lassen und lustlos ausgeführt werden; die Rückschläge treten dagegen plötzlich ein.«

Die *Virtù*, die Tugend und Kraft der Persönlichkeit wie eines ganzen Volkes, die in Machiavellis Staatsphilosophie zusammen mit ihrem Gegenpol, der *Fortuna*, dem Schicksal, eine zentrale Rolle spielt, ging den Venezianern seit der Renaissance mehr und mehr verloren: Die alte Virtù unterlag am Ende im Ringen mit der Fortuna, dem unentrinnbaren historischen Schicksal, und es ist sicher keine unzulässige Vereinfachung, wenn wir in unserem Fall für Machiavellis Virtù den vom Markus-Staatskult beflügelten venezianischen Pioniergeist und für die Fortuna die Zeitenwende mit den neuen Welthorizonten und Handelswegen, mit den neuen Groß- und Nationalstaaten und ihren Massenheeren setzen. Für diese neuen Machtkonzentrationen war der Lagunenstaat ein zu zartgliedriges Individuum.

Immer hinzufügen muß man freilich, daß das wirtschaftlich, politisch und kriegerisch erfolgreiche Venedig der Virtù durchaus nur das erste halbe Venedig ist – jetzt nicht staatlich, sondern in der Totale gesehen. Das Venedig, das die Welt nicht mehr gleichzeitig bewunderte und haßte, sondern bestaunte und liebte, ist das spätere Venedig ohne die Virtù, die bei Machiavelli auch skrupellos sein durfte; das Venedig der vorsichtigen, fast ängstlichen Staatsklugheit, der sonderbarsten Schönheit (die sich im 16. und 17. Jahrhundert erst vollendete), der Kunst, der weltstädtischen Eleganz und der Lebensfreude. Dieses zweite »halbe« und liebenswürdigere Venedig ist ohne das erste nicht zu denken, aber trotz nur noch gelegentlicher Virtù hat es fast ebensoviel zum Ganzen beigesteuert.

Das Venedig der San-Marco-Virtù ist der Staat mit seiner Stadt, das der Schönheit die Stadt mit ihrem Staat gewesen. Wie sehr freilich die *Stadt* Venedig die Republik, den Staat selbst in seiner späten, schwachen Form gebraucht hat, das zeigt die im ganzen elegische Nachgeschichte des österreichischen und dann italienischen Venedig. Die Stadt blieb herrlich, aber sie prostituierte sich nun immer auch ein wenig. Ihr Name wurde zu einem Synonym für schöne Morbidität. Vor den Karneval drängte sich die Melancholie. Die Poeten haben sie tausendfach in Verse gebracht, die Maler seit Francesco Guardi immer wieder auf Leinwand eingefangen.

Venedigs Maler haben Großes zum Ruhm ihrer Stadt beigetragen – und natürlich auch ihren Teil zum Ruhm des Staatspatrons: Nicht viele der bedeutenden oder kleineren Meister seit der Emanzipation der venezianischen Malkunst vom byzantinischen Stil, von den Vivarini und Bellini im *Quattrocento* bis zu den Tiepoli im *Settecento,* stehen ganz ohne überlieferte Beiträge zum Markuskult, mit Darstellungen oder wenigstens »Erwähnungen« des Evangelisten und seines Löwen zu Buche. Statistisch betrachtet – genau errechnet hat's natürlich niemand – dürfte Markus insgesamt nach Jesus und Maria die in Venedig meistgemalte sakrale Gestalt sein und sein Wappentier auch in malerischer Hinsicht der König des Tierreichs. Dennoch läßt sich nicht zuletzt an den Inhalten der venezianischen Malerei – an den Themen der Kunst allgemein – in den Epochen der Renaissance und des Barock deutlich das fortschreitende Absinken des Markuskults in eine freundliche Nebenrolle ablesen; selbst dort, wo die Künstler im Staatsauftrag venezianische Geschichte und venezianische Existenz zu verherrlichen, zu allegorisieren hatten.

Mythologische Heroen und antikische Allegoriengestalten verdrängten den Evangelisten immer öfter ins Beiprogramm. Der Markuslöwe hatte Mühe, sein Haupt noch zwischen Mars und Neptun ins Bild zu recken, und Paolo Veronese brachte es 1585 fertig, seine pompös-prachtvolle *Apotheose* Venedigs, eines der beherrschenden Deckengemälde im großen Ratssaal des Dogenpalastes, beinahe völlig ohne Bezug auf den Patron der *Venetia* zu malen. Immerhin hat auch Veronese ein *Markus-Martyrium* zum San-Marco-Repertoire beigesteuert.

Während Tizian dem Staatsheiligen seine Reverenz – im Gesamtœuvre ein bißchen vereinzelt – mit dem männlich-mächtigen *Thronenden Markus* (1512) in der Kirche Santa Maria della Salute erwies, nahm sich von den Großen allein Tintoretto um die Mitte des *Cinquecento* noch einmal zentral und wirkungsvoll der Markuslegende an, die seine schreibenden Zeitgenossen in Venedig kaum noch goutierten. Wie vor ihm der schon behandelte Gentile Bellini arbeitete er dabei im Auftrag der Scuola San Marco, deren bürgerliche Laienbrüder sich von der humanistischen Markus-Abstinenz absolut nicht beeindrucken ließen, und schuf einen vierteiligen Bilderzyklus, aus dem das über zwanzig Quadratmeter große *Wunder des heiligen Markus* (1548) den Ruhm des Malers erst recht begründete. Ein ägyptischer Sklave – so der Inhalt nach einer der zahlreichen Markuslegenden – sollte Augen und Ohren verlieren, weil er seinen Herrn in Alexandria verlassen hatte, um am Grab des heiligen Markus zu beten. Doch als man zur Vollstreckung des Urteils schritt, schwebte der heilige Markus unsichtbar – auf dem Bild freilich wallend und mit seinem Buch – über die Szene und zerbrach die Marterwerkzeuge zur Verblüf-

Das Ende der Markusrepublik: 1797 demontieren die Franzosen die Pferde von San Marco, um sie nach Paris zu schaffen. Stich aus dem 19. Jahrhundert.

fung der Folterknechte wie der Zuschauer. Das brodelnd farbenprächtige und effektvoll »inszenierte« Gemälde gehört zu den schönsten Spiegelungen der Markusgläubigkeit in der Kunst Venedigs.

Ebenso dramatisch bewegt ist Tintorettos *Bergung des toten heiligen Markus* (1562–1564), die den Raub des Heiligen – eines unversehrt schönen Leichnams – durch die Venezianer Rustico und Buono aus Alexandria erzählt: Sturm und unheimlich flakkernde Blitze treiben die Einheimischen fluchtartig in die Gebäude und begünstigen so den frommen venezianischen Handstreich – die *Translatio*, mit der alles angefangen hat. Eine prächtige Umsetzung der berühmten Markuslegende vom »Ring des Fischers« in malerisches Großformat bietet ferner Paris Bordones um 1535 entstandenes Gemälde *Ein Fischer überreicht dem Dogen den Ring des heiligen Markus* (siehe Abb. S. 165).

Diese Bilder, die heute in Venedigs Gallerie dell'Accademia hängen, sind die letzte große künstlerische Reminiszenz an die Legende, die Venedigs Geschichte so stark geprägt hat. Nach

Tintoretto, der 1594 starb, haben sich Venedigs Maler meist nur noch am Rande um den Patronatskult gekümmert, und als der international sehr gefragte Giovanni Battista Tiepolo um 1750 für den Palazzo Ducale sein elegantes Bild *Neptun bietet Venedig die Schätze des Meeres dar* malte, ließ er die weiblich hoheitsvoll ruhende Venetia sich lässig auf den Schädel eines Markuslöwen lehnen, der zahm wie ein gut dressierter Bernhardiner auf das Füllhorn des Meeresgottes schaut.

Keine fünfzig Jahre später, im Todesjahr der Republik 1797, wurde der Markuslöwe von venezianischen Jakobinern nun gar zum Untier, beinahe zum Freiwild erklärt. Eine übereifrige Revolutionsregierung von Bonapartes Gnaden verbot in Venedig den Ruf »Viva San Marco« bei Todesstrafe und dekretierte mit instinktlosem Erneuerungsdrang, daß im Hoheitszeichen Venedigs das alte »Pax tibi Marce, evangelista meus« durch eine Bürgerrechtslosung zu ersetzen sei. Ein Gondoliere, so erzählte man sich am Rialto, habe dazu sarkastisch bemerkt, nach so vielen hundert Jahren sei es endlich auch San Marco einmal eingefallen, in seinem Buch eine Seite umzublättern.

Zeittafel

Daten der venezianischen Geschichte
und Kulturgeschichte – auch zur groben Orientierung
über einige Ereignisse von Belang, auf die unsere
Darstellung nicht eingegangen ist.

452 Die Hunnen unter Attila fallen in Venetien ein und zerstören Aquileja
537 Cassiodors Brief an die See-Veneter
553 Der byzantinische Feldherr Narses macht das italienische Ostgotenreich mit Venetien zu einer oströmischen Provinz
568 Die Invasion der Langobarden in Oberitalien führt zur dichteren Besiedlung der Lagune durch flüchtende Veneter
640 Gründung der Kathedrale von Torcello
697 Venetiens erster *Dux* wird als byzantinischer Gouverneur eingesetzt
726 Die Veneter rebellieren aus Anlaß des »Bilderverbots« gegen die Oberherrschaft von Byzanz
774 Karl der Große macht das Langobardenreich zu einer fränkischen Provinz
809 Die Franken unter Karls des Großen Sohn Pippin erobern See-Venetien
811 Rialto wird als Dogensitz zur Metropole See-Venetiens. Agnello Partecipazio der erste eigentliche Doge
812 Im Friedensvertrag von Aachen gibt Karl der Große See-Venetien an Byzanz zurück
827 Die Synode von Mantua entzieht dem venezianischen Grado die Patriarchatsrechte
828 Venezianische Seefahrer verschleppen die vermeintliche Reliquie des Evangelisten Markus von Alexandria nach Rialto
836 Die erste Markuskirche wird als Dogenkapelle fertiggestellt
836–864 Unter dem Dogen Pietro Tradonico führt Venedig Krieg gegen die Sarazenen und erwirkt von Kaiser Lothar I. Handelsfreiheit im westlichen Kaiserreich. Emanzipation von Byzanz
899 Die Ungarn fallen in die Lagune ein. Rialto wird befestigt

959–976 Der Doge Pietro Candiano IV. regiert Venedig als absoluter Monarch und wird ermordet.
Dogenburg und Markuskirche brennen nieder

991–1009 Pietro Orseolo II. führt die Dogenmacht auf ihren ersten Höhepunkt. Beginn des offensiven Markuskults

1000 Venedigs Flotte begründet die Vorherrschaft in der Adria. Eroberung von Stützpunkten in Istrien und Dalmatien

1002 Die Venezianer besiegen die Sarazenen bei Bari

1024 Die Synode von Rom bestätigt die Rechtmäßigkeit des Patriarchats von Grado

1032 Die Dogenmacht wird erstmals gesetzlich eingeschränkt

1042–1071 Während des Dogats von Domenico Contarini entsteht die Markuskirche in ihrer endgültigen Anlage

1081 Byzanz wird gleichzeitig von den Normannen und den Seldschuken bedroht. Venedigs Flotte besiegt die Normannen bei Durazzo

1082 In einer Goldenen Bulle gesteht Byzanz den Venezianern weitreichende Handelsprivilegien im östlichen Kaiserreich zu. Aufblühen des venezianischen Levantehandels

1094 Nach dem angeblichen Wiederauffinden der Markusreliquie wird die Markuskirche neu geweiht

1095 Papst Urban II. ruft zum ersten Kreuzzug auf

1099 Das Kreuzheer erobert Jerusalem

1100 Die venezianische Flotte operiert im merkantilen Interesse Venedigs an der Küste des Heiligen Landes

1104 Das Arsenal, Venedigs Großwerft, wird gegründet

1118–1129 Unter dem Dogen Domenico Michiel gewinnt Venedig feste Handelsstützpunkte in der Levante. Krieg gegen Byzanz

1143 In Venedig kontrolliert eine patrizische Mitregierung den Dogen. Anfänge der Adelsrepublik

1152–1190 Friedrich I. Barbarossa erneuert die deutsch-römische Kaisermacht

1171 Der byzantinische Kaiser Manuel Komnenos versucht, die venezianische Handelsherrschaft in seinem Reich zu zerschlagen

1172 Venedigs Großer Rat konstituiert sich als eine Art Adelsparlament. Sebastiano Ziani wird zum Dogen (bis 1178) gewählt

1177 Der Friedenskongreß führt Kaiser Friedrich I., Papst Alexander III. und zehntausend Besucher nach Venedig

1182 Pogromartige Ausschreitungen gegen die Italiener in Konstantinopel wecken europäischen Griechenhaß

1187 Sultan Saladin erobert das Kreuzfahrerreich von Jerusalem

1192 Enrico Dandolo wird zum Dogen gewählt und in der ersten überlieferten *Promissio* auf die Verfassung vereidigt

1202 Beginn des Vierten Kreuzzugs. Enrico Dandolo spannt das Kreuzheer bei Zara für venezianische Belange ein

1204 Die Kreuzfahrer unter der Regie des Dogen stürmen und plündern Konstantinopel. Ein »lateinisches« Kaisertum wird geschaffen. Venedig annektiert drei Achtel des byzantinischen Imperiums

1205 Enrico Dandolo stirbt. Kreta wird venezianisch

1209 Venedig gewinnt Euböa

1228 Die Existenz des Fondaco dei Tedeschi in Venedig wird erstmals erwähnt

1230 Gründung der Frarikirche in Venedig

1256 Venedig besiegt den Signore Ezzelino von Padua

1257 Der erste der Kriege zwischen Venedig und Genua beginnt

1261 Ende des »lateinischen« und Wiederherstellung des griechischen Kaisertums in Konstantinopel

1268 Endgültige Festlegung des Systems der Dogenwahl

1277 Die Zecca, Venedigs große Münzstätte, wird bei San Marco errichtet

1289–1311 Amtszeit des Dogen Pietro Gradenigo: Venedig führt Krieg gegen Genua, Ferrara, den Papst. Die venezianische Aristokratie-Verfassung wird endgültig durchgesetzt

1291 Die türkisch-ägyptischen Mamelucken erobern die letzten Kreuzfahrer-Stützpunkte in Palästina

1295 Der venezianische Weltreisende Marco Polo kehrt aus Ostasien zurück

1297 Die *Serrata* des Großen Rats in Venedig schließt das Bürgertum von der politischen Macht aus

1310 Die Verschwörung des Bajamonte Tiepolo gegen das aristokratische Regime wird niedergeschlagen. Der Rat der Zehn als Instanz für Verfassungsschutz entsteht

1323 Die Mitgliedschaft im Großen Rat Venedigs wird für erblich erklärt

um 1340 Venedigs erster bedeutender Maler Paolo Veneziano mit Werken zur Markuslegende

1343–1354 Amtszeit des Dogen Andrea Dandolo, dessen *Chronicon* die frühe Geschichte Venedigs offiziell mit den Markuslegenden verknüpft. Wechselhafter Krieg gegen Genua

1348 Schweres Erdbeben und Pestepidemie in Venedig

1355 Der Doge Marino Falier wird als Verschwörer gegen die Adelsverfassung hingerichtet

um 1365 Francesco Petrarca lebt in Venedig

1368 Andrea Contarini wird Doge (bis 1382)

1378–1381	Im »Chioggia-Krieg« wird Venedig von den Genuesen eingeschlossen, behauptet sich am Ende aber siegreich
1400–1413	Während des Dogats von Michele Steno gewinnt Venedig Vicenza, Verona und Padua
1414–1423	Die Amtszeit des Dogen Tommaso Mocenigo, in die weiterer Landgewinn und eine wirtschaftliche Hochblüte fallen, markiert einen Gipfelpunkt der venezianischen Geschichte
1423–1457	In der Regierungszeit des Dogen Francesco Foscari führt Venedig vier Kriege gegen Mailand um die Vorherrschaft in Oberitalien und dehnt seinen *Terra-ferma*-Besitz bis in die Lombardei aus. Der Dogenpalast wird von den Bildhauer-Architekten Giovanni und Bartolomeo Bon maßgebend umgestaltet
1432	Der Condottiere Carmagnola wird in Venedig geköpft
1451	S. Pietro di Castello wird zur Kathedrale des Patriarchen von Venedig, der bisher in Grado residiert hat
1453	Die osmanischen Türken unter Mohammed II. erobern Konstantinopel
1458	Die Türken erobern die Akropolis von Athen
1469	Beginn des Buchdrucks in Venedig
1470	Venedig verliert Euböa an die Türken
1477–1576	Venedigs größter Maler Tizian
1489	Zypern wird venezianisch
1492	Kolumbus entdeckt Amerika
1498	Vasco da Gama entdeckt den Seeweg nach Indien. Das Mittelmeer verliert seine zentrale Rolle in der Weltschiffahrt und -wirtschaft
um 1500	In Venedig arbeiten unter anderen die Maler Gentile und Giovanni Bellini, Alvise Vivarini, Vittore Carpaccio, Cima da Conegliano und Giorgione sowie die Architekten Pietro Lombardo und Mauro Coducci
1501–1521	Amtszeit des Dogen Leonardo Loredan
1508	In der »Liga von Cambrai« verbünden sich die Großmächte Europas gegen Venedig
1509	Bei Agnadello in der Lombardei werden Venedigs Truppen vernichtend geschlagen. Krieg gegen die Liga bis 1517
1517	Venedig gewinnt Verona zurück. Niederlage der Portugiesen gegen die Türken begünstigt Venedigs Orienthandel
1537	Jacopo Sansovino vollendet die Markusbibliothek
um 1550	In Venedig wirken unter anderem die Architekten Sansovino, Michele Sanmicheli und Andrea Palladio sowie die Maler Jacopo Tintoretto, Lorenzo Lotto, Jacopo Bassano und Paolo Veronese; ebenso der Publizist Pietro Aretino

1552–1623 Venedigs bedeutendster Denker Paolo Sarpi: Mönch und Humanist, Historiker und Berater der Regierung

1571 Venedig verliert Zypern an die Türken. Seesieg der europäisch-venezianischen Flotte bei Lepanto über die Türken

1575–1576 Die Pest wütet in Venedig

1577 Verheerender Brand im Dogenpalast

1613 Der Komponist Claudio Monteverdi wird zum Kapellmeister von San Marco berufen

1618 Die sogenannte »spanische Verschwörung« gegen Venedig wird zerschlagen. Beginn des Dreißigjährigen Krieges

1631 Nach dem Ende einer großen Pestseuche lassen die Venezianer von Baldassare Longhena die Kirche S. Maria della Salute errichten

1650 Vertreibung der Venezianer aus Konstantinopel

1669 Venedig verliert Kreta an die Türken

1683 Die Türken belagern Wien und werden zurückgedrängt

1685 Venedig erobert durch seinen Feldherrn Francesco Morosini den Peloponnes zurück

1715 Die Türken gewinnen erneut den Peloponnes

1718 Im Frieden von Passarowitz verliert Venedig die meisten seiner noch verbliebenen auswärtigen Besitzungen

um 1740 In Venedig wirken unter anderem die Maler Giambattista Piazzetta, Giovanni Battista Tiepolo, Canaletto, Francesco Guardi, die Dichter Carlo Goldoni und Carlo Gozzi, die Komponisten Antonio Vivaldi und Baldassare Galuppi

1786 Goethe besucht Venedig

1796 Napoleon Bonaparte wird Befehlshaber der französischen Italienarmee und beginnt seinen Siegeszug

1797 Im Mai dankt der letzte Doge, Ludovico Manin, ab, die Republik erlischt, und Truppen Napoleon Bonapartes besetzen Venedig. Wirken einer Revolutionsregierung

1798 Venedig kommt unter österreichische Herrschaft

1805 Venedig wird dem napoleonischen Königreich Italien zugewiesen

1807 Die Markuskirche wird zur Kathedrale des Patriarchen von Venedig bestimmt. Napoleon I. in Venedig

1814 Venedig wird erneut österreichisch

1835 Die vermeintlichen Markus-Gebeine, die man 1811 wiedergefunden hatte, werden unter dem Hauptaltar von San Marco beigesetzt

1848/49 Revolutionsregierung in Venedig und Kapitulation vor den Österreichern

1866 Venedig wird ins Königreich Italien eingegliedert

Literaturverzeichnis

Die zitierte und benutzte Literatur.
Chronisten des Mittelalters und der Renaissance sowie zeitgenössische Briefe etc. sind im Text gelegentlich nach Übersetzungen in der Literatur, namentlich den Büchern von Gfrörer, Kretschmayr, Pernoud und Zorzi zitiert.

Andreas, Willy: Staatskunst und Diplomatie der Venezianer im Spiegel ihrer Gesandtenberichte. Leipzig 1943

Barincou, Edmond: Niccolò Machiavelli in Selbstzeugnissen und Bilddokumenten. Deutsche Ausgabe Hamburg 1958

Beckedorf, Hermann: Der Vierte Kreuzzug und seine Folgen. In: Byzanz. Fischer Weltgeschichte Bd. 13. Frankfurt am Main 1973

Benrath, Karl: Geschichte der Reformation in Venedig. Halle 1887

Bercken, Erich v. d.: Die Malerei der Früh- und Hochrenaissance in Oberitalien. In: Handbuch der Kunstwissenschaft. Potsdam 1927

Bradford, Ernle: Verrat am Bosporus. Die Eroberung Konstantinopels 1204. Deutsche Ausgabe Tübingen 1970

Buck, August: Die Kultur Italiens. In: Die Kulturen der südlichen Romania. Handbuch der Kulturgeschichte. Konstanz 1964

Burckhardt, Jacob: Der Cicerone. Stuttgart 1964

– Die Kultur der Renaissance in Italien. Eingeleitet von Wilhelm von Bode, Berlin 1928

Casanova, Giacomo: Die Flucht aus den Bleikammern. In: Memoiren, Bd. 1. Deutsche Ausgabe, hrsg. von Ernesto Grassi. Hamburg 1958

Cessi, Roberto: Storia della Repubblica di Venezia. 2 Bde. Mailand 1946

– Storia di Venezia: Politica, Economia, Religione. In: Storia di Venezia, Volume II. Venedig 1958

Chambers, David S.: The Imperial Age of Venice 1380–1580. London 1970

Chronicon Venetum. Hrsg. von H. Simonsfeld. In: Monumenta Germaniae Historica, Scriptores Bd. XIV. Hannover 1878

Claar, Maximilian: Die Entwicklung der venezianischen Verfassung von der Einsetzung bis zur Schließung des großen Rates (1172–1297). München 1895

Coryate, Thomas: Die Venedig- und Rheinfahrt A. D. 1608. Deutsche Ausgabe von Hans E. Adler. Stuttgart 1970

Crivellari, Domenico: Venedig. Geschichte, Kunst und Kultur der Lagunenstadt. Deutsche Ausgabe München 1982
Dandolo, Andrea: Chronica per extensum descripta. Hrsg. von E. Pastorello. In: Muratori, Rerum Italicarum Scriptores, nova serie, XIII, 1.1938/1952
Deichmann, Friedrich Wilhelm (Hrsg.): Corpus der Kapitelle von San Marco in Venedig. Wiesbaden 1981
Demus, Otto: Das älteste venezianische Gesellschaftsbild. In: Jahrbuch der österreichischen byzantinischen Gesellschaft, Bd. I. Wien 1951
– The Church of San Marco in Venice. Washington, D.C., 1960
Eickhoff, Ekkehard: Venedig, Wien und die Osmanen. Umbruch in Südosteuropa 1645–1700. München 1970
Fay, Stephen/Knightley, Ph.: The Death of Venice. London 1976
Firpo, Luigi (Hrsg.): Ambasciatori Veneti in Inghilterra. Turin 1978
Forssmann, Erik: Venedig in der Kunst und im Kunsturteil des 19. Jahrhunderts. Stockholm 1971
Friedell, Egon: Kulturgeschichte der Neuzeit. Ausgabe der Bände 1–3 von 1927–1931 in einem Band. München 1960
Fuhrmann, Horst: Mundus vult decipi. In: Historische Zeitschrift, Nr. 3, Dezember 1985
Gabrieli, Francesco (Hrsg.): Die Kreuzzüge aus arabischer Sicht. Deutsche Ausgabe Zürich 1973
Garas, Klára: Venezianische Malerei des 18. Jahrhunderts. Budapest 1968
Gärtner, Otto: Der Löwe von San Marco. In: Damals, Zeitschrift für geschichtliches Wissen, Nr. 12/1973
Gfrörer, August F.: Geschichte Venedigs von seiner Gründung bis zum Jahre 1084. In: Byzantinische Geschichten. Graz 1872
Gmelin, Hermann: Kultur der romanischen Völker: Italien. In: Handbuch der Kulturgeschichte, Potsdam 1934
Goethe, Johann Wolfgang von: Italienische Reise, Kapitel: Venedig. In: Sämtliche Werke, hrsg. von L. Geiger, Bd. 24. Leipzig 1901
Gronau, G.: Die Künstlerfamilie Bellini. Bielefeld 1909
Grote, Ludwig: Hier bin ich ein Herr, Dürer in Venedig. München 1968
Grundmann, Walter: Das Evangelium nach Markus. 4. Auflage Berlin 1968
Hackert, Hermann: Die Staatsschrift Gasparo Contarinis und die politischen Verhältnisse Venedigs im 16. Jahrhundert. In: Heidelberger Abhandlungen zur mittleren und neueren Geschichte. Bd. 69. Heidelberg 1940
Hart, Henry H.: Venezianischer Abenteurer. Zeit, Leben und Bericht des Marco Polo. Deutsche Ausgabe Bremen 1959
Hartmann, L. M.: Die wirtschaftlichen Anfänge Venedigs. In: Vierteljahrsschrift für Sozial- und Wirtschaftsgeschichte, Bd. II. Stuttgart 1904
Häusler, F: Das Antlitz von Venedig. Basel 1932

Hay, Denis: Geschichte Italiens in der Renaissance. Stuttgart 1962
Hellmann, Manfred: Grundzüge der Geschichte Venedigs. Darmstadt 1976
Heyd, W.: Geschichte des Levantehandels im Mittelalter. 2 Bde. Leipzig 1885–1886
Heynen, Reinhard: Zur Entstehung des Kapitalismus in Venedig. In: Münchner Volkswirtschaftliche Studien, 71. Stuttgart/Berlin 1905
Honour, Hugh: Venedig. Ein Führer. München 1966
Horst, Eberhard: Venedig. Die Stadt am Meer. Olten/Freiburg i.B. 1967
Hösch, Edgar: Geschichte der Balkanländer. Stuttgart 1968
Howard, Deborah: The Architectural History of Venice. London 1980
Hubala, Erich: Venedig. Reclams Kunstführer Italien. Bd. II, 1. Stuttgart 1974
Hunke, Sigrid: Allahs Sonne über dem Abendland. Unser arabisches Erbe. Stuttgart 1960
Hürlimann, Martin: Venedig. Aufnahmen von Martin Hürlimann und Stimmen von Besuchern aus sieben Jahrhunderten. Zürich 1963
Ipser, Karl: Venedig und die Deutschen, München 1976
Johannes Diaconus: Chronik. Hrsg. v. G. H. Pertz. In: Monumenta Germaniae Historica, Scriptores Bd. VII. Hannover 1878
Kehr, Paul F.: Kaiser Friedrich I. und Venedig während des Schismas. In: Quellen und Forschungen aus italienischen Archiven und Bibliotheken. Bd. XVII. Rom 1914/1924
– Rom und Venedig bis ins XII. Jahrhundert. In: Quellen und Forschungen aus italienischen Archiven und Bibliotheken. Bd. XIX. Rom 1927
Kienitz, Friedrich-Karl: Das Mittelmeer. Schauplatz der Weltgeschichte von den frühen Hochkulturen bis ins 20. Jahrhundert. München 1976
Kohlhaas, Wilhelm: Candia 1645–1669. Die Tragödie einer abendländischen Verteidigung. Osnabrück 1978
Kohlschütter, Otto: Venedig unter dem Herzog Peter II. Orseolo 991–1009. Göttingen 1868
Kossatz, Horst H.: Was sind Hoheitszeichen? In: Merian Nr. 4/1968: Triest, Friaul, Venetien. Hamburg 1968
Kramer, Hans: Geschichte Italiens. 2 Bde. Stuttgart 1968
Kretschmayr, Heinrich: Geschichte von Venedig. Bd. 1 Gotha 1905; Bd. 2 Gotha 1920; Bd. 3 Stuttgart 1934. Neudruck Aalen 1964
Kuby, Erich: Der Tourismus-Tempel. In: Süddeutsche Zeitung, 21./22. 5. 1983
Lane, Frederic C.: Venice and History. Baltimore/Maryland 1966
– Seerepublik Venedig. Deutsche Ausgabe München 1980
Langewiesche, Marianne: Venedig – Geschichte und Kunst. Reinbek 1962. Neuausgabe Köln 1973
– Königin der Meere. Roman einer Stadt. Neuausgabe Stuttgart 1984

Lauritzen, Peter/Zielcke, Alexander: Venezianische Paläste. München 1979
Lazari, V.: Del traffico e delle condizioni degli schiavi in Venezia. In: Miscellanea di storia Italiana, Bd. 1. Padua 1862
Lazzarini, Vittorio: Marino Faliero. Avanti il Dogado – La Congiura. Florenz 1963
Lebe, Reinhard: Die tausendjährigen Contarini. Zur Geschichte des venezianischen Dogengeschlechts. In: Damals. Das Geschichtsmagazin, Nr. 11/1984
Le Goff, Jacques: Das Hochmittelalter. Fischer Weltgeschichte, Bd. 11. Frankfurt am Main 1965
Lenel, Walter: Die Entstehung der Vorherrschaft Venedigs in der Adria. Straßburg 1897
– Zur älteren Geschichte Venedigs. In: Historische Zeitschrift, Bd. 99. 1907
– Die Epochen der älteren venezianischen Geschichte. In: Historische Zeitschrift, Bd. 104. 1910
– Enrico Dandolo. Heidelberg 1931
Longworth, Philip: Aufstieg und Fall der Republik Venedig. Deutsche Ausgabe Wiesbaden 1976
Luzzato, Gino: Storia economica di Venezia dall'XI al XVI secolo. Venedig 1961
Maier, Franz Georg: Cypern. Insel am Kreuzweg der Geschichte. Stuttgart 1964
– (Hrsg.): Byzanz. Fischer Weltgeschichte, Bd. 13. Frankfurt am Main 1973
Maurer, Doris u. Arnold E. (Hrsg.): Venedig. Eine Anthologie. Frankfurt am Main 1983
Maschke, Erich: Der Kampf zwischen Kaisertum und Papsttum. In: Handbuch der Deutschen Geschichte, hrsg. von Leo Just, Bd. 1. Konstanz 1957
McCarthy, Mary: Venedig. Deutsche Ausgabe München 1968
McNeill, William H.: Venice – the Hinge of Europe 1081–1797. Chicago 1974
Merores, Margarete: Der venezianische Adel. In: Vierteljahrsschrift für Sozial- und Wirtschaftsgeschichte, Bd. XIX. Stuttgart 1926
– Der große Rat von Venedig und die sogenannte Serrata vom Jahre 1297. In: Vierteljahrsschrift für Sozial- und Wirtschaftsgeschichte, Bd. XXI. Stuttgart 1928
Molmenti, Pompeo G.: Venedig und die Venetianer. Deutsche Ausgabe Frankfurt am Main o. J.
Monnier, Philippe: Venedig. Deutsche Ausgabe München 1927
Moretti: Der Markusplatz zu Venedig. Abb. mit einem Nachwort von H. Keller. Dortmund 1978

Morris, James: Venedig. Panorama einer Weltstadt. München o.J.
Morris, Jan: Großmacht Venedig. Eine Seereise durch die Geschichte. Deutsche Ausgabe München 1981
Muraro, M./Grabar, A.: Venedig und seine Kunstschätze. Genf 1963
Neumann, Carl: Die Markuskirche in Venedig. In: Preußische Jahrbücher, Bd. 69. Berlin 1892
Ongaro, Max: Der Dogenpalast von Venedig. Venedig 1927
Pernoud, Régine (Hrsg.): Die Kreuzzüge in Augenzeugenberichten. Deutsche Ausgabe Düsseldorf 1961
Perocco, Guido/Alvadori, Antonio: Civiltà di Venezia. Vol. 1. Venedig 1973
Pesch, Rudolf: Das Markusevangelium. I. Teil. Freiburg u. a. 1976
Peterich, Eckart: Italien – ein Führer. 3 Bde. München 1968
Pevsner, Nikolaus: Die italienische Malerei vom Ende der Renaissance bis zum ausgehenden Barock. In: Handbuch der Kunstwissenschaft. Potsdam 1928
Peyer, Hans C.: Stadt und Stadtpatron im mittelalterlichen Italien. Zürich 1955
Die Pferde von San Marco. Katalog der Ausstellung. Berlin 1982
Pfister, Friedrich: Der Reliquienkult im Altertum. In: Religionsgeschichtliche Versuche und Vorarbeiten, Bd. 5. Gießen 1909–12
Plagemann, V.: Tintoretto. In: Kindlers Malereilexikon im dtv, Bd. 12. München 1976
Polo, Marco: Il Milione. Die Wunder der Welt. Deutsche Ausgabe Zürich 1983
Pölnitz, Götz Freiherr von: Venedig. München 1951
Ranke, Leopold von: Die Verschwörung gegen Venedig im Jahre 1618. Berlin 1831
– Zur venezianischen Geschichte. In: Sämtliche Werke, Bd. 42. 1878
Ritschel, Karl Heinz: Venedig. Königin der Adria. Wien 1969
Romano, Ruggeiro/Tenenti, Alberto: Die Grundlegung der modernen Welt. Spätmittelalter, Renaissance, Reformation. Fischer Weltgeschichte, Bd. 12. Frankfurt am Main 1967
Rösch, Gerhard: Venedig und das Reich. Handels- und verkehrspolitische Beziehungen in der deutschen Kaiserzeit. Tübingen 1982
Runciman, Steven: Geschichte der Kreuzzüge. München 1968
Schillmann, Fritz: Venedig. Geschichte und Kultur Venetiens. Leipzig/Wien 1933
Schlosser, Julius von: Venedig. Zwei Kapitel aus der Biographie einer Stadt. 1927. Neudruck Darmstadt 1958
Schramm, Percy Ernst: Herrschaftszeichen und Staatssymbolik. Beiträge zu ihrer Geschichte vom 3. bis zum 16. Jahrhundert, Bd. III. Stuttgart 1956
Schreiber, Hermann: Das Schiff aus Stein. München 1979

Seidlmayer, Michael: Geschichte Italiens. Stuttgart 1962
Simonsfeld, Henry: Andreas Dandolo und seine Geschichtswerke. München 1876
– Venetianische Studien: Das Chronicon Altinate. München 1878
– Der Fondaco dei Tedeschi in Venedig und die deutsch-venetianischen Handelsbeziehungen. 2 Bde. Stuttgart 1887. Neudruck Aalen 1968
Thomas, Georg Martin (Hrsg.): G. B. Milesios Beschreibung des Deutschen Hauses in Venedig. München 1881
Valeri, Diego: Venedig-Brevier. Deutsche Ausgabe Mailand o. J.
Vertova, L.: Gentile Bellini. Giovanni Bellini. In: Kindlers Malereilexikon im dtv, Bd. 1. München 1976
Wessel, Klaus: Die Kultur von Byzanz. In: Handbuch der Kulturgeschichte. Frankfurt am Main 1970
Zorzi, Alvise: Venedig. Eine Stadt, eine Republik, ein Weltreich. Deutsche Ausgabe München 1981
– Venedig. Die Geschichte der Löwenrepublik. Deutsche Ausgabe Düsseldorf 1985
Zwiedineck-Südenhorst, Hans von: Venedig als Weltmacht und Weltstadt. 3. Auflage Bielefeld/Leipzig 1925

Bildquellennachweis

Archiv für Kunst und Geschichte, Berlin: S. 39, 138, 177, 241, 257
Bildarchiv Foto Marburg: S. 35, 142
F. Bruckmann Verlag, München: S. 253, 254
Cessi, R.: Storia di Venezia. Venedig 1958: S. 133
E. B. Crocker Art Gallery, Sacramento: S. 125
Fotoagenzia Alinari, Florenz: S. 123, 147, 159, 235
Gallerie dell'Accademia, Venedig: S. 31, 83, 165
Königliche Museen, Brüssel: S. 80
Laenderpress, Düsseldorf: S. 244
L'industria delle costruzioni, Rom (1973): S. 21, 131
Museo Correr, Venedig: S. 61, 68, 104, 178, 181, 228, 265
Museo Marciano, Venedig: S. 9, 85, 114
Sammlung des Verfassers: S. 12, 17, 43, 48, 58, 65, 75, 111, 116, 155, 170, 183, 187, 196, 209
Schillmann, F.: Venedig. Leipzig/Wien 1933: S. 261
Unione Tipografico-Editrice, Turin: S. 6, 161
Wissenschaftliche Buchgesellschaft, Darmstadt (M. Hellmann: Grundzüge der Geschichte Venedigs. Darmstadt 1976): S. 286, 287, 288
Zwiedineck-Südenhorst, H. v.: Venedig als Weltmacht und Weltstadt. Bielefeld/Leipzig 1925: S. 26

Personen- und Ortsregister

Die laufend vorkommenden Namen Venedig, Rialto, Adria, Markus sowie alle in der Zeittafel erwähnten sind nicht ins Register aufgenommen worden.

Stadtplan von Venedig 1796

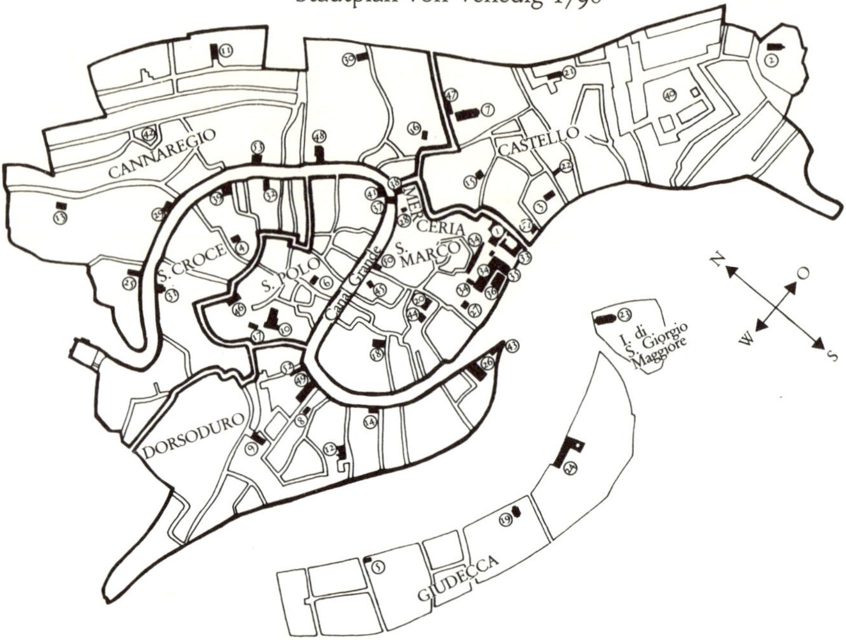

(Entwurf: Walter Hellmann, nach: Nuova pianta iconografica dell'Inclita Città di Venezia. In Venezia 1796, Presso Teodoro Viero)

I. Kirchen

1. S. Marco
2. S. Pietro di Castello
3. S. Zaccaria
4. S. Giacomo dell'Orio
5. S. Eufemia alla Giudecca
6. S. Polo
7. Santi Giovanni e Paolo (San Zanipolo)
8. S. Barnabà
9. Santa Maria del Carmelo
10. Santa Maria Gloriosa dei Frari
11. Santa Madonna dell'Orto
12. S. Trovaso
13. S. Giobbe
14. Santa Maria della Carità (Accademia)
15. Santa Maria Formosa
16. Santa Maria dei Miracoli
17. S. Rocco
18. S. Stefano
19. Il Redentore
20. S. Fantin
21. S. Francesco della Vigna
22. S. Giorgio dei Greci
23. S. Giorgio Maggiore
24. Santa Maria della Presentazione (le Zitelle)
25. Santa Maria de Nazareth (Gli Scalzi)
26. Santa Maria della Salute
27. S. Moisè
28. S. Bartolomeo
29. S. Geremia
30. Santa Maria Assunta (Gesuiti)
31. S. Simeone Piccolo
32. San Stae (S. Eustacchio)

II. Öffentliche Gebäude

33. Dogenpalast
34. Procuratien (und S. Geminiano, 1810 abgerissen)

Das Lagunengebiet von Venedig

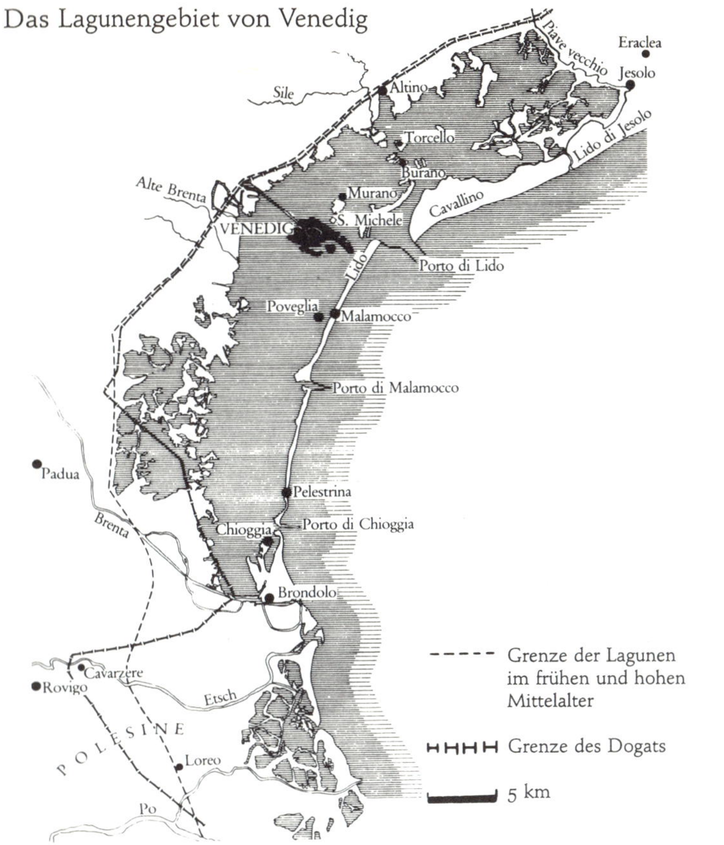

(Entwurf: Hanna Schlesinger-Tode, nach: R. Cessi [Hrsg.], La Storia di Venezia, Bd. I, S. 132)

---

35. Marciana
36. Zecca
37. Rialto-Brücke
38. Fondaco dei Tedeschi
39. Fondaco dei Turchi
40. Arsenal
41. Palazzo dei Camerlenghi
42. Ghetto
43. Dogana
44. Teatro La Fenice
45. Teatro S. Benedetto
46. Scuola di S. Giovanni Evangelista
47. Scuola di S. Marco

III. Paläste

48. Ca' D'Oro
49. Ca' Rezzonico
50. Palazzo Grimani
51. Palazzo Dandolo (Albergo Danieli)
52. Palazzo Foscari
53. Palazzo Vendramin-Calergi

Die Grenzen der Stadtsechstel (Sestieri) sind stärker umrandet.

Das venezianische Kolonialreich

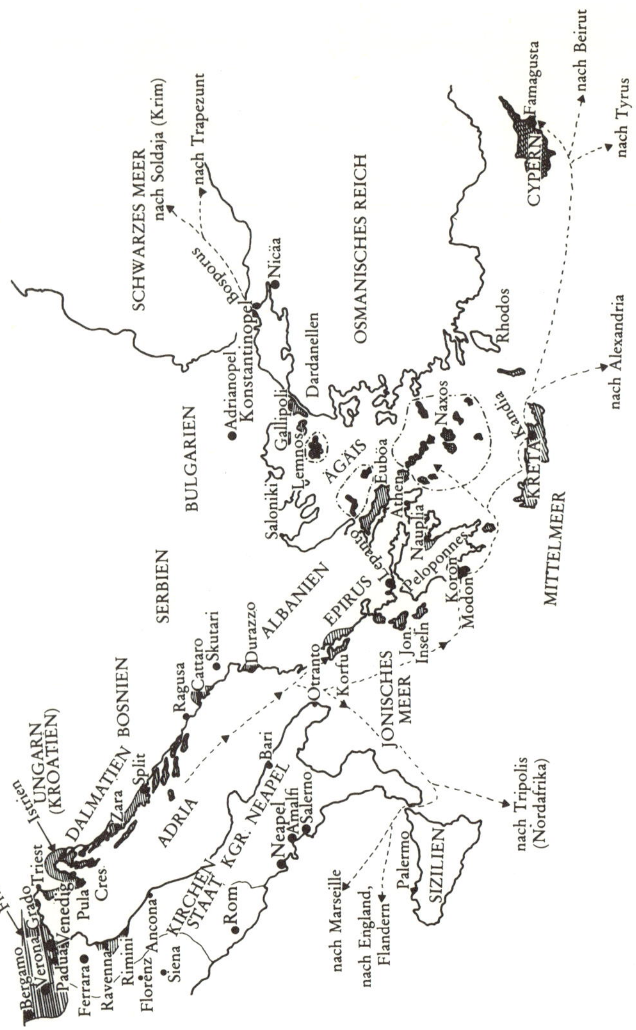

(Entwurf: Walter Hellmann, nach verschiedenen Vorlagen, ergänzt vom Verfasser)

Venezianischer Besitz
Besitz venezianischer Adelsfamilien
Wichtigste Routen der venezianischen Schiffahrt

Die Veränderungen im venezianischen Besitzstand zwischen 1204 und 1573 sind nicht kenntlich gemacht.